秋田 茂

イギリス帝国盛衰史

グローバルヒストリーから読み解く

GS
幻冬舎新書
708

はじめに

「歴史とは、過去、現在、未来の対話である」。イギリスの著名な歴史家、E・H・カーの主張であり、歴史をなぜ学ぶのか、歴史研究にどんな意義があるのかを的確に示す「名言」であろう。本書は、イギリス帝国をグローバルな世界史の中に位置づけて、その果たしてきた歴史的な意味と将来の世界像を考えようとする試みである。そうはいっても、まずは筆者にとって身近な例から、語りを始めてみたい。

二〇二三年五月に広島で開催された先進国首脳会議（Ｇ７サミット）では、主要国の首脳に加えて、ウクライナ戦争の反撃で奮闘するゼレンスキー大統領、さらに「グローバル・サウス」の指導者が一堂に会して、国際平和と新たな世界秩序の構築について語り合ったことが話題になった。サミットには、イギリス首相のスナクも参加したが、広島の名物・お好み焼（広島焼）の実演と、広島カープの赤い靴下を履いて親密さをアピールしたパフォーマンスを除くと、マスコミでもほとんど取り上げられなかった。その事実が、現代世界におけるイギリスの存在感の薄さを象徴している。だが、直後の七月には、イギリスのＴＰＰ11（環太平洋経済連携協定）への加盟が承認された。なぜヨーロッパの一国のイギリスが、あえてＴＰＰ11への加盟を目指したのか。香港返還後のイギリスは、果たしてアジア太平洋国家なのか？　こうした疑問に応えるには、ブレグジット後に「グローバル・ブリテン」を掲げて新たな国家アンデンティティを模索する、現代のイギリスが置かれた状況を、歴史的に考察する必要がある。ブレグジット後のイギリスにとって、日本は理想的な同盟国であり、二十世紀前半の「日英同盟」の再現ではないかといわれるくらい、日英関係は良好である。

　他方、スナク首相の目はインドにも向けられている。人口が一四億人を超えた現代のインドは、経済も年率八〜一〇％の高成長を続け、二〇二三年度にはＧ20の議長国を務め、モディ首相は「グローバル・サウス」の代表的指導者として、南側の開発途上国の利害を代弁し、新たな国際政治経済秩序の構築を主張している。二〇二三年九月にニューデリーで開催されたＧ20サミットには、イギリスのスナク首相もかけつけ、インド系出身の首相として、モディ首相と親密に語り合う姿が印象的であった。イギリスは、インドとの自由貿易協定（ＦＴＡ）の締結を模索し、ブレグジット後の輸出不振を補おうと努めている。かつての英印関係が逆転して、イギリスがコモンウェルスの有力国でもあるインドにすり寄る姿勢は、過去三百年以上にわたった帝国植民地関係を抜きにしては考えられない。また、イギリス政府が重視する「インド太平洋（Indo-Pacific）」戦略も、未来志向の歴史学の在り方と関係してくる。

本書は、こうした二十一世紀における新たな世界経済、国際政治秩序の再編と変容を理解するために、五百年に近い長期にわたる歴史的な時間軸と、アジア太平洋・インド太平洋世界の出現につながる地理的・空間的広がりの両面から、イギリス帝国の盛衰を中心に置きながら、新たな世界史であるグローバルヒストリーを考える試みである。最後まで、お付き合いいただければ幸いである。

イギリス帝国盛衰史／目次

はじめに 3

序章 新たな世界史の視点「グローバルヒストリー」 25
――従来の一国史では見えなかったもの

世界全体を視野に入れた歴史分析 26
グローバルヒストリーの萌芽 28
ポメランツの「大分岐論」による歴史の新たな見方 31
グローバルヒストリーの特徴、「四層構造」と「五つの指標」 35
「比較」と「関係性」で歴史を読み解く 43
なぜ今、グローバルヒストリーが必要なのか 44

第1章　帝国の黎明期　47

――二流国イギリスの「帝国の兆し」

覇者スペインを支えたイタリア都市　48

「ジェノヴァ」がもたらした新大陸の「発見」　50

帝国への第一歩はいつか　53

支配と被支配を作り出したイギリス国教会　56

大陸への影響力を持ち続けるしたたかなイギリス　59

十六世紀は「銀の世紀」　62

世界にもたらされた日本の銀　64

国家財政を立て直したグレシャムの改革　68

商船であり海軍でもあった「海賊」　71

「海賊」と「商人」の境目　75

私掠船をうまく利用したイギリス　78

新産業の創出と東インド会社　80

ジェントリーとは何か　84

イギリスにおけるルネサンス　86

第2章　帝国への転換期　89
——歴史を大きく変えた「イギリス革命」

十七世紀はオランダの世紀　90
オランダの強さの秘密　93
オランダとイギリスの決定的な違い　97
アムステルダムとロンドンの深い関係　100
オランダは世界初の「ヘゲモニー国家」なのか　102
十七世紀の「グローバル・クライシス」　104
複合君主制国家という国の形　107
ヨーロッパを大きく変えた三十年戦争　110
「革命の時代」の幕開け　113
クロムウェルが行ったアイルランドの再征服　119
王政復古が招いた議会の分裂　123
歴史の大きな転換点となった名誉革命　125
イギリス革命の真相はエリート層の「利権争い」　128

第3章　イギリスの「長い十八世紀」〈前半〉　133
――第一次帝国／大西洋を挟んだ帝国
イギリス発展のカギは「商業革命」　134
立憲君主制の基礎を築いた英蘭体制　138
ユナイテッド・キングダムの形成　142
イングランド銀行設立による経済的発展　146
議会制民主主義の恩恵　151
世界初の金融バブルの崩壊　153
ロンドン・シティが世界の金融の中心になった理由　158
現代の常識では測れない「経済」と「国家」の関係　161
イギリス帝国を作り上げた「戦争」と「貿易」　163
海外貿易が急成長した理由　169
大西洋貿易の利権を決定づけた七年戦争　172
奴隷貿易の驚くべき実態　175

第4章　イギリスの「長い十八世紀」〈後半〉　183
――第二次帝国／大西洋からアジアへ

イギリス帝国発展の素地　184
第一次帝国から第二次帝国へ　187
植民地アメリカが果たした役割　190
西インド諸島の植民地と北米植民地の相違点　193
アメリカはなぜイギリスから独立したのか　198
保護貿易から自由貿易へ　201
アジアの優位性を取り込んだイギリス帝国　206
産業革命は「輸入代替」がキーとなった　212
問い直される「産業革命」　217
なぜ中国で産業革命が起きなかったのか　219
一七八〇年以降、イギリスが中国とインドを追い抜く　223
イギリス帝国が求めたのは領土か商業利益か　224
なぜシンガポールが決定的に重要だったのか　226
アジアにあった「自由貿易」の伝統　231
東インド会社の独占貿易から自由貿易へ　235

東インド会社に先立つパールシー商人の密輸　239

第5章　ヘゲモニー国家「イギリス帝国」の繁栄——なぜ覇権国家となれたのか　243

「黄金期」直前の闇　244
「世界の工場」から「世界の銀行家」へ　247
なぜ力を持つ国は自由貿易を掲げるのか　249
穀物法撤廃と自由貿易への転換点　252
ジェントルマン支配の存続　256
ヨーロッパにおける自由貿易の拡大　258
世界を変えた「スエズ運河」と「アメリカ大陸横断鉄道」　263
何を経済の支柱に変換したのか　266
公式・非公式帝国を超えたヘゲモニー国家　271
カナダの自立に絡んでいたアイルランド系移民　276
知られざる「グレート・ゲーム」　280

第6章　イギリス帝国の帝国経営
——自由貿易か保護貿易か　285

安上がりの植民地「白人自治植民地」　286
異民族支配型植民地「英領インド」　292
植民地の独立運動を指導したエリートたち　295
帝国臣民に平等に与えられた権利　298
インド人エリート層の中から生まれた帝国統治批判　301
チェンバレン・キャンペーンの真の狙い　306
イギリスがしかけた「南アフリカ戦争」　310
イギリスが自らしかけた戦争で苦戦した理由　316
南アフリカ戦争後の財政難　320
切り札としての「国王大権」　324
「光栄ある孤立」の終わり・日英同盟　328
第一次世界大戦と変化するイギリスの思惑　332

第7章 帝国の衰退　335
——新たな「コモンウェルス」体制へ

戦時協力とナショナリズムの高まり　336
民族自決の原理が帝国支配を揺るがす　339
二層構造の「帝国＝コモンウェルス体制」　344
グローバルヒストリーから考える世界恐慌　346
ウィン・ウィンの関係だった戦間期の日英貿易　350
なぜチェンバレン内閣は宥和政策を行ったのか　357

第8章 したたかに生き残るイギリス　363
——金融立国の道へ

アメリカの戦時協力とその代償　364
インド軍の戦争協力でできた大きな「ツケ」　367
インド・パキスタンの独立の陰で何が起きたのか　369
分割払いを余儀なくされたスターリング残高　373
コロンボ・プランで消えてなくなったイギリスの債務　377

米ドル・プールが物語る消えぬ大国幻想 379
コモンウェルスの存続と変容 382
帝国の終焉を決定づけたスエズ戦争 386
拒否され続けたイギリスのEU加盟 389
グローバル視点で動くシティの金融 392
「不満の冬」、賃上げを求める大規模なストライキ 394
「鉄の女」マーガレット・サッチャーの政治 397
「労働移民」「難民」という火種 401
ブレグジットの理由とその後の混乱 404
スナク首相就任に見たイギリスの希望 408

終章 これからのヘゲモニー国家とは？ 415
——問われるリーダーシップ
「ブリッジ」としてのイギリス帝国史 416
次世代のヘゲモニー国家に求められるもの 419

おわりに 424

主要参考文献　427

写真提供　ユニフォトプレス
編集協力　板垣晴己
図版・DTP　美創

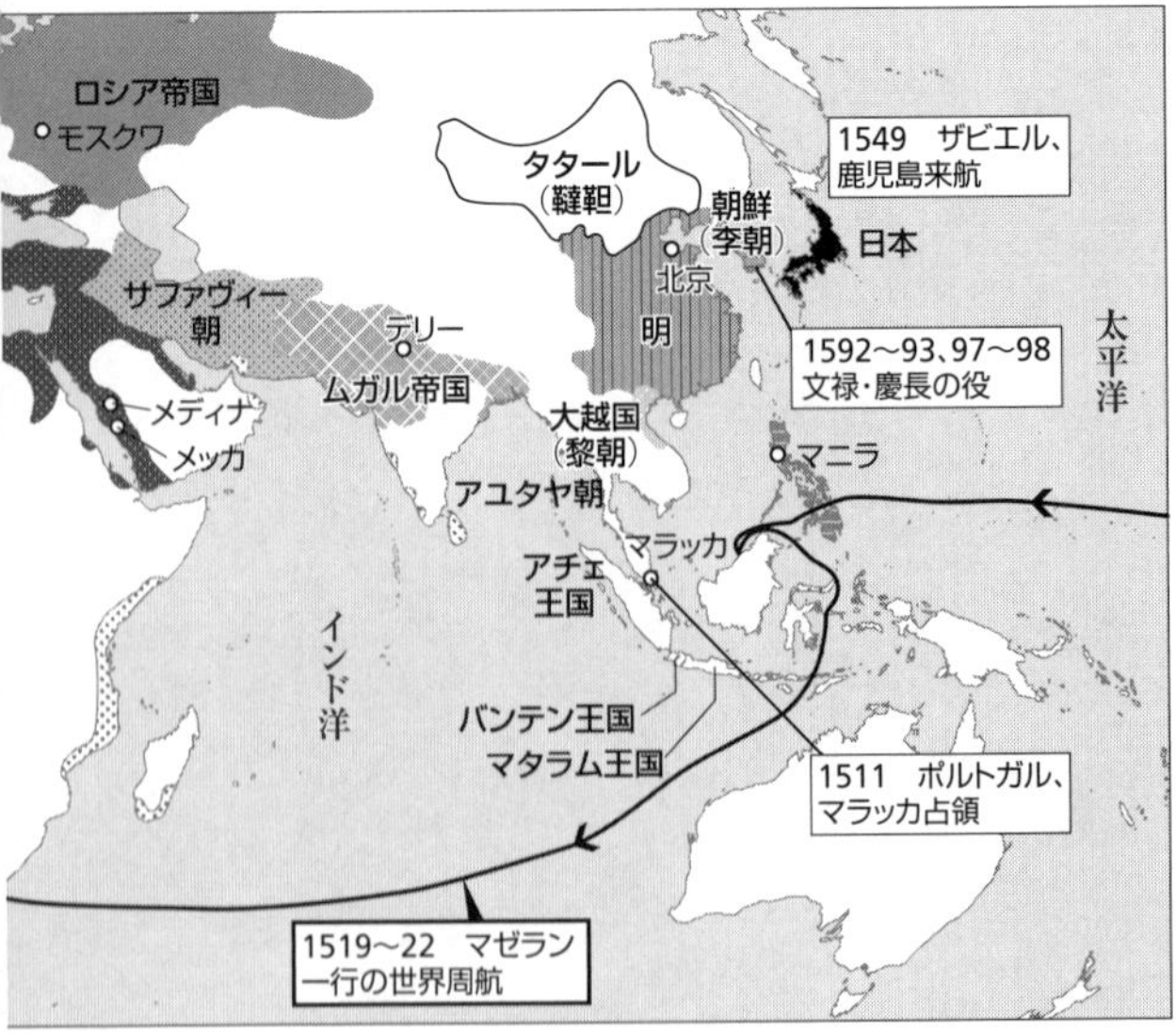
ロシア帝国
モスクワ
タタール
（韃靼）
1549　ザビエル、
鹿児島来航
朝鮮
（李朝）
日本
北京
サファヴィー
朝
デリー
明
太平洋
1592～93、97～98
文禄・慶長の役
ムガル帝国
メディナ
メッカ
大越国
（黎朝）
マニラ
アユタヤ朝
マラッカ
アチェ
王国
インド洋
バンテン王国
マタラム王国
1511　ポルトガル、
マラッカ占領
1519～22　マゼラン
一行の世界周航

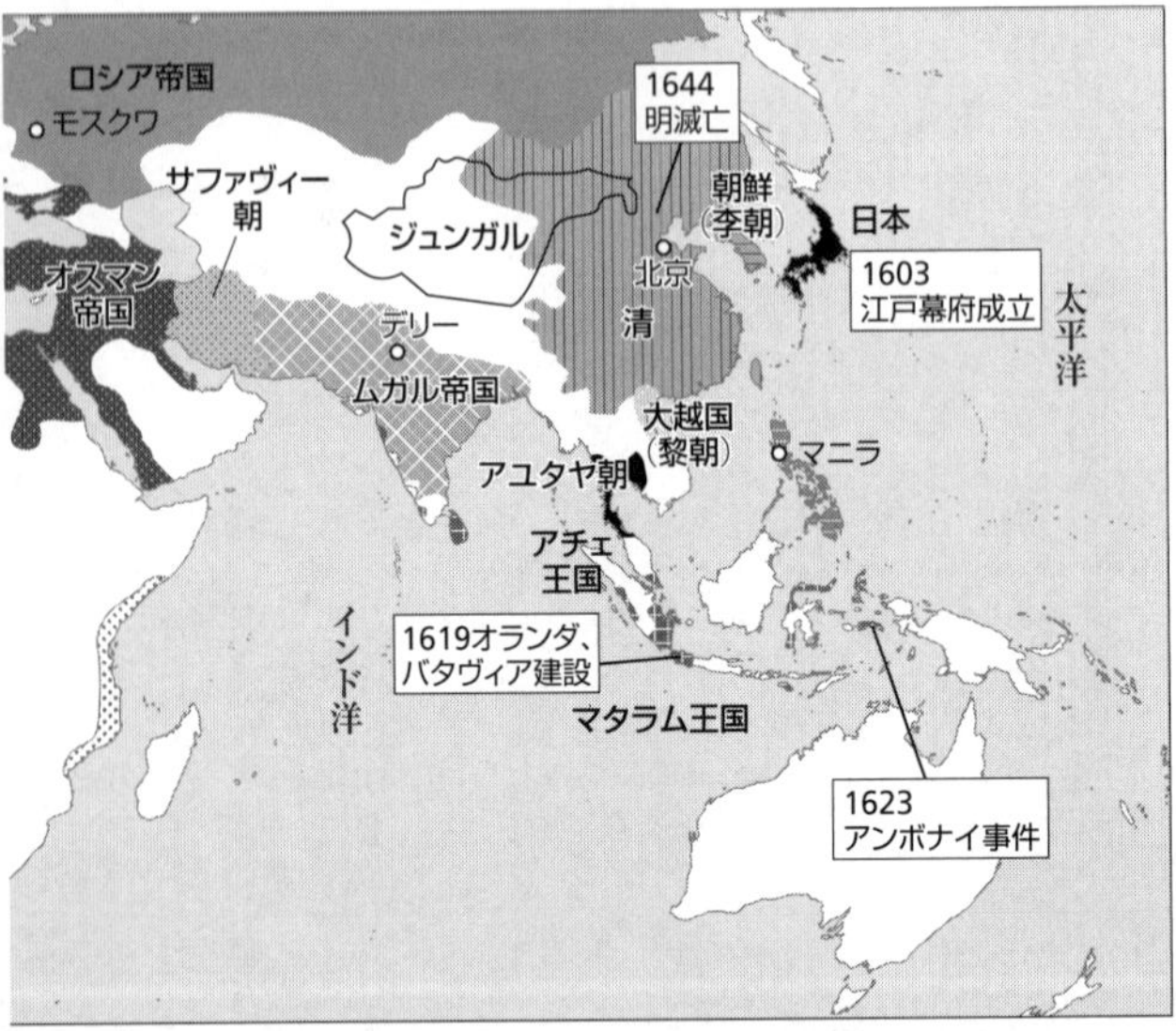
ロシア帝国
モスクワ
1644
明滅亡
サファヴィー
朝
朝鮮
（李朝）
日本
ジュンガル
北京
オスマン
帝国
1603
江戸幕府成立
太平洋
デリー
清
ムガル帝国
大越国
（黎朝）
マニラ
アユタヤ朝
アチェ
王国
インド洋
1619オランダ、
バタヴィア建設
マタラム王国
1623
アンボナイ事件

図1-1　16世紀 ヨーロッパの辺境国だったイギリス

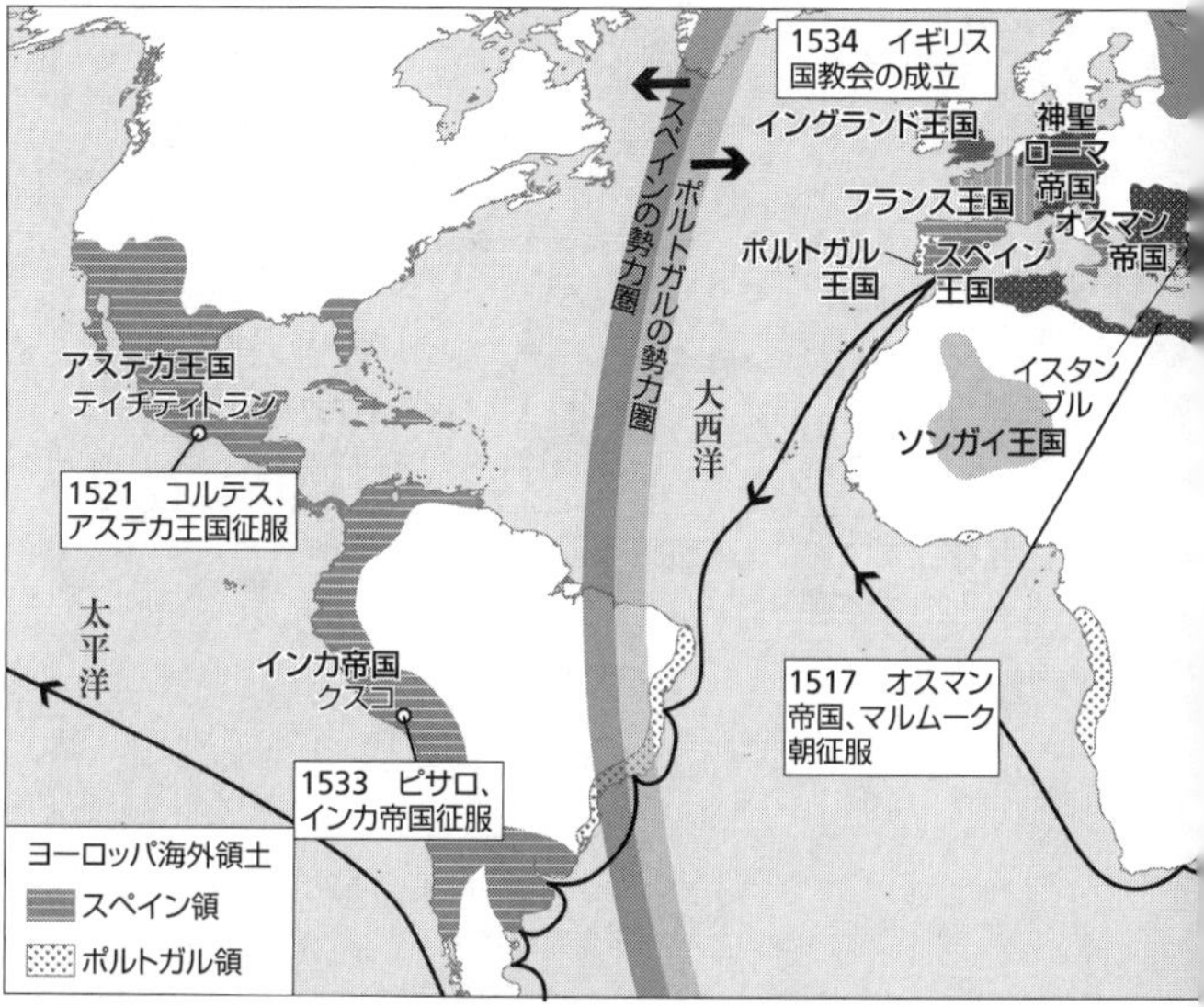

図1-2　17世紀 オランダの世紀とイギリス革命

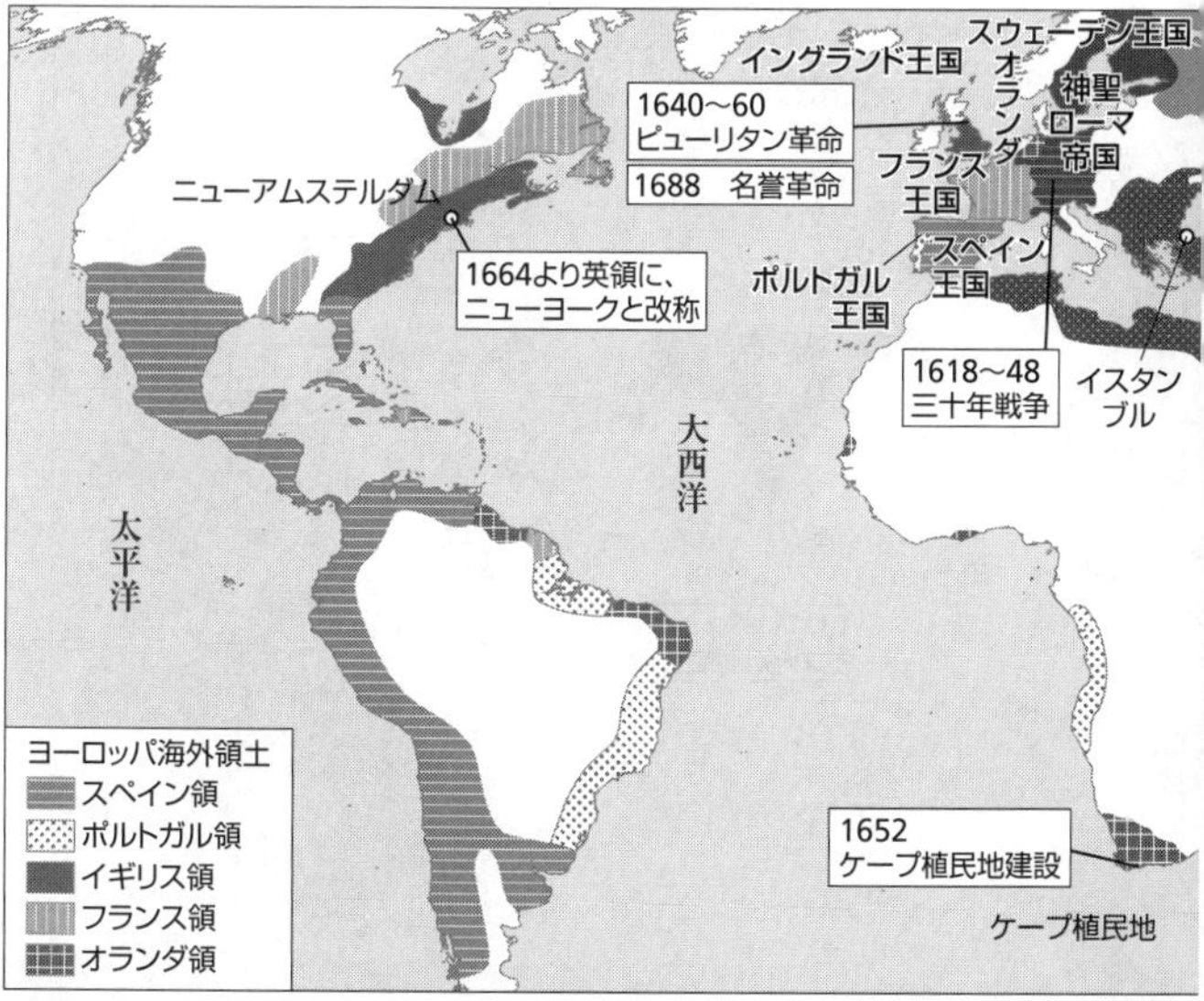

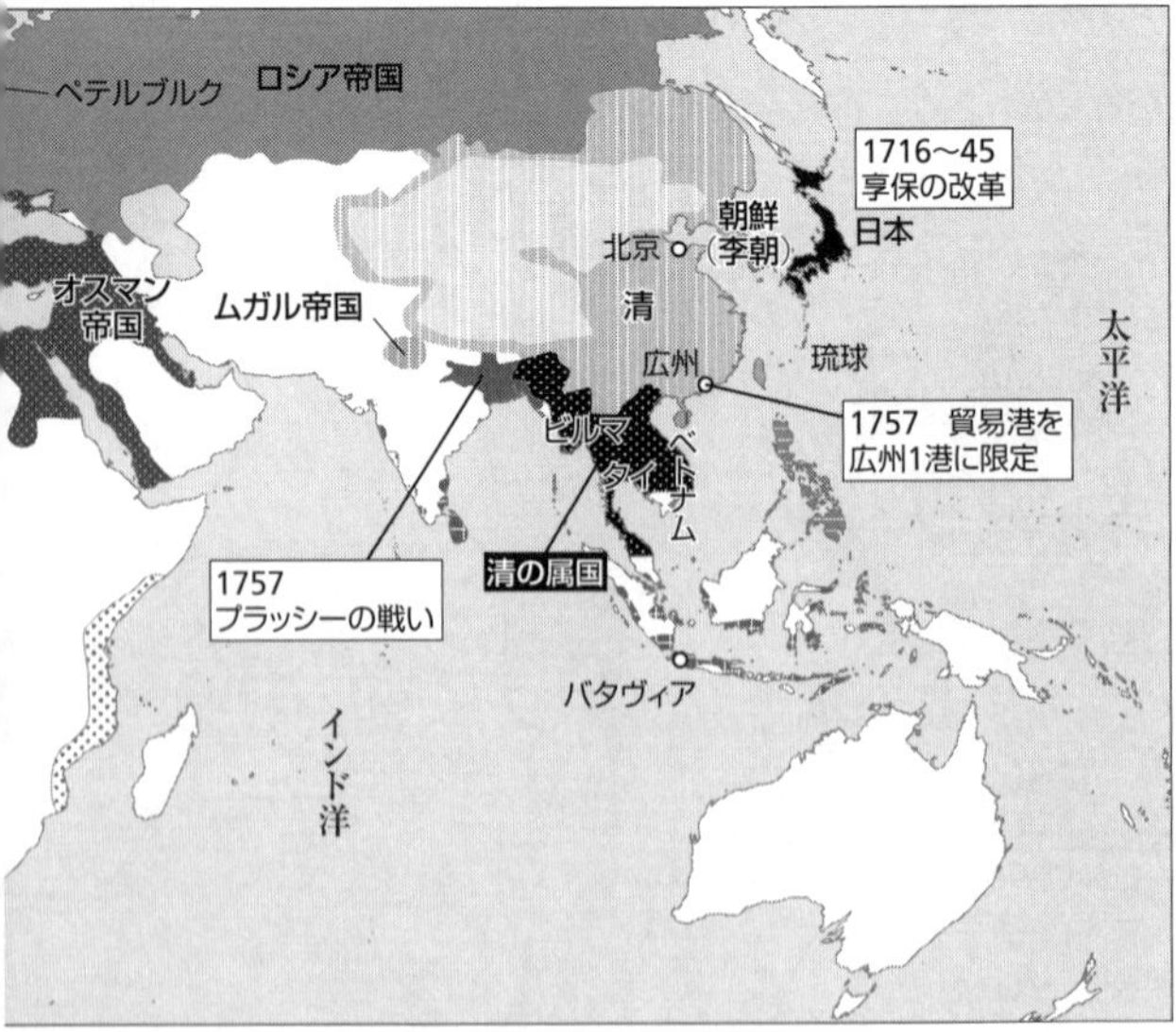
ペテルブルク
ロシア帝国
1716〜45
享保の改革
朝鮮
（李朝）
北京
日本
オスマン
帝国
ムガル帝国
清
琉球
太平洋
広州
1757　貿易港を
広州1港に限定
ビルマ
タイ
ベトナム
清の属国
1757
プラッシーの戦い
バタヴィア
インド洋

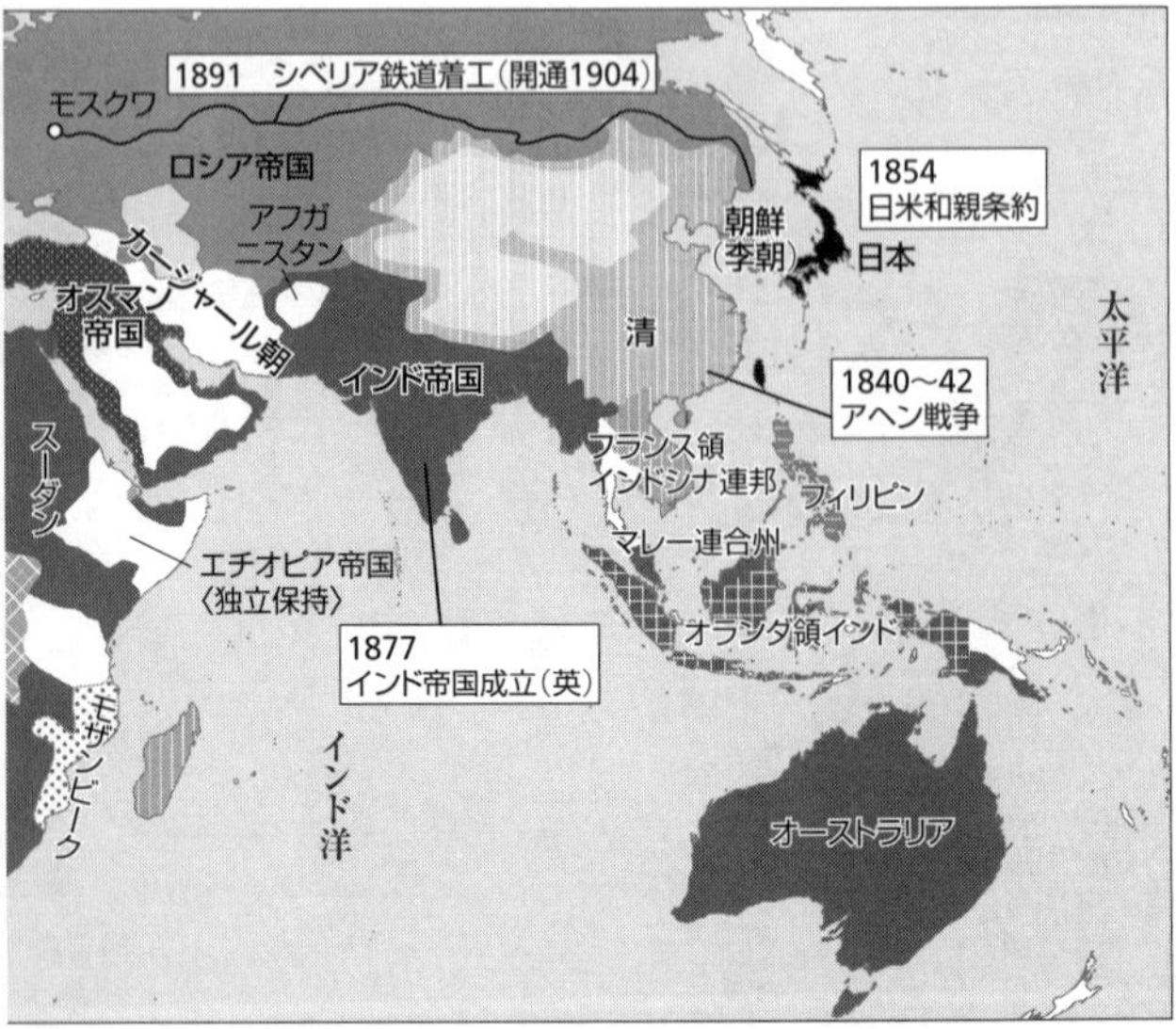
1891　シベリア鉄道着工（開通1904）
モスクワ
ロシア帝国
アフガ
ニスタン
カージャール朝
オスマン
帝国
1854
日米和親条約
朝鮮
（李朝）
日本
清
太平洋
インド帝国
1840〜42
アヘン戦争
スーダン
フランス領
インドシナ連邦
フィリピン
マレー連合州
エチオピア帝国
〈独立保持〉
オランダ領インド
1877
インド帝国成立（英）
モザンビーク
インド洋
オーストラリア

図2-1　18世紀 イギリスの長い18世紀——大西洋からアジアへ——

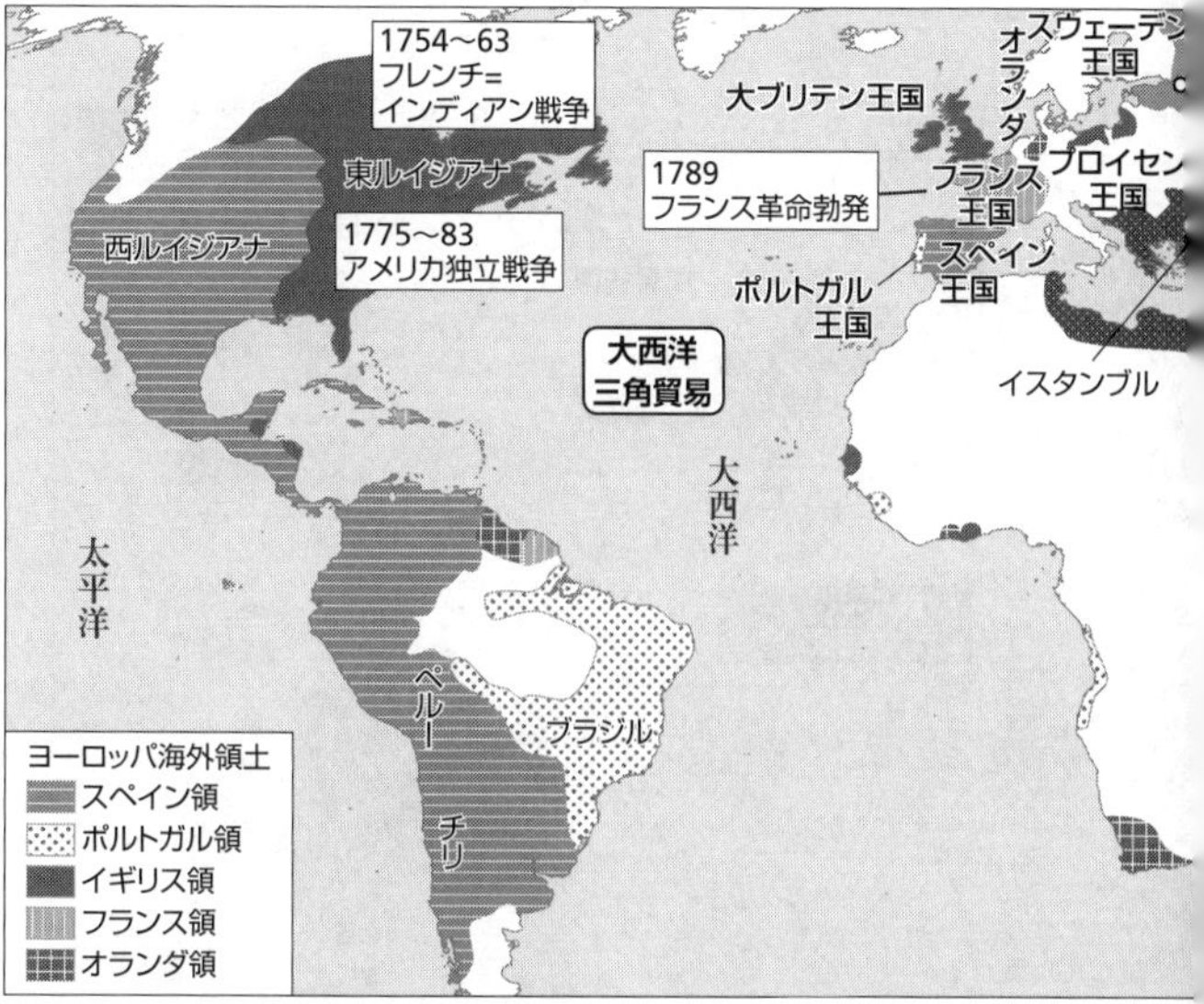

図2-2　19世紀 ヘゲモニー国家「イギリス帝国」の誕生

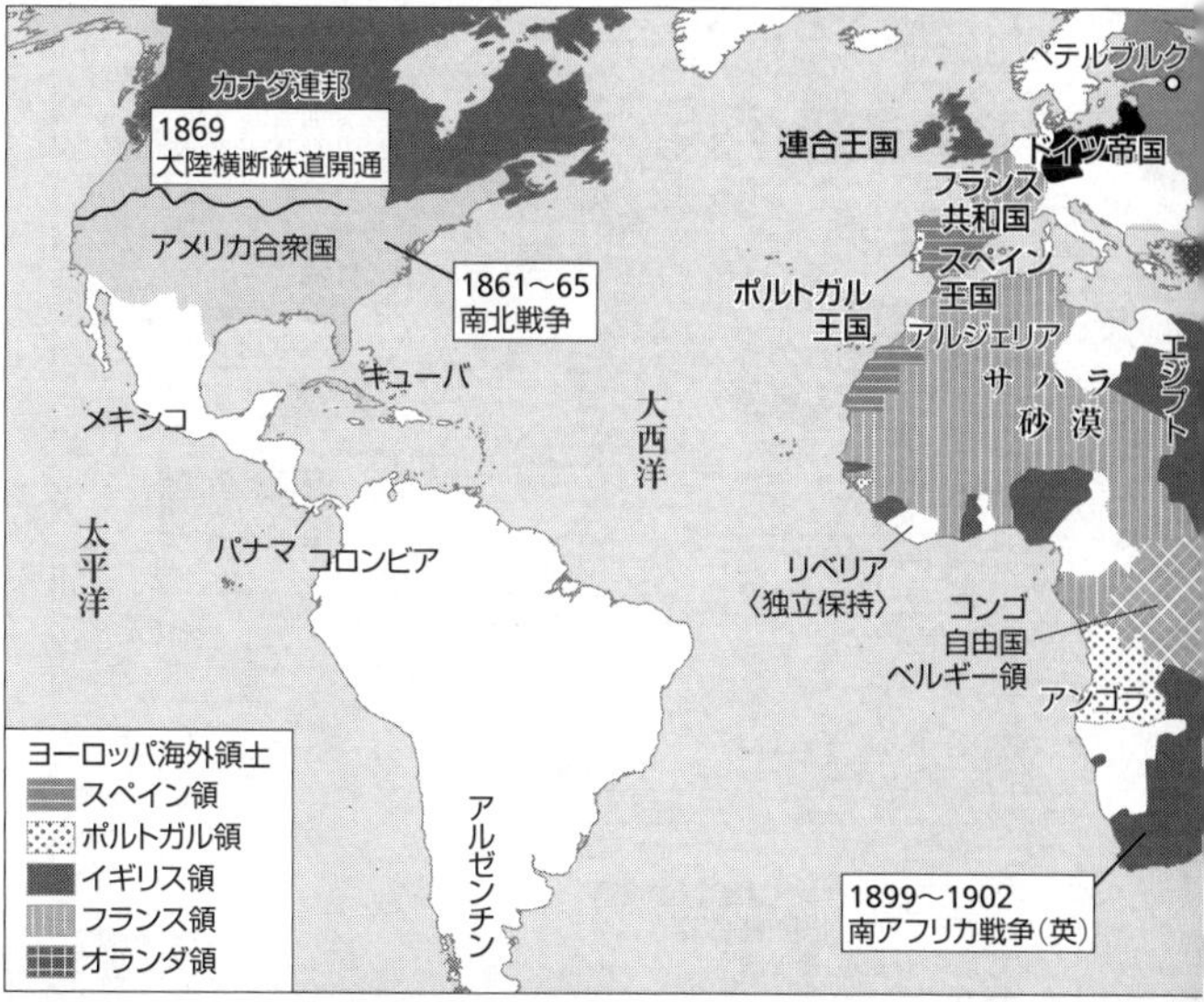

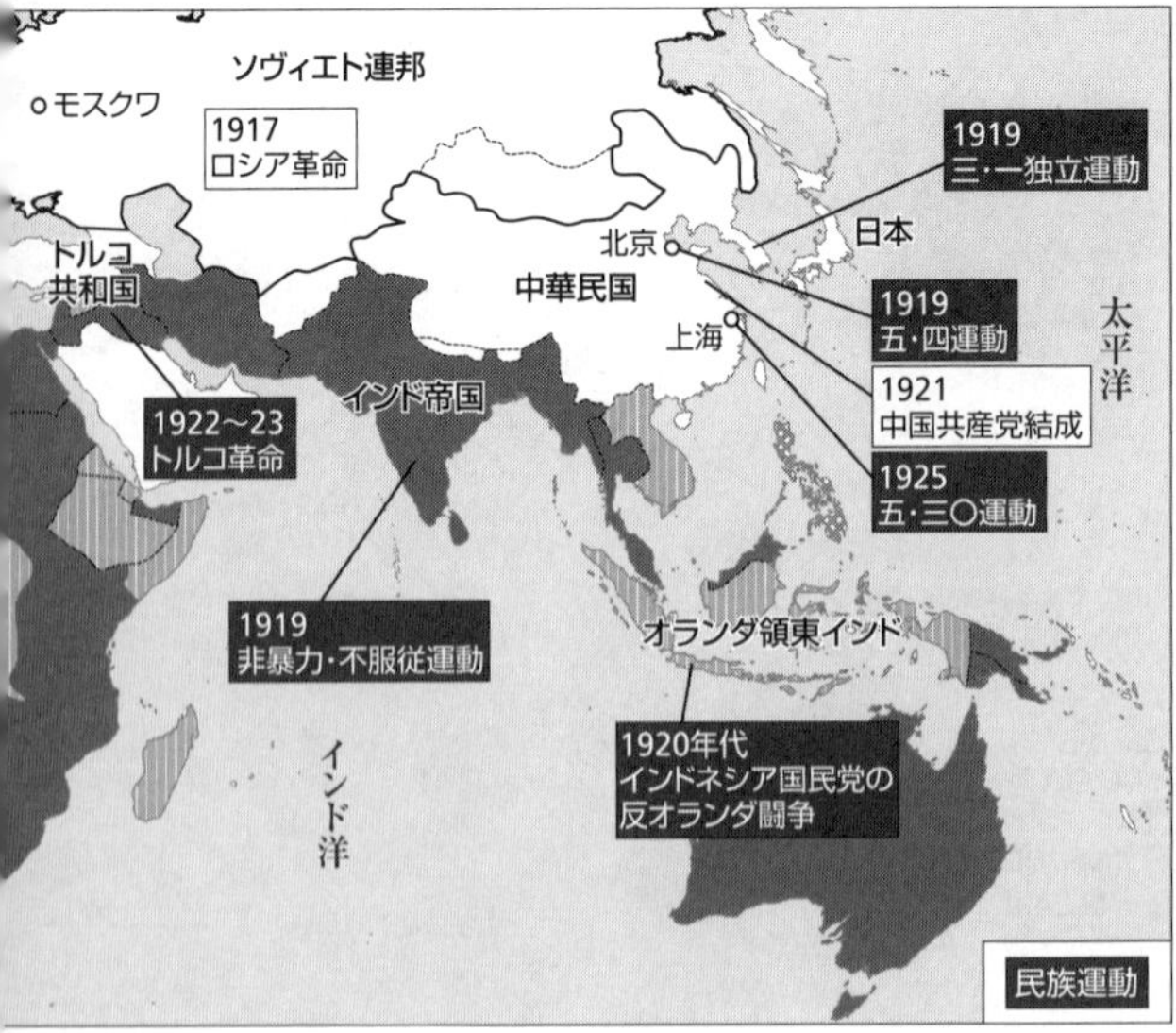

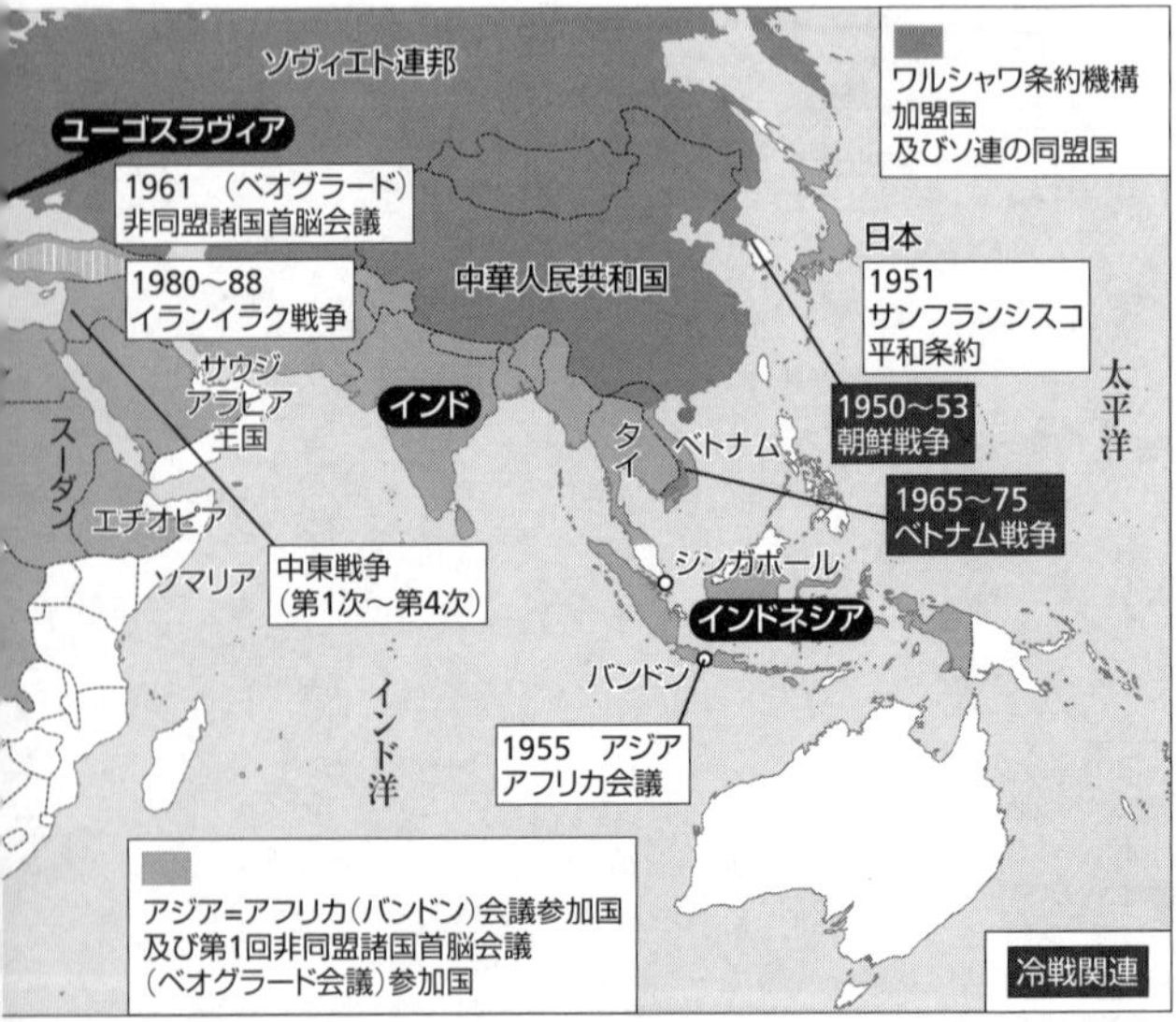

参考：『ニューステージ世界史詳覧』（浜島書店）

図3-1　20世紀前半 民族自決と帝国防衛の戦い

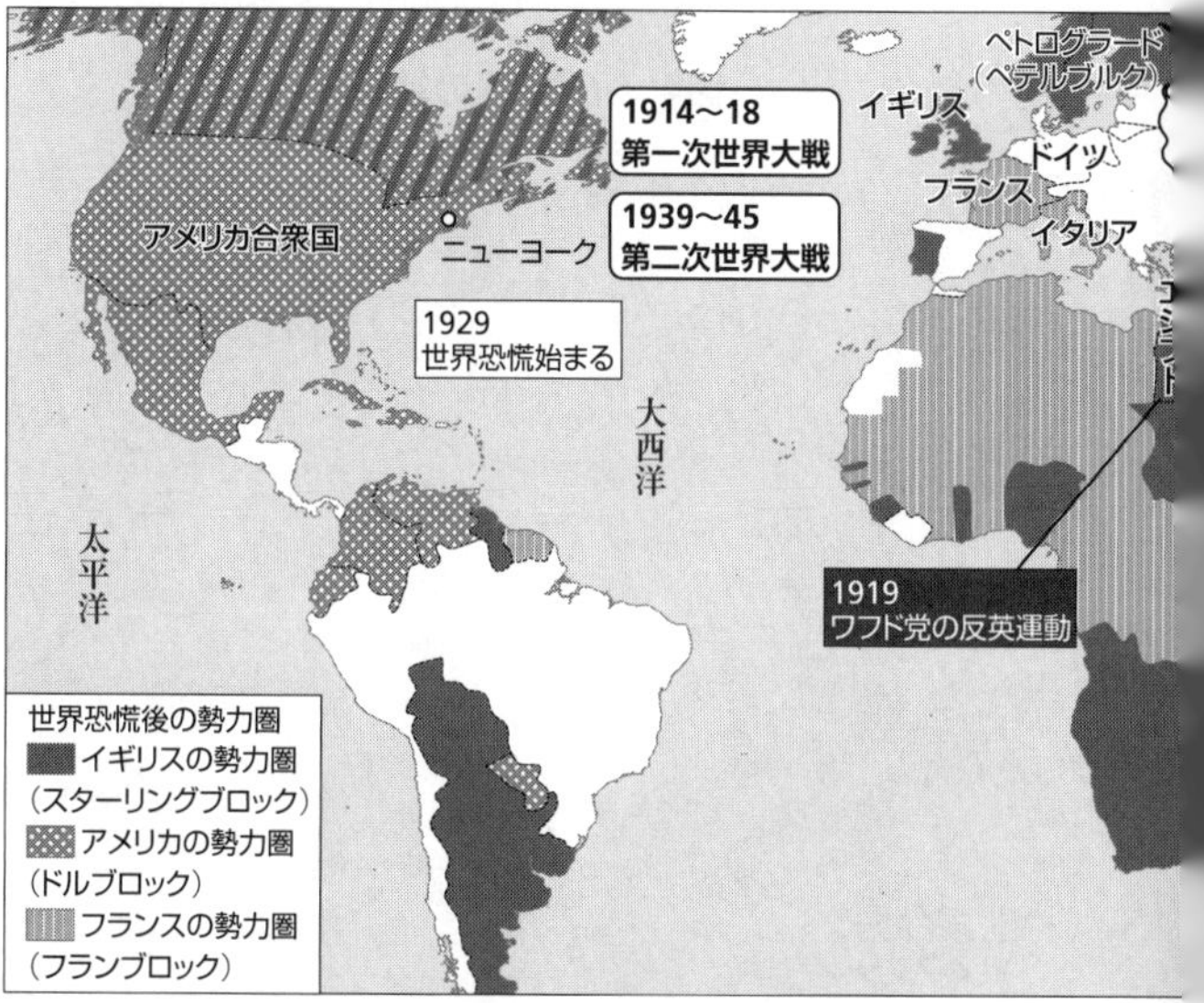

図3-2　20世紀後半 第二次世界大戦後の帝国の終焉

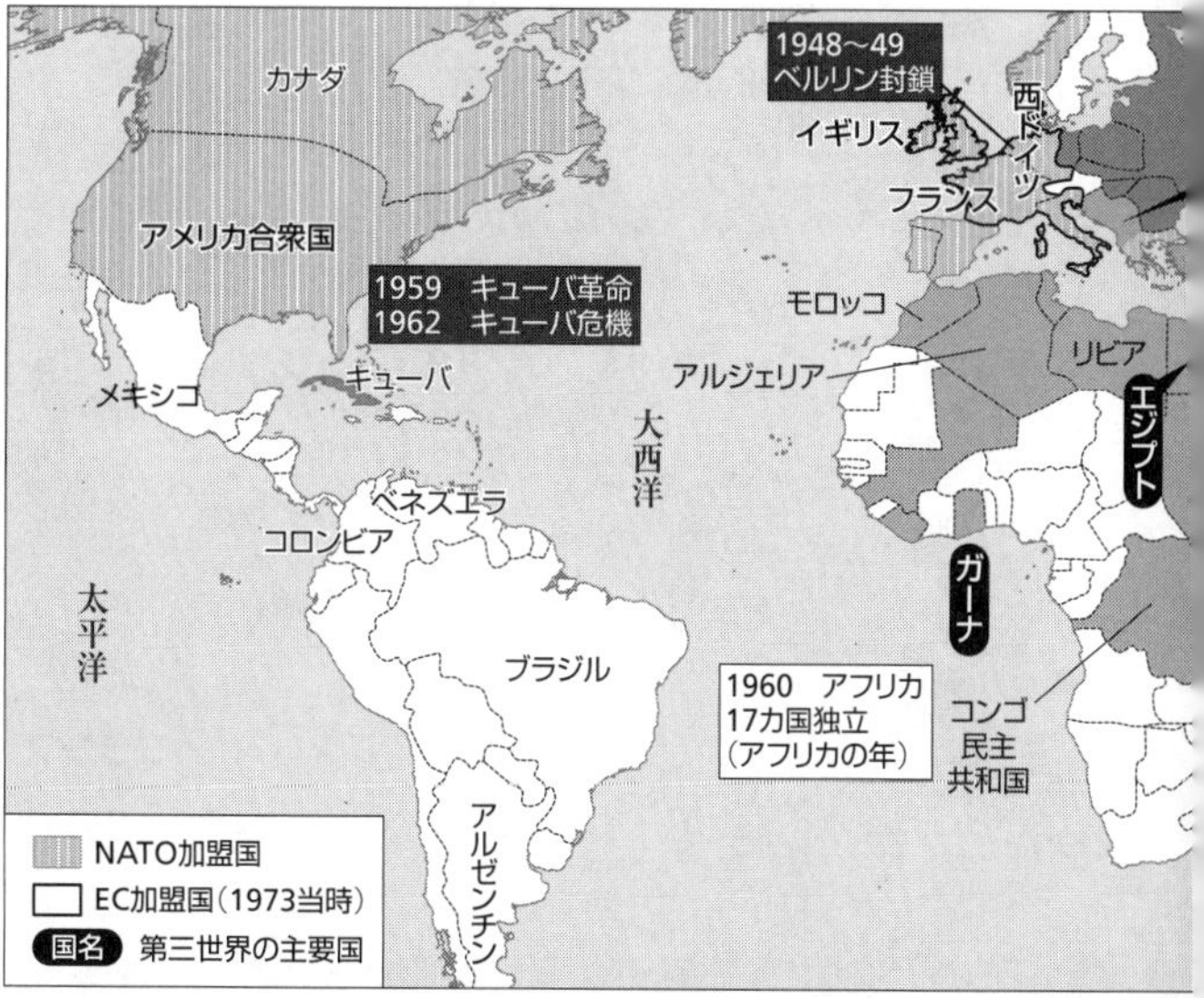

図4　イギリスの地図

シェトランド諸島
オークニ諸島
大西洋
ウエスタン諸島
スコットランド
北海
エディンバラ
北アイルランド
（アルスター）
ノース海峡
イギリス
マン島
アイリッシュ海
アイルランド
（エール）
リヴァプール
マンチェスター
ダブリン
ノッティンガム
ニューカースル
セント・ジョージ海峡
バーミンガム
ウェールズ
ケンブリッジ
イングランド
オクスフォード
ドーバー
カーディフ
ロンドン
テムズ川
ドーバー海峡
カレー
ポーツマス
プリマス
イギリス海峡
チャネル諸島
フランス

図5　本書に関連したイギリス王室の系図

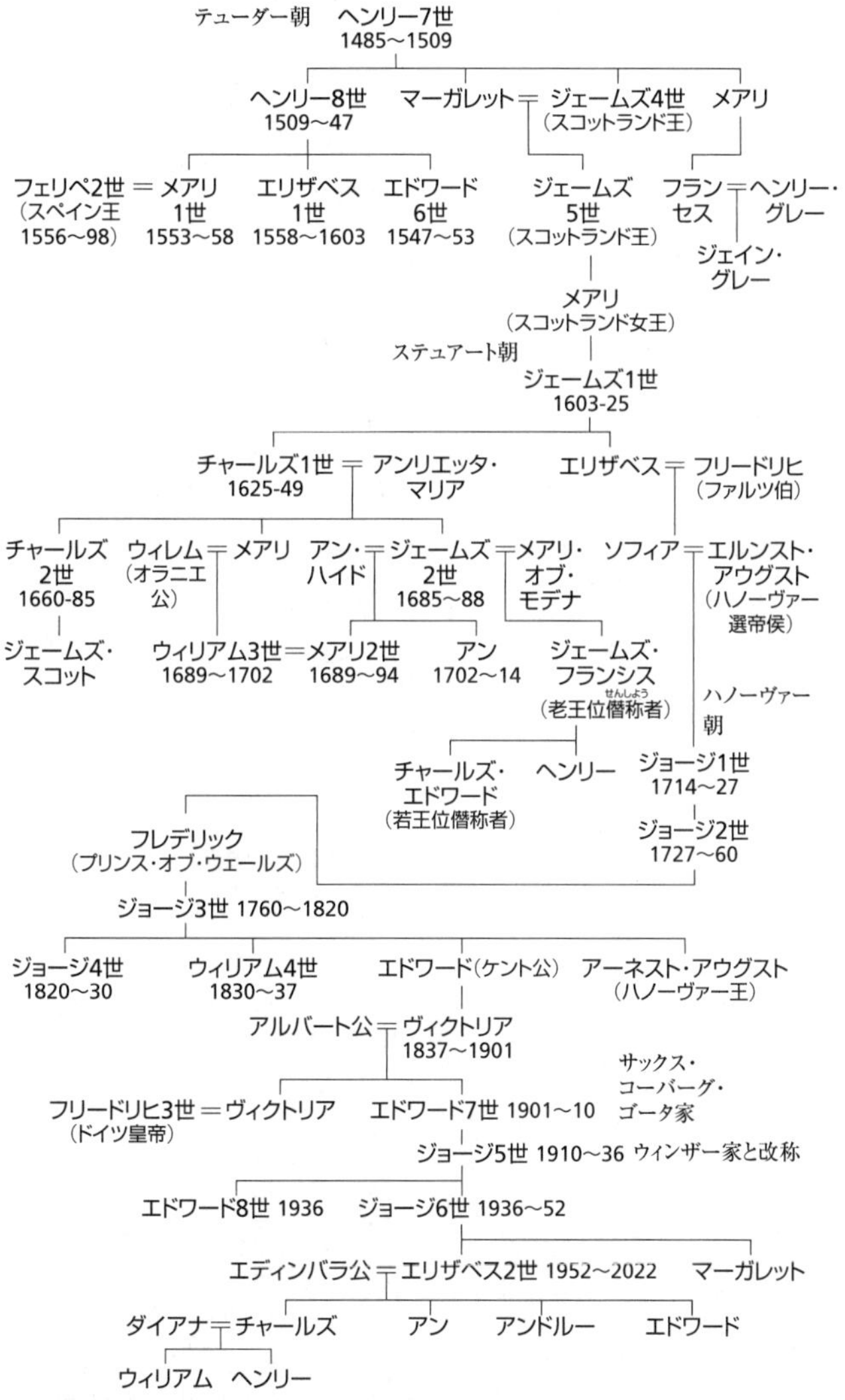

図6　歴代首相一覧

期間	首相	政党
1721～42	ウォルポール	W
1742～43	ウィルミントン伯	W
1743～54	ペラム	W
1754～56	ニューカースル公(第1次)	W
1756～57	デヴンシア公	W
1757～62	ニューカースル公(第2次)	W
1762～63	ビュート伯爵	T
1763～65	グレンヴィル,G.	T
1765～66	ロッキンガム侯(第1次)	W
1766～70	グラフトン公	W
1770～82	ノース	T
1782	ロッキンガム侯(第2次)	W
1782～83	シェルバーン伯	T
1783	ポートランド公(第1次)	T＝W連立
1783～1801	(小)ピット(第1次)	T
1801～04	アディントン	T
1804～06	(小)ピット(第2次)	T
1806～07	グレンヴィル,W.	W＝T
1807～09	ポートランド公(第2次)	T
1809～12	パーシヴァル	T
1812～27	リヴァプール伯	T
1827.4～11	キャニング	T
1827～28	ゴドリッチ子	T
1828～30	ウェリントン公	T
1830～34	グレイ伯	W
1834.7～12	メルボーン子(第1次)	W
1834～35	ピール(第1次)	保
1835～41	メルボーン子(第2次)	W
1841～46	ピール(第2次)	保
1846～52	ラッセル(第1次)	W
1852.2～12	ダービ伯(第1次)	保
1852～55	アバディーン伯	ピール派=W連合
1855～58	パーマストン子(第1次)	W
1858～59	ダービ伯(第2次)	保
1859～65	パーマストン子(第2次)	W=ピール派連合
1865～66	ラッセル(第2次)	W及び自
1866～68	ダービ伯(第3次)	保
1868.2～12	ディズレーリ(第1次)	保
1868～74	グラッドストン(第1次)	自
1874～80	ディズレーリ(第2次)	保
1880～85	グラッドストン(第2次)	自
1885～86	ソールズベリ侯(第1次)	保
1886.2～12	グラッドストン(第3次)	自
1886～92	ソールズベリ侯(第2次)	保
1892～94	グラッドストン(第4次)	自
1894～95	ローズベリ伯	自
1895～1902	ソールズベリ侯(第3次)	統
1902～05	バルフォア	統
1905～08	キャンベル＝バナマン	自
1908～15	アスキス	自
1915～16	アスキス	自=保=労連立
1916～22	ロイド・ジョージ	自=保=労連立
1922～23	ボナ＝ロー	保
1923～24	ボールドウィン(第1次)	保
1924.1～10	マクドナルド(第1次)	労
1924～29	ボールドウィン(第2次)	保
1929～31	マクドナルド(第2次)	労
1931～35	マクドナルド(第3次)	挙国連立内閣
1935～37	ボールドウィン(第3次)	挙国連立内閣
1937～40	チェンバレン,N.	挙国連立内閣
1940～45	チャーチル(第1次)	保=労=自連立
1945～51	アトリー	労
1951～55	チャーチル(第2次)	保
1955～57	イーデン	保
1957～63	マクミラン	保
1963～64	ヒューム	保
1964～70	ウィルソン(第1次)	労
1970～74	ヒース	保
1974～76	ウィルソン(第2次)	労
1976～79	キャラハン	労
1979～90	サッチャー	保
1990～97	メイジャー	保
1997～2007	ブレア	労
2007～10	ブラウン	労
2010～16	キャメロン	保
2016～19	メイ	保
2019～22	ジョンソン	保
2022～22	トラス	保
2022～	スナク	保

W:ホイッグ党　T:トーリ党
保:保守党　自:自由党
統:統一党　労:労働党

出典:『イギリス史』(川北稔編著、山川出版社)

序章　新たな世界史の視点「グローバルヒストリー」

――従来の一国史では見えなかったもの

世界全体を視野に入れた歴史分析

近年、歴史学の世界において、歴史認識の枠組みについての大きな修正・見直しが進んでいる。そのひとつが「グローバルヒストリー／global history」である。

従来の歴史学は、一国の歴史を時系列に説く「ナショナルヒストリー／national history」が基本であり、世界史といった場合でも、実際にはナショナルヒストリーの寄せ集めとなってしまっていた。

なぜ、そうなったのか。

これは、歴史学という学問の成り立ちと深く関係している。

現在の歴史学は、十九世紀のドイツにおいて国民国家の成り立ちを説明するために生まれた「科学的な歴史学」から発展したものである。十九世紀後半、ヨーロッパで相次いで成立した国民国家（ネイション・ステイト）では、生まれたばかりの国民国家をひとつにまとめ、強化することが求められた。そのためには、国民国家の成り立ちを解明し、それを正当化することが必要だったのである。どのような経緯を経て現在の国民国家が成立したのか、その過程を過去にさかのぼって考える学問が求められ、誕生したのが「一国史（ナショナルヒストリー）」だったのである。

こうして十九世紀に生まれた「歴史学」では、通常、歴史の「史」の前にその国の名を冠し、「イギリス史」「ドイツ史」「中国史」というように、国民国家ごとにその国の成り立ちが分析されている。つまり、明確な国境を持ち、国民を明確に確定した「国民国家の枠組み」が、歴史分析を行う際の基本的な構成ユニットとなっているのである。

しかし、二十世紀末頃から、この基本ユニットに不都合が見られるようになっていった。急激にグローバル化が進んでいったことで、国境を越えてヒト、モノ、カネ、情報、文化、制度などさまざまなものがダイナミックに行き交うようになり、国民国家という既存のユニットでは、説明し切れないことが出てきてしまったからだ。

もちろん人々は、国民国家という概念のない時代から、共同体の枠組みを超えて交流してきた。しかし、二十世紀以前と以後では、その影響の範囲もスピードも大きく違う。

こうして既存の歴史学の在り方に疑問が呈されるようになったことを受けて生まれたのが、歴史の新たなアプローチとしての「グローバルヒストリー」である。

グローバルヒストリーは、世界全体を視野に入れた歴史分析を行うことで、従来の一国史では見えてこなかった、人々の交流・交易の動きを広域的・俯瞰的に捉え、考察していく「新しい歴史学」である。

もうひとつ、グローバルヒストリーで着目すべき点は、西洋中心史観からの脱却という視点である。

従来の歴史学は、西ヨーロッパで生まれた性質上、どうしても西欧諸国を「先進国」とし、それ以外の周辺地域を後進、未開とする「西洋中心史観」を有していた。しかし、グローバルな視点から、公平・丹念に資料を調べていったことで、必ずしも西欧諸国が先進で豊かだったとはいえないことが明らかになってきている。

さらに、グローバルヒストリーでは、これまでの歴史学ではほとんど考察されてこなかった「環境要因」や、国という枠組みにとらわれない「人的ネットワーク」など、新しい視点も数多く含まれている。

グローバルヒストリーの萌芽

では、グローバルヒストリーは、どのようにして誕生したのだろう。

従来の歴史観に最初の一石を投じたのは、アメリカの社会学者・歴史学者のイマニュエル・ウォーラーステイン（一九三〇～二〇一九）の「近代世界システム論」であろう。

ウォーラーステインは、大航海時代以降、世界規模での交易をきっかけに、世界全体がひとつのシステムとして機能するようになったとして、従来の国民国家という枠組みを脱して、「世界経済」という視座から歴史を考察する必要があると述べた。

この新たな視点は、多くの研究者の注目を集めたが、必ずしもウォーラーステインの説が受け入れられたわけではなかった。事実、私の恩師でもあり、後にグローバルヒストリーを牽引していくことになるイギリスの歴史家パトリック・オブライエン（一九三二〜）は、当初ウォーラーステインに対して批判的な姿勢を取っていた。

私がオブライエン教授に初めて会ったのは一九九三年、ロンドン大学東洋アフリカ研究学院（School of Oriental and African Stidies：ＳＯＡＳ）に留学したときのことだった。当時すでにオクスフォード大学の教授職を退いていたオブライエン教授は、ＳＯＡＳに隣接するロンドン大学歴史学研究所の所長職に就いていた。かねてオブライエン教授の論文を読んでいた私は、友人を誘って教授に会いに行ったのである。

そのときの話で最も強く印象に残っているのが、産業革命についての話だった。

経済史を専門とするオブライエン教授は、十八世紀末のイギリスの産業革命は、世界で最初にして唯一の誇るべき歴史的現象であるのだから、それを表現するときは、定冠詞を用いなければならないと何度も強調された。つまり、「an industrial revolution」と言ったのではイギリスの独自性が消えてしまうから、唯一無二であることを意味する「The Industrial Revolution」と表現しなければならない、というのである。

自国の発展の原点となった産業革命に、これほどまでの誇りを持っていたオブライエン教授は、当時、なぜイギリスで世界に先駆けて産業革命が可能になったのかという説明に、国内の農業革命とそれに伴う人口の増加、農村で余剰となった労働力の都市への移動、さらにそれを可能にした政治の安定など、国内の諸要因を挙げていた。

　これに対し、当時すでに有名になっていたウォーラーステインの「近代世界システム論」では、先進国の発展は、周辺地域からの搾取の上に成り立っていたと主張していた。

　オブライエン教授は、こうしたウォーラーステインの主張に対して、確かにウォーラーステインが批判するような周辺地域からの搾取、たとえばカリブ海の奴隷制で運営された砂糖プランテーションや、北米植民地のタバコ栽培などから、イギリス帝国は収益を上げている。また、英領インドで生産された大量の綿布もヨーロッパに流れ、収益をもたらした。しかし、その寄与の度合いは低く、それよりも重視すべきなのは、やはりブリテン島内部のダイナミズムだ、とウォーラーステインの説を否定した。

　ウォーラーステインの「近代世界システム論」をきっぱりと否定したオブライエン教授だったが、やはりそれなりの影響を受けていたのだろう。その後、彼は、歴史学研究所でさまざまなセミナーを立ち上げるのだが、その中のひとつに、「グローバルヒストリー・セミナー」があり、そのセミナーで、世界経済史の研究を大きく書き換えた「ビッグ・ブック（Big Books)」の著者として招いたのが、アメリカの歴史学者ケネス・ポメランツ（一九五八〜）

だったのである。

ポメランツの「大分岐論」による歴史の新たな見方

当時のポメランツは、有名な *The Great Divergence*『大分岐』（二〇〇〇年）を著す前だったが、『大分岐』の構想はすでにできており、各地のセミナーでそのことに触れていた。

ポメランツの主張は、西ヨーロッパの突出した先進性を否定した。周辺地域、中でも中国の長江デルタ、日本の畿内・関東、北インドというアジア地域を複数の「広域のコア・リージョン」とし、そこは西ヨーロッパと同じような経済発展を遂げていたというものである。

これは、それまでの西洋中心史観とも、ウォーラーステインの西洋による一方的な搾取という見方とも異なる新しい視点だった。

オブライエン教授は、こうしたポメランツの主張にいち早く注目し、意見交換を重ねることで、「グローバル経済史」を構想していくことになる。

中国、特に中国華北地域の経済史を専門とするポメランツの研究に強い刺激を受けたオブライエン教授は、それまで自分がやってきたヨーロッパ経済史、中でもヨーロッパ経済の先頭を走っていたイギリス経済史の見直しに果敢に取り組んだ。

この取り組みは、歴史学研究所の所長を辞め、特任教授として就任したＬＳＥ（London

School of Economics and Political Sciences／ロンドン大学経済政治学院）でも続けられ、二〇〇〇年には、四年計画で、歴史を新たな視点から読み解く「ゲーン・プロジェクト（GEHN project）」の発足へとつながった。「GEHN」はGlobal Economic History Networkの略である。

ゲーン・プロジェクトとは、ＬＳＥのパトリック・オブライエンとカリフォルニア大学のケネス・ポメランツ、当時大阪大学の経済学研究科におられた杉原薫先生と、オランダのライデン大学のピア・フリースという、四大学の四人を中心とした、いわゆる人的な交流のネットワークである。ちなみに、このプロジェクトには、私もオブライエン教授に声を掛けてもらい、メンバーに加わっている。

そこでは、世界中から影響力を持ちそうな中堅、若手の研究者が集められ、ポメランツの「大分岐論」で問題提起された主題を中心に、八つほどの検討課題をテーマに、ワークショップ形式で徹底的に議論するということが四年間行われた。

またＬＳＥでは、グローバルヒストリーの研究者が増員され、オブライエン教授は、新たに加わったインドや中国の研究者とともに、中国と西ヨーロッパの経済をダイレクトに比較していったのである。

当時すでに日本に帰国していた私は、素晴らしい取り組みだと思う一方で、イギリスの産業革命に強い誇りを抱いていたオブライエン教授の姿が脳裏に焼きついていたため、それでも彼の西洋中心思想が揺らぐことはないだろう、とも思っていた。

だが、そうではなかった。

二〇一五年夏。三年に一度開催される「世界経済史会議」というビッグイベントが、日本の京都で行われた際、オブライエン教授も発表者の一人として来日すると聞き、当時「日英歴史家会議」の委員に就いていた私は、この機会を使ってオブライエン教授に日英歴史家会議で、会議を締めくくる「プレナリーレクチャー（plenary lecture）／全体講演」をしていただけないかとお願いした。

当時オブライエン教授は、お元気だったとはいえ、すでに八十歳を超える高齢だったので、この機会を逃したら次はないかもしれないと思ったからだ。しかし、快く引き受けてくれた教授がその講演で語った内容は、学者の探究心に年齢は関係ないことを示す驚くべきものだった。

なぜなら、彼が語ったのは、近世以降のイギリスの経済発展をグローバルな世界経済史の中に位置づけ直すと、どのように再解釈できるのかというものだった。当時の中国は豊かで進んでおり、相対的に見た場合、これまでの説とは違い、むしろイギリスのほうが遅れていた、という内容だったからである。

これは、彼が名声を築いたオクスフォード時代の業績とは相反するものだった。

イギリスの産業革命は、「The Industrial Revolution と表現しなければならない」と強調していた教授の転身に驚いたのは、私だけではなかった。

講演後のディスカッションでは、当然のごとく、「今の話は非常に面白かったが、それはかつてあなたが語っていたのとは違うストーリーではないか。それをどう説明するのか」という質問が飛んだ。

これに対しオブライエン教授は、「大分岐論以降、共同研究を通じて具体的な資料を見たところ、実際には先ほど語ったような経過がわかった。私としては、こちらのほうが正しいと思う」と答えた。

これは、大変に素晴らしいことである。何しろ彼は、すでにオーソリティーであり、旧来の説を貫いていても全く問題ない立場だったからだ。にもかかわらず、ポメランツの問題提起を詳細に検討し、自分のそれまでの主張を再検討した結果、そちらのほうが正しいと思うと、自分の名声にこだわることなく、新たな歴史考察の道を切り開いていったのだ。

さて、少々オブライエン教授の話が長くなってしまったが、私がこのエピソードによって伝えたかったのは、今やグローバルヒストリーは、本流の研究者でさえ、従来の見方を変えざるを得ないような大きな影響力を持ち始めているということである。

グローバルヒストリーの特徴、「四層構造」と「五つの指標」

本書は、「グローバルヒストリー」の視点に立った新たなイギリス帝国史である。

では、グローバルヒストリーとは、具体的に従来の歴史とどのような点が異なるのか。細かいことをいえば、どの時代を扱うかによって、さまざまな分析の枠組みが考えられるのだが、通常の一国史との対比でいえば、次の「四層構造」と「五つの指標」が挙げられる。

〈四層構造〉

①ローカルヒストリー（local history／地方史）
②ナショナルヒストリー（national history／一国史）
③リージョナルヒストリー（regional history／広域史）
④グローバルヒストリー（global history／地球史）

〈五つの指標〉

①広域的・俯瞰的視点
②西洋中心史観からの脱却
③環境要因
④長い時間軸
⑤ネットワーク

〈四層構造〉

①の「ローカルヒストリー（地方史）」とは、いわゆる郷土史研究である。

国家の中の特定地方の歴史を詳しく考察するこのユニットは、考察範囲は狭いが、その地方に住む人々にとっては、より身近な歴史として重要な意味を持つ。

②の「ナショナルヒストリー（一国史）」とは、従来の歴史学の基本ユニット「国民国家／ネイション・ステイト」を指す。

③の「リージョナルヒストリー（広域史）」とは、国家という枠組みを超え、地域協力の枠組みが形成されている共同体など、関係の密接な広範囲をひとつのユニットとして考察する歴史である。

具体的にいえば、アジアの「ＡＳＥＡＮ（東南アジア諸国連合）」や、ヨーロッパの「ＥＵ（欧州連合）」、北米の「ＮＡＦＴＡ（北米自由貿易協定）」などはその典型例といえる。

とはいえ、このユニットで扱うのは、こうした具体的な経済協力の枠組みに限らない。たとえば、東アジアの海とその沿海部を含む「海域アジア世界」、古代シルクロードを中心とした「中央ユーラシア地域」、あるいは「北米大陸全体」を扱うことも可能である。

④の「グローバルヒストリー（地球史）」の考察範囲はさらに広く、地球全体を分析の単位

として考える。

つまり、ユニットの範囲でいうと、一番下の底辺に位置するのが「地方史」で、その上に「一国史」があり、さらにその上に「広域の地域史」があり、その上に地球全体をカバーする「グローバルヒストリー」が位置する。

この四つの考察ユニットには、相互に連関性があり、単独で完結するものではない。現実にはさまざまな事象やヒトやモノ、情報といったものが各層を行ったり来たりする中で、歴史は形成されてきている。これをわれわれは「つながりと往還」といっているが、グローバルヒストリーでは、こうした四層構造の往還を見ていくことを重視している。

そうすることで、従来の一国史の層だけに注目していたときには抜け落ちてしまっていた、物事のさまざまな側面が浮かび上がってくるからだ。


〈五つの指標〉
①広域的・俯瞰的視点
これは、国境にとらわれず、幅広い地域、空間全体を俯瞰的に見ることで、その空間内に存在する「相互のつながり」を見ていくということである。これがまさに、グローバルヒストリーの第一の目的であり、最も顕著な特色だといえる。

②西洋中心史観からの脱却

これについてはすでに少し触れたが、従来の歴史学は、十九世紀のヨーロッパで、国民国家が誕生したことを受けて成立した学問であることから、どうしても欧米の歴史が中心になって語られてきた。

十九世紀は、確かにヨーロッパが世界を牽引した「ヨーロッパの世紀」だった。そして、その端緒となったのが、十六世紀の大航海時代である。その後、二十世紀以降はアメリカが中心になるものの、「西洋（欧米）」が中心であることには変わりはない。

このため従来の歴史研究のメインテーマは、西洋諸国の台頭と変容、そしてその支配がどのように移り変わり、現在に至っているのか、ということであり、教科書や書物もその流れの中にある。

グローバルヒストリーにおいても、十九世紀がヨーロッパの世紀であったことを否定する者はいない。

問題は、それ以前の時代、「近世／アーリー・モダン（early modern）」あるいはその前の「中世」といわれる時期にまで、十九世紀以降の西洋の繁栄の起源を投影し、西洋の優位を見いだしている従来の歴史観を投影してしまっていることだ。こうした西洋中心史観から脱却しない限り、非ヨーロッパ世界の歴史は、正当な検証を受けないまま、二次的で従属的な役割を果たし続けることになってしまう。

グローバルヒストリーでは、西洋中心史観から脱却することで、より正当な歴史考察を進めていくことを重視している。

③環境要因

グローバルヒストリーの若き研究者たちが特に注目しているのが、「環境要因」である。

環境と一口にいっても、実際にはさまざまな要素がある。最も典型的なのが温暖化や寒冷化といった「気候変動」だろう。しかしそれもより詳しく見ていくと、その原因は火山の噴火だったり、太陽黒点の活動周期だったり、実にさまざまである。

また、近年大きな問題になっているのが「水」だ。

人類史を考えていく上で、「資源としての水の枯渇」が今後大きな課題になっていくのは明らかである。事実、すでにインドとバングラデシュの間ではガンジス川の水利権をめぐる紛争が生じている。このように、限られた水資源を、人口が増加した国同士で奪い合うということが、世界各地で起きているのだ。

他にも「海洋資源」をめぐる争いもある。漁業権や漁獲量をどうするのか。また、海底に眠るエネルギー資源やレアアースのような鉱物資源の採掘問題など、海洋資源を将来的に誰がどのようにして開発するかということは、もはや一国では決められない問題となっている。にもかかわらず、こうした環境に関わるテーマというのは、従来の歴史学ではほとんど扱われていない。

ただ、環境要因を正確に読み解くには、どうしても理系の知識が必要になるので、専門知識を持った理系の研究者とチームを組むなど連携が求められる。

④長い時間軸

これまでの歴史学では、分析の単位は比較的短く、十年から三十年、長くても一世紀、つまり百年ほどでしかない。

これに対しグローバルヒストリーでは、一般的な「世紀＝百年」という概念に縛られることなく、もっと柔軟な捉え方をしている。なぜなら、歴史的出来事というのは、必ずしもその世紀の始まりから終わりまでの百年間で完結するようなものではないからだ。たとえば「長期の十九世紀」や、「長期の十六世紀」という言い方を耳にしたことがないだろうか。実はこれこそが、グローバルヒストリーの指標のひとつ「長い時間軸」に基づく新しい枠組みなのである。

長期の十九世紀といった場合、始まりは一七八〇年ぐらいから、終わりは第一次世界大戦の終わる一九一八年を区切りと考える。

「長期の十六世紀」という場合は、ほぼ大航海時代をイメージしていただけばいいのだが、それを年代で表すと、ポルトガル人が北アフリカのセウタを最初の植民地として獲得した一四一五年から一七〇〇年ぐらいまでの約三百年間に相当する。

つまり、①の「広域的・俯瞰的視点」では分析ユニットの空間を水平に広げたのと同様、垂直的な時間軸も広げているということだ。

グローバルヒストリーでは、最低でも一世紀は必要で、それができたらさらに広げて数世紀をカバーする時間軸で考察する。中には、非常に長い時間、一千年間（ミレニアム）という時間軸でつながりを考察していくことを主張する研究者もいる。

⑤ネットワーク

ネットワークというのは、社会学や人類学など他の学問分野で用いられている概念だが、歴史学の場合、ネットワークに着目すると、さまざまな「人的なつながり」が、従来とは違った形で明らかになる。その典型は「移民」だろう。

国境を越えて移動する移民。具体的にいえば、中国系の華僑や、インド人の印僑、あるいはユダヤ人の移民や難民など。こうした人たちが歴史上で果たした役割を考える場合、ネットワークを無視することはできない。

事実、東南アジアの経済を考察する場合、そこを牛耳っている華僑の存在を抜きに語ることはできない。しかし、従来の国民国家（一国史）史観の枠組みでは、国家という枠組みから外れた彼らの位置づけは、非常に難しく十分な検証には至っていない。

グローバルヒストリーでは、そういう人たちに改めて光を当てるために、社会学や人類学で用いられてきた「ネットワーク論」を応用した歴史分析を進めているのである。

だが、移動するのは「ヒト」だけではない。

人的な移動には同時に「モノ」と「カネ」と「情報」の移動が伴うからだ。

さらに、十九世紀後半以降になると、電信やインターネットなど、ヒトの移動を伴わない「情報のみの移動」も生じてくる。

本章の冒頭で、グローバルヒストリーは、既存の歴史観ではグローバル化した社会を説明し切れなくなったことで生まれたと述べたが、では、何がグローバル化を推し進めたのかといえば、「ヒト、モノ、カネ、情報」という四つの要素を通じた相互のつながりだといえるだろう。

こうして考えていくと、グローバルヒストリーという新たな歴史観が、歴史の中でも経済史の分野において誕生・発展していったのは、ある意味、当然の流れだったことがわかる。

「比較」と「関係性」で歴史を読み解く

グローバルヒストリーでは、これら「四層構造」と「五つの指標」を歴史考察に活かすためのキー概念がふたつある。

それは「比較」と「関係性」だ。

考察する空間や時間軸が長くなれば、必ずそこには差異が生じる。この差異を無視したままでは正しい考察とはいえない。

たとえば、ポメランツは西洋と中国の長江下流域を比較する際、それぞれの地域の人々の生活水準を踏まえた上で比較を行っている。また、時間軸が長くなれば、同じ国、同じ地域であっても、モノに対する考え方や社会の仕組みは違ってくる。

そして、一口に「工業化」や「経済発展」といっても、現実には国や地域によってそのパターンは違ってくる。たとえば、イギリスの産業革命のように、大量の資本を投入して労働力を省力化する発展の形もあれば、東アジアのように資本を節約して大量の労働力を投入する発展形もある。

これは、どちらが良いとか進んでいるということではなく、パターンの違いである。空間も時間軸も広いグローバルヒストリーだからこそ、異なるものを比較し、そこからさまざまなパターンを発見していくことができるのだ。

もうひとつの重要な概念が「関係性」である。

これは、従来の歴史学と比べるとわかりやすい。

従来の歴史学では、日本史では日本国内の事象にしか言及せず、世界史では逆に日本のことが語られることはない。

だが、現実には日本と世界は密接に関係している。日本は世界情勢の影響を受けていたし、逆に世界の動きに日本が重要な役割を果たしていたことも数多くある。国民国家史観ではほとんど語られてこなかったこうした事実に着目していくことも、グローバルヒストリーならではといえるだろう。

なぜ今、グローバルヒストリーが必要なのか

なぜ歴史を学ぶのか、という問いがよくなされるが、その答えは決まっている。

過去を知るのは、今を知り、より良い未来を構築していく糧とするためである。

今われわれは何をすべきなのか、今の行動を選ぶ上での指針、あるいは教訓として、歴史、つまり過去を学ぶということだ。

本書は、グローバルヒストリーという新たな歴史観に立脚した「イギリス帝国史」である。グローバルヒストリーというフィールドで、なぜ今イギリス帝国史に焦点を当てる必要がある

のかといえば、人類史において最も長い間、世界を動かしていたユニットが「帝国」だからである。

従来の国民国家史観では、政治史は国単位で考察されるものだと思われているが、それはあくまでもフランス革命以後の話であって、それ以前の「政治のユニット」は「帝国／Empire」なのである。

日本人の中には、戦前の大日本帝国を思い起こし、「帝国」という呼称にネガティブなイメージを抱く人もいるかもしれないが、人類は「国家（国民国家）」よりはるかに長い間、「帝国」の中で生きてきたのである。

西洋ではローマ帝国。アジアでは延々と三千年以上続いてきている中華帝国。

南アジアではグプタ朝やマウリヤ朝などから始まり、最後にはムガル帝国に至る歴史があり、中東にもイスラムの帝国の系譜がある。南北アメリカ大陸にもスペイン人が滅ぼしたアステカやインカといった帝国が存在していた。

つまり、人類史を振り返ったとき、最も長期間にわたって政治的なインターラクション（interaction／相互作用）や戦争を行っていたユニットは、国民国家をベースとした「国家」ではなく、多民族・広域支配を前提とした「帝国」なのである。最も長期間にわたって世界を動かしてきたユニットである「帝国」、その中でもイギリス帝国に焦点を当てたのは、グローバル化が進み、世界中が相互に複雑に関係し合っている今の社会を読み解くためには、近代以降に世界帝国として君臨したイギリス帝国こそが、最もふさわしいと考えたからである。

実際、グローバルヒストリーでは、イギリス帝国に限らず、イスラムなど前近代の帝国の研究も盛んに行われている。

新たな歴史観・グローバルヒストリーで読み解くことで、イギリス帝国の歴史は、われわれに多くの教訓と示唆を与えてくれるだろう。

第1章 帝国の黎明期

――二流国イギリスの「帝国の兆し」

覇者スペインを支えたイタリア都市

イギリス帝国のスタートをどこに求めるかは、諸説あり断定するのは簡単ではない。

だが、どの時代から話を進めるべきかは、それほど難しい問題ではない。

やはり、それは世界が大きく変わった「大航海時代」からだろう。

なぜなら、イギリス帝国は「海」によってつながった世界帝国であり、それを可能にしたのが十五世紀半ばに始まった「大航海時代」だからである。

大航海時代のヨーロッパを代表する大国は、スペインである。当時のイギリスは「イングランド王国」というヨーロッパの端に位置する二流国に過ぎない。

しかし、そんなイギリスの中にも、すでに「帝国の兆し」と呼べるものがいくつか見え始めてきている。そういう意味では、大航海時代の後半、十六世紀のイギリスは、「帝国の黎明期」といえるのではないかと思う。

イギリスは、どのようにして帝国への第一歩を歩み出していったのか。

それを見る前に、この時代のヨーロッパの情勢を俯瞰しておこう。

大航海時代には、ヨーロッパと世界各地を結ぶさまざまな航路が「発見」されている。その先鞭をつけたのはポルトガルによるアフリカ西岸航路の開拓であった。新航路の目的地はインドであり、目当てはヨーロッパで需要が高まっていた香辛料貿易における利益の拡大であった。

こうして東廻りで始められたインド航路の開拓は、バルトロメウ・ディアスによる喜望峰到達（一四八八年）を経て、ヴァスコ・ダ・ガマのインド、カリカットへの到達（一四九八年）でひとつの完成を遂げる。

このポルトガルの東廻り航路開拓に対抗し、西廻り航路の開拓を目指したのが、クリストファー・コロンブスであった。

そして、このコロンブスの航海を支援したのが、スペインのイザベル女王（在位一四七四〜一五〇四）だった。

この問題を考えるとき、とりわけ重要なのが、スペインとイタリアの都市国家ジェノヴァとの密接な関係である。

イタリアの都市国家といった場合、誰もが最初に思い出すのは、フィレンツェだろう。実際、フィレンツェについて書かれた本は、日本でも有名なものが何冊もある。次に有名なのは、ヴェネツィアだろう。それらに比べ、ジェノヴァについて書かれた書籍は、ほとんどない。だが、実際にスペインを財政的に支えていたのは、フィレンツェでもヴェネツィアでもなく、ジェノヴァだったのである。その存在は、「スペインの金庫番」といっても過言ではない。

このことは、従来の歴史学ではあまり議論されてこなかったことなのだが、なぜスペインがあれほど大規模な「帝国」を築くことができたのか、スペインの海外膨張を可能にした資金源はどこなのか、ということを探っていくと、ジェノヴァとの非常に深い関係が見えてくる。

「ジェノヴァ」がもたらした新大陸の「発見」

当時のジェノヴァは、東方貿易で莫大な利益を得ていた。この利益をもとにジェノヴァの金融資本家たち（ジェノヴァの商人たち）は、スペイン王室にかなりの額を貸し込んでいた。

コロンブスが、なぜ西廻り航路の開拓に命を懸けて臨んだのか。その支援をスペインに求めたのは、なぜなのか。それは、彼がジェノヴァ出身の航海者だったことと無関係ではない。

ジェノヴァの資金源である東方貿易における主な交易品は、胡椒を代表とする香辛料や高級なアジアの物産だった。それが東地中海を経てジェノヴァの港に入ってくるのだが、大航海時代に新航路が開拓されるまで、これらの交易品はすべて、紅海を経由して、一旦エジプトのアレクサンドリアに集約されていた。

この時代はまだスエズ運河がないので、アジアからの交易品はアイサーブなど紅海沿岸の港で一度荷揚げされ、陸路でアレクサンドリアへ運ばれ、そこから再び海路でヨーロッパ各地へ向かうというルートが取られていた。このアレクサンドリアから西へ向かう海路を握っていたのが、ジェノヴァの商人たちだったのである。

図7　地中海世界とユーラシア

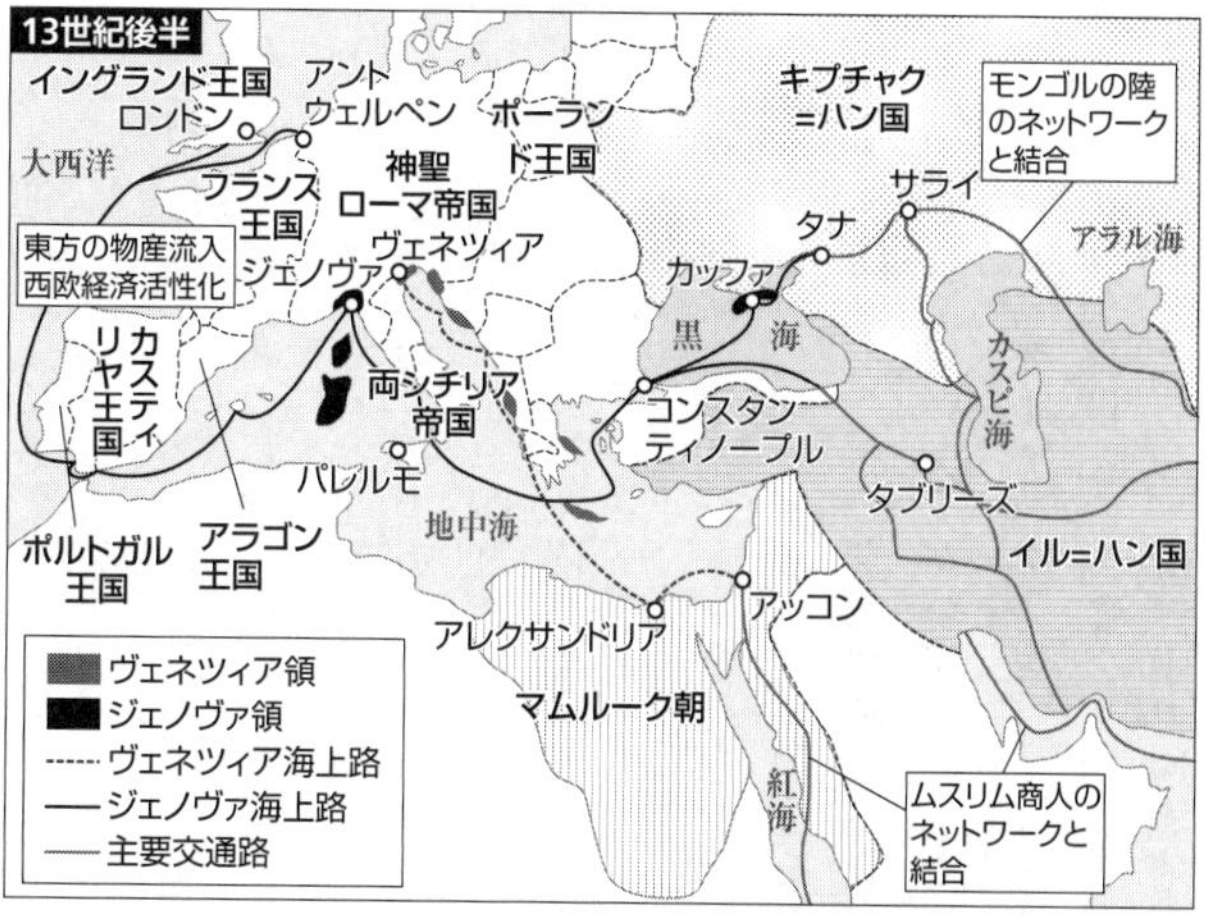

参考:『ニューステージ世界史詳覧』(浜島書店)

十三世紀後半から十六世紀の初頭にかけてアレクサンドリアを治めていたのは、イスラムのマムルーク朝である。すべてのアジア物産がアレクサンドリアを経由するのだから、マムルーク朝が得る利益は大きい。そのためマムルーク朝とイタリアの都市国家は、非常に良い関係を築いていた。中でもジェノヴァとヴェネツィアとは特に密接な関係を築いていた。事実、イタリア都市国家の勃興を考える際、このエジプトを介した東方貿易を抜きにしては考えられないほどである。

とはいえ、これはあくまでもアジアから紅海を通るコースで東方物産が運ばれてくることが前提である。いつの時代でも、収益が上がる場所には誰でも目をつけるものだ。台頭してきたオスマン帝国が、カイロやアレクサンドリアへ進出してくるのもこの時期であった。狙いはもちろん、東方物産がもたらす利益であった。

十五世紀に入り、オスマン帝国の圧迫が強くなると、マムルーク朝は弱体化する。そうなると、ジェノヴァの商人だけでなく、そこと取引をしていたスペインやポルトガルも従来の収益を失うことになる。ポルトガルがアジアとの直接取引を目指し、東廻りのインド航路の開拓に乗り出したのもこのためである。

実際、ポルトガルが一四九八年にインド航路を開拓すると、ポルトガルとマムルーク朝の関係は悪化。インド洋の制海権をめぐり、両者はマムルーク朝が滅亡する一五一七年まで戦いを繰り返すことになる。

ポルトガル同様スペインも、新たな、それもできることなら独自の貿易ルートを持つことを望んでいた。しかし、カトリックの盟主であるスペインはレコンキスタ（キリスト教国家によるイベリア半島のイスラム支配地域の再征服活動）に忙しく、興味を示しつつもすぐには動けずにいた。そして、グラナダの陥落によりレコンキスタに区切りがついた一四九二年、ようやくコロンブスの提案した西廻りでインドに至るルートの開拓を支援したのだった。

インドへの新航路開拓を目指したコロンブスの航海は、新大陸「発見」という予期せぬ大成果をスペインにもたらし、世界中で遠隔地が直接結びつく「大航海時代」の幕開けにつながっていったのである。

大航海時代のインパクトは、単に遠隔地が貿易で結びついただけではない。ポルトガルによるインド・東南アジア進出、スペインによるアメリカ新大陸の植民地支配というように、遠隔地における直接的な土地支配へと展開していくきっかけとなったのである。

帝国への第一歩はいつか

大航海時代の覇者スペイン帝国は、もともと「カスティリャ王国」と「アラゴン王国」というふたつの王国であった。この二王国が合同し、一四七九年に誕生したのが「スペイン王国（イスパニア王国）」である。

合同のきっかけとなったのは、一四六九年のアラゴン王国の王子フェルナント（後のフェルナント五世／在位一四七九〜一五〇四）とカスティリャ王国の女王イザベル（イザベル二世）との結婚だった。

ヨーロッパ世界最大の大国となったスペイン王国に対抗し得るのは、北のフランス王国と勢力を拡大していたオスマン帝国ぐらいであった。東欧の同君連合リトアニア＝ポーランド王国も、当時は強大な勢力を誇っていたが、神聖ローマ帝国は、すでに帝国とは名ばかりでその力を失っていた。

では、その頃のイギリス（イングランド王国）はどうかというと、前述したように、まだヨーロッパの二流国に過ぎなかった。

イギリス一国史だけを見ていると、フランスとの百年戦争（一三三七〜一四五三）があり、フランス国内の領土を勝ち取るなど、フランスと互角の国力を持っていたかのように思うかもしれないが、この時期のイギリスにフランスに対抗し得る力はなかった。

ヨーロッパ経済の中心は、スペイン領のアントウェルペン（現在のベルギー・アントワープ）にあり、そこではさまざまなモノが取引されていた。

ヨーロッパの辺境に位置するイギリスには、海外貿易が可能な物産は羊毛ぐらいしかなかったが、その羊毛も、主にアントウェルペンに輸出されていた。アントウェルペンは、単なる貿易の仲介地ではなく、イギリスの羊毛を糸に撚《よ》り上げ、さらに毛織物に加工してから各地に輸出するという、加工業も盛んに行われていた。

では、イギリスの帝国化は、どこから始まったのか。

それは、アイルランド・アルスター地域（現在の北アイルランド）への進出こそが、その第一歩だったと考えられる。

それ以前にイギリス（イングランド王国）は、一五三六年にウェールズを併合。そして、一七〇七年にはスコットランドとの議会合同を通じて、グレート・ブリテン王国になり、一八〇一年にアイルランドを併合し、グレート・ブリテン及びアイルランド連合王国となった。

それでもアイルランド進出を帝国化の第一歩と考えるのには理由がある。それは、ウェールズ、スコットランドとアイルランドでは根本的に異なる点があるからだ。

ウェールズもスコットランドもイングランドと同じブリテン島内に位置するが、アイルランドはアイリッシュ海を隔てた別の島に位置するということだ。

実際、イングランドとウェールズの境におけるつながりは古くから緊密で、中世には事実上の一体化がかなり進んでいた。そのため一五三六年のウェールズ併合は、イングランド国内にさほど大きなインパクトを与えることはなかった。

一方、海を隔てた地域への進出には、明確な意図とそれなりのエネルギーが必要となる。

したがって、このアルスターへの大規模な入植から始まるアイルランドにおける影響力の拡張が、イギリスの帝国化、もっと具体的にいえば、領土の拡大、それも海を渡った地に新天地を求めていくという行動と、それを支えるモティベーションの原点となったと考えられるのである。

イギリスのアイルランド併合は一八〇一年と、ウェールズ、スコットランドの併合よりかなり遅いが、実際の「征服」は、スコットランドからの入植・定住が本格化した十七世紀前半に認められる。

十七世紀に大規模な入植・定住が行われた背景にあるのは、いわゆる「十七世紀の全般的危機」である。この時期のヨーロッパは、天候不順による凶作と食糧不足、さらに、それまで新大陸からヨーロッパに大量に供給されていた銀の流入量低下による経済の停滞などから深刻な不況に見舞われていた。これはイングランドも例外ではなく、苦しい状況の中、人々が新たな活路を求めたのが、アイルランド・アルスター地域だったのである。

このときスコットランドからの入植者は、一六四一年までで約三万人とされている。

実はアルスター地域には、十四世紀、あるいはそれ以前から、イングランドからの入植者がいた。彼らは現地で支配的な地位を占めていたため、後続のスコットランド入植者は、彼らとの共存を目指し、カトリックを信仰していたアイルランド人に対抗し、イギリス国教会を奉じる「ブリティッシュ（the British）」という共通の意識とアイデンティティーを築いていった。つまり、植民者である「ブリティッシュ＝プロテスタント」、被植民者「アイリッシュ＝カトリック」という信仰の違いを支配・被支配の関係性の構図に利用したともいえる。

今、わかりやすくするために「プロテスタント」という言葉を用いたが、イギリス国教会はカトリックではないが、厳密な意味ではプロテスタントでもない。

支配と被支配を作り出したイギリス国教会

イギリス国教会が成立したのは一五三四年、テューダー朝第二代の国王ヘンリー八世（在位一五〇九〜一五四七）がローマ・カトリックから離脱する形で設立した独自の宗派である。イギリス国教会設立の歴史的意義は、単なる宗教上の問題に留まらない。なぜなら、後のちイギリスが発展していく上で、非常に重要な役割を果たすことになるからだ。

というのは、十六世紀から十七世紀にかけてヨーロッパ大陸では血で血を洗うような宗教戦争が繰り広げられることになるのだが、イギリスだけはその争いから一線を画すことができたからである。つまり、イギリス国教会になったことで、大陸の他のキリスト教国と比べ、宗教戦争による国の疲弊が少なくて済んだということだ。

ヘンリー8世。妻との離婚を認めない教皇と対立し、イギリス国教会を成立させた。

　とはいえ、ヘンリー八世は、カトリックとプロテスタントの争いから距離を取るために国教会を設立したわけではない。もちろんかつてイギリスは、フランスとの百年戦争に敗北し、国力を大きく削がれた経験があったので、大陸のもめ事に関わりたくないという意図があったことも事実だろう。だが、ヘンリー八世が国教会を設立した最大の理由は、国王自身の個人的な事情であった。

その事情とは、ヘンリー八世が願い出た妃キャサリン・オブ・アラゴンとの離婚を、ローマ教皇が許可しなかったことである。当時は、ローマ・カトリックを奉じている限り、たとえ国王であっても、ローマ教皇の許可なく離婚することはできなかった。離婚するためにはローマ教皇の支配を脱するしかなかった。つまり、ヘンリー八世は妃と離婚するために、自らを中心とした教会組織「イギリス国教会」を作ったのである。

したがって、イギリスのカトリック離脱には、もともと宗教的、教義的な理由（宗教的に分離するという強い意図）は存在していない。

イギリス国教会は、英語では「Anglican Church／アングリカン・チャーチ」といい、カトリックにもプロテスタントにも属さないとされているが、その教義はプロテスタントに近く、儀式はカトリックのものをほとんどそのまま踏襲している。

だが、イギリス国教会最大の特徴は、そんなどっちつかずの宗教教義ではない。国王至上法をもって、国王が「唯一最高の首長／the only Supreme Head」としてトップに立つ国王至上主義の教会組織であるというところにあるのだ。

こうした正体のつかみ所のなさは、『平家物語』に登場する、「頭は猿、尾は蛇《くちなわ》、手足は虎」という姿で伝えられる妖怪「鵺《ぬえ》」を彷彿とさせるほど、宗教としては非常にファジーな存在だといえるのだ。

しかもこのイギリス国教会という妖怪は、先ほど述べたように、後のアイルランド支配においては、アイルランドの人々とブリティッシュを区別し、支配と被支配の構図を作り出すのにも一役買うことになるのだ。

イギリスが帝国への道を歩み出す最初の一歩が、アイルランド・アルスター地域への植民と支配であったことは間違いない。そしてそれは、その後の大西洋を跨いだ海外進出の先鞭をつけたと同時に、海外進出に伴う諸活動の実験場としての役割を果たすことにもなっていくのだった。

大陸への影響力を持ち続けるしたたかなイギリス

一五五八年、イギリスは百年戦争の際に勝ち取ったフランス北部、ドーバー海峡に面した領土カレーを失うことになる。このとき王位に就いていたのは、ヘンリー八世の長女メアリ一世（在位一五五三～一五五八）であった。

メアリ一世は、母であるスペイン王家の血を引くキャサリン・オブ・アラゴンの影響もあり、敬虔なカトリックの信者であった。そのため王位に就くと国教会からカトリックに復帰させるとともに、自らの結婚相手もスペイン王太子のフェリペ（後のフェリペ二世／在位一五五六～

メアリ1世とフェリペ2世。H・イワースの筆とされる肖像画。ふたりの結婚はカール5世の意向があった。

一五九八）を選んだ。

ふたりの結婚は、メアリ一世にとっては自らが推し進めるカトリック政策の後ろ盾としてカトリックの盟主であるスペインとの結びつきを強めるものであり、スペインにとっては、当時争っていたフランスへの対抗策となる、利害の一致する政略結婚であった。

ふたりはほとんど同居することなく、結婚とは名ばかりのものであったが、イギリスはこの結婚によって、フランスに対し宣戦布告を余儀なくされる。結果は惨敗。これによりイギリスは大陸における領土を完全に失うことになる。

カレーはイギリスにとって、主要輸出品である羊毛取引の重要拠点であった。そのカレーを失ったことで、イギリスは大陸への足がかりを完全に失い、経済的な大ダメージを負った、というのがこれまでの見方である。

しかし、実際はそうではなかった。

実はイギリスは、現在に至るまでフランスのすぐ沖合に英領の島をずっと保持し続けている。

その領土というのは、タックス・ヘイブン（一定の課税の軽減や完全に免除される租税回避地）の島として知られる「チャネル諸島／Channel Islands」である。

もともとノルマンディー公の領土だったチャネル諸島は、ノルマンディー公ウィリアムがイギリスの国王になった（ノルマン・コンクエスト）ことでイギリスの所領となり、その後、一二〇四年にノルマンディー公とイギリスの国王が分離した際に正式にイギリスの所領とされた。

面白いのは、チャネル諸島の島々（ジャージー島、ガーンジー島、オルダニー島、サーク島、ハーム島の五島及びその付属の島々）は、イギリス王室の属領（Crown dependencies）であるが、連合王国（United Kingdom）の国土には含まれていないということだ。外交や国防に関しては、イギリス政府が管轄しているが、行政的にはジャージー代官管轄区とガーンジー代官管轄区に二分され、それぞれが独自の憲法を有し、自治が行われている。つまり、あくまでもイギリス王室固有の領土なのである。

この島々が重要なのは、タックス・ヘイブンになっているということである。

実際、チャネル諸島は、地理的にフランスのすぐ沖合に位置していることもあり、ヨーロッパの多くの企業がペーパー・カンパニーを置き、脱税の抜け道となっている。そのため当然のことながらイングランド銀行など約五十もの銀行の支店があり、世界的にも大きな金融センターのひとつとなっているのだ。

さらにこの島々は、漁業権の面でもイギリスにとっては非常に重要な意味を持っている。

事実、EU離脱（ブレグジット）の際も、この島々の存在をめぐって漁業権を争っている。EUとしては、この海域はフランス本土に接近しているのだから、当然EUの論理が適用されるべきだと主張したのだが、イギリスは王室の領土であることを理由に領海権を主張したのである。

こうしたことを踏まえると、カレーの喪失によって確かにイギリスはヨーロッパ大陸における領土を喪失したことは事実だが、その陰で領土以上に大事なもの、つまり、大陸における経済的影響力は、したたかに保持し続けていたことがわかるのである。

十六世紀は「銀の世紀」

十六世紀のヨーロッパの経済は、一般的に「重商主義」といわれる。

だが、この「重商主義」というのは規定が難しい概念なのだ。

なぜなら、十六世紀から十七世紀、場合によっては十八世紀の半ばぐらいまで使われることがあり、一口に「重商主義」といっても、時代によってその特徴は異なるからである。

では、十六世紀の重商主義の特徴は何か。

それは「貨幣として使われる貴金属を、いかに大量に確保し蓄えるのかが国富の基準になっている」ことだといえる。十六世紀のヨーロッパの基本通貨は「銀」なので、より具体的にいえば、銀の保有量が国力に直結していたということだ。

これが十七世紀になると、貿易差益、つまり「貿易によっていかに多くの富を蓄えるか、そして、それをいかに自国にとって有利に行うか」ということが最重要項目となっていく。それでもまだ十七世紀は、貴金属を蓄えることの重要性もある程度のウエイトを持っていた。しかし十八世紀になると、貴金属の保有にかつてのような重みは認められなくなり、貿易差益の蓄積が国力と結びつくことになる。

十六世紀のヨーロッパは「銀の世紀」であり、いかに多くの銀を保有しているかが、国家経済力の決め手となっていた。

銀が重要だった十六世紀において、ヨーロッパ経済に最も大きな影響を与えたのは、スペインによる南米ポトシ銀山の開発であった。

ポトシ銀山は一五四五年、現在のボリビア南西端に位置するポトシにおいて、先住民によって発見された銀鉱である。当時ポトシは、スペインの植民地であったペルー副王領に属していたため、採掘された莫大な量の銀は、すべて本国スペインに送られた。

しかし当時スペインは、オランダ独立戦争やイギリスとの戦争などで出費が増大していたため、ポトシ銀山から大量の銀を得ていたにもかかわらず、度々財政破綻を起こしていた。結果、ポトシの銀はスペインの国家財政を潤すことなく、経済の中心地であったアントウェルペンから貿易によって、ヨーロッパ各地にもたらされることになる。

世界にもたらされた日本の銀

こうしてヨーロッパに流れ込んだ大量の銀は、銀の価格下落を引き起こし、ヨーロッパにインフレを巻き起こした。これがいわゆる「価格革命」である、というのがこれまでの定説であった。

しかし近年、「銀の世紀（十六世紀）」を支えた銀は、新大陸のポトシ銀山の銀だけではなかったことが、グローバルヒストリーの研究で明らかになってきている。それは、他ならぬ「日本産出の銀」である。中でも世界遺産として知られる島根県の「石見《いわみ》銀山」の果たした役割は大きい。

十七世紀初頭の記録によると、日本から輸出された銀は年間一五〇〜一九〇トン。その中で、石見銀山の推定年間産出量は約四〇トン。石見の銀が日本銀のかなりの部分を占めていることがわかる。当時の世界全体の銀の年間生産量は、約三二〇〜六〇〇トンといわれているので、日本の銀が約三分の一を占めていたことになる（数字は石見銀山のホームページより）。

日本産出の銀が「銀の世紀」において重要な役割を果たしていたことは、日本の経済史では早くから明らかになっていたのだが、近年まで西洋の歴史家はこの事実に着目してこなかった。

その要因のひとつは、日本の銀の流出先がヨーロッパまでは届かず、南アジア止まりだと考えられていたからだった。事実、日本の銀の最大の吸収先は、中国（明朝）であった。次いで大きかったのがムガル帝国下のインドである。

だからといって、アジアとヨーロッパの経済につながりがなかったわけではない。

この時代、アントウェルペンに次いで重要な経済都市はアムステルダムであった。現在はオランダの首都であるこの都市も、当時はスペインが支配していた。

この後オランダ（ネーデルラントの北部七州）は八十年戦争（一五六八〜一六四八）を経てスペインから独立するが、オランダが大国スペインから独立を勝ち取れたのは、バルト海貿易によってアムステルダムが巨富を蓄積することができたことが大きく関与している。

このバルト海貿易については、京都産業大学の玉木俊明の研究が詳しい。

彼の著書『海洋帝国興隆史』（講談社選書メチエ）によれば、十六世紀になり、人口増加が著しいヨーロッパで生じたふたつの危機、「食糧不足」とエネルギー資源としての「森林資材の不足」を支えたのが、バルト海貿易だったという。

バルト海貿易の経済的中心地であったポーランドは、当時ヨーロッパ随一の穀倉地帯であり、余剰穀物の多くがアムステルダム船によってヨーロッパ各地に運ばれた。また、バルト海地方

図8　16〜17世紀の世界と銀の流れ

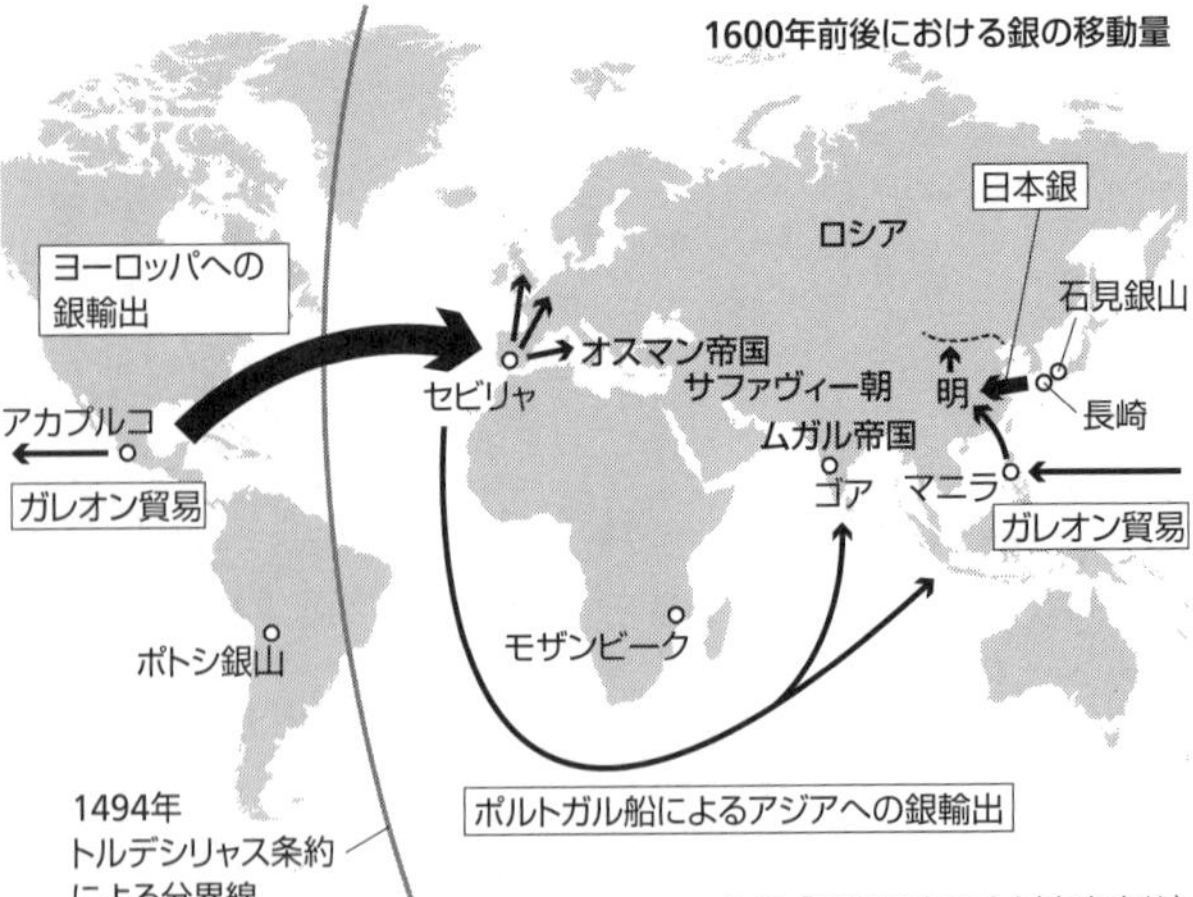

参考：『詳解歴史総合』（東京書籍）

は、穀物だけでなくヨーロッパでは森林伐採によってすでに枯渇していた森林資源も豊富に保有していた。

大航海時代の商業発展には海運業の拡大が不可欠であったが、それには多くの船舶が必要となる。つまり、森林資源はエネルギー源としてだけでなく、同時に造船資材としてもヨーロッパでは需要が急増していたのである。

事実、これは日本人なら誰もが知っていることだが、オランダ商人はアジア内交易も盛んに行っていた。そのため中国へ流れた日本の銀は、アジアの物産（モノ）を商ったオランダ商人の存在を介して、間接的に北欧の国々やロシア、ポーランドといった地域にも影響を及ぼしたのである。

さらに、銀の動きを見ていくと、新大陸か

らヨーロッパにもたらされた大量の銀は、バルト海貿易によって北欧やロシアへ流れたが、同時にかなりの部分が、中国（明朝）やインド（ムガル帝国）にも流出していたことがわかる。

その理由も、従来の経済史では、対中貿易における赤字をヨーロッパが新大陸産出の銀で補塡したとされていたが、グローバルヒストリーでは、必ずしもそうとは言い切れないという見方がなされてきている。なぜなら、大量の銀が中国に流れている一方で、多くの「金《きん》」が中国からヨーロッパに輸出されているからだ。

では、なぜ大量の銀が中国に流れたのか。

その理由はふたつ挙げられている。

ひとつは、この時期の中国の税制が一条鞭法《いちじょうべんぽう》という銀による納税を強いていたことで、もうひとつは、中国とスペインの金銀比価の相違である。

一五九二年から十七世紀初頭における中国広州（広東）での金銀比価は一対五・五。それに対し同時期のスペインは一対一二〜一四であった。つまり、中国ではヨーロッパより銀が高く評価されていたため、世界の銀が流入する結果になったということだ。

では、グローバルな視点で見たとき、中国が「銀の世紀」の勝者だったのかというと、これも一概には肯定できない。

理由は、東西世界の流通を担っていたのが、ヨーロッパの商人だったからである。

当時の輸送コストは、今日のそれとは比べものにならないほど高い。もしも、中国商人が輸送も担っていたら、ヨーロッパ（主にスペイン）の利益はかなり少なくなるので明暗はさらに大きくなっていただろう。

国家財政を立て直したグレシャムの改革

銀の保有量が国力に直結する以上、貨幣に含有される銀の量の管理は、国家財政に大きな影響を及ぼす。

一五五八年、フランスとの戦いに敗れたイギリスでは、終戦交渉が続く中、女王メアリ一世が亡くなり、母が異なる妹・エリザベス一世（在位一五五八〜一六〇三）が即位する。

エリザベス一世は、国王至上法を再び発令し、イギリス国教会を国家の支柱に戻すとともに、戦争や内乱で荒廃した国家経済の立て直しに果敢に挑んでいく。

エリザベス一世の治世で財政を担い、その手腕によって王室の海外負債の大部分を清算したのが、トーマス・グレシャム（一五一九〜一五七九）であった。

彼は、ヘンリー八世の時代から仕える財政家であるが、王室の金融代理人としてオランダなど当時の経済の中心地で活動したことで、イギリスの良貨が海外に流出し、国内には悪貨ばかりが流通してしまっている現状に気づく。そこでエリザベス一世に貨幣のコントロールを行うことを提言する。

これが「悪貨は良貨を駆逐する」という有名な言葉で知られるグレシャムの改革だ。当時の貨幣は、部分的には金貨も流通していたが、主流は銀貨である。

悪貨と良貨を分けるのは銀の含有量、銀貨の中にどれぐらいの銀が含まれているのかということだ。

エリザベス1世。その治下ではイギリス・ルネサンスが花開いた。

ではなぜ、悪貨が生まれるのかというと、国家財政の赤字を埋め合わせるためである。当時のヨーロッパの国王は絶えず戦争をしているので、どこも財政難という問題を抱えていた。もちろんイギリスも同じである。そうした中で、いかにして王室の収入を増やすのか、というと、最も手っ取り早いのが、貨幣の改《かい》鋳《ちゅう》、具体的にいえば、貨幣に含まれる銀の量を減らすことだったのである。

銀の含有量が減るのだから、貨幣の品質は落ちる。しかし、これは同時に少ない銀でより多くの貨幣を造ることが可能になるので、貨幣の供給量の増加につながる。銀貨に含ま

王立取引所。イギリスの首都ロンドンの中心部シティ・オブ・ロンドンのコーンヒル地区にある。

れる銀の量は少なくても、同じ金額の貨幣だからだ。こうして余った銀を王室の赤字補填に充てるというわけだ。

貨幣の改鋳は最も手軽な赤字補填策であるが故に、どこの国家でも行われることだが、それを続けてしまうと、当然ながらインフレを引き起こし、国家財政の破綻につながってしまう。だから、そうならないためには、貨幣のコントロールが必要だというのが、グレシャムの主張だった。

こうして貨幣のコントロールのために導入されたのが、通貨改革であり、当時すでに商業取引所としてヨーロッパ世界の金融や貿易の拠点となっていたアントウェルペンの証券取引所にならった金融為替取引所の設立であった。

こうして一五六五年、グレシャムの提言により、ロンドンに設立された「Bourse／取引所」は、一五七〇年にエリザベス一世によって「Royal Exchange／王立取引所」と改称され、イギリスの金融の中心となっていく。

とはいえ、この時期のイギリスは、まだ対外戦争に関わっていたので、国家財政は豊かだったとはいえず、基本的には赤字経済であった。

商船であり海軍でもあった「海賊」

エリザベス一世の治世で最も有名なのは、スペインとの戦いにおいて世界最強を誇った「無敵艦隊」にアルマダの海戦（一五八八年）で勝利したことだろう。

そもそも、なぜスペインとイギリスが戦ったのかというと、これはフェリペ二世の「カトリック世界の拡大を目指す」という宗教的な野望が主な原因であった。

すでに触れた通り、フェリペ二世は、エリザベス一世の姉、つまり先代の女王メアリ一世の夫である。敬虔なカトリック信者であったメアリ一世が女王であったときは共同王としてイギリス王位を与えられていたこともあり、彼にとってイギリスは自分の帝国の一部のような感覚があったのだろう。

しかし、エリザベス一世がイギリス女王となったことで、イギリス国教会が再確立され、フェリペ二世は王位も失ってしまう。カトリック世界の盟主を自任するフェリペ二世にとって、エリザベス一世の宗教政策は許しがたいことであった。

というのも、ヨーロッパにおけるカトリックとプロテスタントの闘争は、十六世紀後半になって一段と苛烈さを増していたからである。

イギリスと商業的結びつきの強かったオランダにおいても、もともとスペインの支配に対する不満が高じていたところに、スペイン側がプロテスタント（カルヴァン派）の大弾圧（一五六七年）を行ったことを機に、大規模な反乱が生じていた。これは事実上の独立戦争といえるものだった。

そうした中、エリザベス一世は、オランダに軍隊を派遣し、反乱を起こしていたプロテスタントへの支持を明確にしたのである。

ここに至り、フェリペ二世はイギリスに無敵艦隊を差し向けることを決意した。

現代のわれわれ、特に強い信仰心を持たない日本人にとっては、宗教的理由で戦争をすることに現実味を感じにくいかもしれないが、宗教には人々を突き動かすパッションがあり、十六世紀から十七世紀のヨーロッパでは、むしろそうしたものこそが人々を、ひいては国家を動かす最大の要因であったのである。

一五八八年、英仏海峡で両艦隊はついに激突する。結果はイギリスの勝利だった。

なぜいまだ大国とはいえないイギリスが、スペインが誇る無敵艦隊に勝利することができたのだろう。それを理解するには、当時の「イギリス海軍」とはどのようなものだったのかを知る必要がある。

無敵艦隊を破った、と聞くと、イギリスがさも立派な海軍を持っていたかのように思うかもしれないが、当時のイギリス海軍というのは、いい加減というと語弊があるかもしれないが、その実態はかなりの数の民間商船を転用していたのである。

実際、当時の軍船と民間の貿易船には大きな違いはない。つまり、平時は貿易船として商業活動を行い、同じ船が戦時には軍艦として参戦するということだ。もちろんこうした船は非公式の軍艦である。

民間商船、貿易船というと聞こえはいいが、彼らの行う商取引はかなり強引なもので、プライベートな海賊船といったほうが実態に近い。公式艦隊の他に、そういう民間船を数多く抱えていたのが、エリザベス一世時代のイギリス海軍なのだ。そういう意味では、イギリスは、こうした民間人をうまく使うことで海軍力の不足を補い、スペインの無敵艦隊にかろうじて対抗したといえる。

こうした民間の船は「私掠《しりやく》船」と呼ばれる。「私掠」とは、海軍など公的機関に属さない私人の船が、公的権力の許可を得て敵対国の船舶に対して行う略奪行為を意味する。ちなみにこの時代でも「海賊行為」は基本的には犯罪であった。

では、海賊行為と私掠はどう違うのかというと、無差別に行われる略奪なのか、公権力の認

フランシス・ドレイク。イギリスの船乗り。1588年、副提督としてスペインの無敵艦隊を破った。

可が与えられた略奪行為なのか、という違いだけである。そのため略奪された側にとっては、私掠も明らかな海賊行為であった。実際、スペインが無敵艦隊の派遣を決意した背景には、こうしたイギリスの私掠船によるスペイン船やスペインの入植地に対する度重なる略奪行為が関与しているといわれている。

しかし当時、こうした私掠行為を認めていたのは、何もイギリスに限ったことではなかった。フランス、オランダ、スペインなどヨーロッパの主要海洋国はみな、自国の商船の私掠行為を認可していたのである。

ただ、エリザベス一世がこうした民間人を使うのがうまかった、ということはいえるかもしれない。彼女が「サー／Sir（騎士爵）」の称号を与えたことで知られるフランシス・ドレイクなどは、こうした私掠海賊の典型である。

もちろん彼らは商人なので、名誉や宗教的信条だけでは、国家に奉仕するなどはしない。彼らに与えられた見返りは、貿易特権であった。典型的なのは、特定の地域との貿易の独占権を与えられるというものであった。そしてこの特権が、後のイギリス東インド会社につながっていくことになるのだが、それ以前にも、王立アフリカ会社（西アフリカにおける奴隷貿易特権会社）や、レヴァント会社（東地中海における香辛料貿易の特権会社）がロンドン商人を中心に設立されている。

もうひとつ、押さえておかなければならないのは、イギリスがアルマダの海戦でスペインの無敵艦隊を破ったといっても、これで急激にスペインが没落したわけではないということだ。中にはアルマダの敗北によってスペインは急激に没落したという人もいるが、これは間違った認識だろう。事実、スペイン艦隊は、この後、艦隊を再建し、スペインとイギリスのこの戦争は、最終的には一六〇四年にスペインに有利な条件で講和に至っている。

十七世紀前半までは、衰えの兆しが見えてきたとはいっても、スペインが大国であることは間違いない。大西洋の制海権もすべてではないものの基本的には押さえていた。「太陽の沈まぬ帝国」といわれたスペインの植民地も維持されていたので、そこをベースとした富の獲得も依然として続いていたのである。

「海賊」と「商人」の境目

イギリス帝国化の黎明期にあたる十六世紀に、エリザベス一世が私掠船を活用したことは大きな意味を持つ。

ヨーロッパの二流国であったイギリスが国家の正式な軍隊を用いてスペインに挑戦することは、スペインとの全面戦争を覚悟しなければならない。しかし、全面戦争をしてスペインに勝てる見込みは、この時代のイギリスにはまだなかった。

そういう意味において、私掠船という、あくまでも民間の船を使って、利潤のありそうな海域、具体的にいえば、カリブ海や南米の貿易に参入することには大きなメリットがあった。とりわけ西インド諸島、カリブ海には大きな利潤が見込めることもあり、数多くの私掠船を送り込んでいる。ちなみに映画などに出てくる「カリブの海賊」の多くは、こうした私掠船であった。

つまり、経済的利潤は求めたいが、それによって国家間の大規模な戦争になるのはできるだけ避けたいという、ある意味で慎重な国家運営を余儀なくされていたのが、エリザベス一世の時代だったのである。

では、「私掠船＝海賊」であり、略奪しかしていなかったのかというと、必ずしもそうではなく、ここが非常に曖昧なところなのだが、実際には条件次第だったようだ。

前提条件として、スペインは、外国人が新大陸での貿易（商取引）をすることを認めていないという事実がある。新大陸との貿易は、スペイン商人にその独占権が与えられる形で始まっなる。

しかし、現実には新大陸と外国人との商取引が、スペインの意に反して行われていくことに

その最大の理由は、スペインに新大陸の住民が求めるような商品を供給する能力がなかったからである。つまりスペインは、「帝国」となっていたにもかかわらず、残念なことに市場が求める商品を持っていないという状況だったのである。

たとえば、新大陸の人々は新毛織物といわれる薄手の毛織物を求めていたのだが、スペインで作られていたモノは品質も悪く、価格も高かった。当時安くて質の良い新毛織物を持っていたのは、後に独立するオランダやアントウェルペンの商人だった。そこでスペインは、新大陸が求める物資を、オランダやアントウェルペンの他にも、フランス商人やイギリス商人などさまざまな外国商人から買って、新大陸に売っていたのである。

現在では考えにくいことだが、当時は経済と戦争の理論は分かれていたというか、ある意味、非常に割り切って捉えられており、一方ではオランダのように独立戦争を戦いながら、同時に必要物資の商取引は行うということがなされていたのである。

これが十六世紀の「スペイン帝国」の実体であった。

これによってわかるのは、十六世紀のスペインでは、あれほど大量の銀が新大陸から入って

いたにもかかわらず、それが有効に活用されていなかった、少なくとも国内産業の振興といったことのためにはほとんど使われていなかったということだ。

新大陸からの銀はその大半が戦費に消え、後は王室の浪費や教会の装飾といった非生産的なところに大量に使われていたのである。

私掠船をうまく利用したイギリス

外国商人から買ったものを新大陸に売るのだから、品質は良くなったとしても当然その価格は高くなる。そうしたところに、直接外国商人が、品質が良く価格も安い商品を持ってきたらどうなるか。

現地の住民にしてみれば、外国船であっても、安くて良いモノが買えるとなれば、当然取引に応じることになる。現地にスペイン当局もいることはいるが、外国商船はそれなりに武装しているし、現地の住民も望んでいる以上、黙認せざるを得ない。

こうして自然と取引が成立する状況が生まれてくるのだった。

実際イギリスの商人も、本来なら入れないはずのカリブ海や、北米、南米といったスペイン領にイギリス産の新毛織物やさまざまな雑貨を持っていき、貿易を行っている。

もちろんこうした商取引は、本来は合法ではない。しかし、そんな非合法な取引でも、ある意味で大手を振って行えたのは、そうした取引が徐々に行われ、慣行として実績が積み重ねられていったからだった。

商取引が問題なく行われている状況では、彼らは普通の商人としてふるまう。

しかし、政治的な対立などが原因で、イギリス商人は敵国の商人だから認められないとして交易を拒否された場合や、あるいは支払いを一方的に拒否された場合などには、彼らはそれに対する「報復としての略奪行為」を行った。

そういうときには貿易商人が一夜にして海賊、あるいは私掠商人に早変わりするというのがこの時代である。

私掠船が襲ったのは、スペイン船だけではない。スペインが築いた現地の砦を襲撃することも珍しくなかった。なぜなら、そこには現地で集めた富（多くの場合は銀）が蓄えられていたからだ。

当時の「私掠船・海賊行為」について詳しい研究を行っている薩摩真介（立命館大学准教授）の著書『〈海賊〉の大英帝国――掠奪と交易の四百年史』という本には、非常に興味深い記述がある。

それによると、十七世紀初頭のカリブ海地域の小さな島には、勝手にその島に住み着き、半ば現地化した「バッカニア」と呼ばれるイギリス商人がいたというのだ。

そして、そうした現地に住み着くイギリス商人は、カリブ海だけでなく、北アフリカのモロッコ沿岸や、バーバリー地方（現在のアルジェリア沿岸）などにもかなりいたという。

つまり、こうした海域で海賊として暴れていたような人たちは、現地に勝手に定住し、そこを本拠としたイギリス商人であり、彼らはスペイン帝国の網の目をかいくぐりながら、その地域の貿易、あるいは交易に関与していたということだ。

もちろんそういう人たちもイギリス商人なので、戦争などが起きれば、イギリス王室の求めに応じ、イギリス艦隊に加わったと考えられる。

十六世紀後半のイギリス王室は、そういう商人たちに認可やさまざまな特権を与えることで、うまく使いながら、新大陸交易を通じて経済的な利潤を獲得することで、イギリスの国益をさらに広げていったと考えられるのである。

そして、こうした時代の経験の積み重ねが、後のイギリス帝国の植民地統治や、十八世紀の政策の転換に反映されていくことになる。

新産業の創出と東インド会社

エリザベス一世の治世というと、イギリスがどんどん強く、経済的にも豊かになっていったようなイメージを持つ人も多いと思うが、グレシャムの改革のところでも触れたように、その経済状況は決して良いものではなかった。

一五五〇年代に始まったイギリスの貿易不振は、エリザベス一世の世になっても低迷を続けていた。

貿易といっても、もともとイギリスには、世界市場で競争力を持つ商品は羊毛しかなかった。しかし、原材料である羊毛を輸出するだけでは利益は少ない。

そこで、次第にその羊毛を使った毛織物の国産化に力を入れるようになっていくのだが、イギリスで作られていた毛織物は、ゴワゴワした厚手のもので、先ほどの「新毛織物」と区別するため「旧毛織物」と呼ばれる。

その毛織物産業を担ったのは、地方に大規模な土地を所有する「ジェントリー」と呼ばれる特権的な上層身分の人たちであった。彼らは毛織物産業を行うことによって、経済力をつけていったのだが、イギリス産毛織物の最大の貿易市場であったアントウェルペンがスペイン領だったため、エリザベス一世の時代になり、スペインとの関係が悪化するに伴い、貿易はさらなる低迷を余儀なくされていた。

そして、オランダの独立戦争に伴うアントウェルペンの陥落により、イギリス毛織物産業はさらに深刻な不況に見舞われることになる。

毛織物の不況は大量の失業者を生み出し、貧民や浮浪者が町に溢れた。エリザベス一世は、対応策として一六〇一年に「救貧法」を改正し新たに発布するが、同時に根本的な対策として、新たな雇用を作り出すため、新産業の振興にも力を注いだ。

その結果生まれたのが、靴下編み産業、薄手の新毛織物、石けん、製紙といったそれまでにない新たな産業だった。

この時期、不況を克服するために試みられたことは他にもある。それがレヴァント会社（一五九二年）や東インド会社（一六〇〇年）の設立であった。

実は、これらはどちらも東方貿易を目的とした勅許《ちょっきょ》会社である。ちなみに「レヴァント／Levant」とは、「東方」という意味である。

レヴァント会社は地中海東岸地域との貿易を専門とする会社だが、目的とする商品は、インドの物産だった。ただし、ここで取引されたのは、リスクとコストの高い海路を渡ってくるモノではなく、オスマン帝国が取り扱う陸路を経て地中海沿岸の都市に入ってきたモノであった。

しかし、オランダによる喜望峰経由のインド貿易が目覚ましい結果を出すようになると、イギリスはこのままではオランダ商人に太刀打ちできなくなることを恐れ、自分たちもインドとの直接貿易を行うことを決意する。

そうして設立されたのが、東インド会社であった。

ただし、貿易会社といっても、その実態は現代のわれわれがイメージするものとはかなり違う。

まず誤解されやすいのが、イギリス国王から貿易独占権の勅許は受けているが、これはイギリス政府や国王が設立した国営会社ではないということだ。会社を設立したのは、あくまでもロンドン商人たちである。

さらに、この時代の東インド会社は、貿易船を出す度に、その都度、出資金を集め、航海が終わった時点で出資金の割合に応じて利益と元本を清算するというやり方を取っていた。

東インド会社のその後の成否を懸けた最初の船団が出航したのは、一六〇一年三月。四隻からなる船団は、五〇〇人以上の乗組員と、一二〇門の大砲を乗せた武装船団であった。

この航海は無事成功。四隻すべてが一六〇三年九月までにイギリスに帰港し、出資者は十分な利益を得た。

この結果を受けて、翌一六〇四年には第二回の航海が実行されている。

イギリスで東インド会社が設立された二年後に、オランダでも東インド会社が設立された。イギリスの場合、資本を提供することができる商人はロンドンにしかいなかったが、オランダの場合は北海沿岸各地に東方貿易会社がもともと複数存在し、それらが互いに競合していたことがヨーロッパでの販売価格の低下を招き、全体的には利益の低下につながっていた。

そこで、オランダ政府が間に入る形で、各地の貿易会社を合同させ、誕生したのが「オランダ東インド会社（正式名称・連合東インド会社／Verenigde Oostindische Compagnie：VOC）」であった。その設立に政府が関与し、独占の特許も与えてはいるが、オランダ東インド会社も、イギリス東インド会社と同じく民間の会社組織である。

だが、イギリス東インド会社が航海ごとに資本を集め、利益を清算していたのに対し、オランダ東インド会社は、最初から株式を発行し、多額の資本を広範に集めていた。そういう意味では、世界の株式会社の起源は、このオランダ東インド会社にあるといえるだろう。

ジェントリーとは何か

この時代、毛織物産業を担ったのは、ジェントリーと呼ばれる地方の有力者だと言った。

イギリスは中世以来ずっと貴族制社会であり、その地位は非常に明確に規定されている。

この「ジェントリー／gentry」も、特権を有する有力な人々ではあるのだが、いわゆる古くからの「大貴族」とは明確に区別される存在であった。

では、ジェントリーとはどのような立場の人々で、いつ頃誕生したのか。

これには諸説あるのだが、十四世紀頃というのが通説となっている。なぜなら、この時期に、大貴族の貴族集会とは別にジェントリーが大土地所有者（地主）という立場で庶民集会を構成し、地方統治を行うようになったからだ。

このことから、ジェントリーの社会的地位は、古くから続く大貴族よりは下だが、農民たちよりは上に位置する特権的身分に属することがわかる。

イギリスにおける貴族とは、議会に出席し行政に携わる、庶民とは差別化された集団である。集団のトップに位置するのはイギリス王室で、その下に位置する爵位は、上から「公爵・侯爵・伯爵・子爵・男爵」と厳密に定められており、その身分は世襲された。

しかし、爵位を世襲できるのは一人だけである。

そのため何人も子供がいた場合、爵位を継げなかった者は、身分という意味では庶民となる。庶民であるとはいえ、貴族の出である彼らには、貴族と同じように紋章（家紋）を持つことが許されていた。

ジェントリーの中核を成したのは、こうした貴族の血を受け継いだ地方の有力者だった。他にも数としては多くないが、商人が成功し、稼いだ金で地方に土地（所領）を買い、大土地所有者（地主）となって、ジェントリーになるというケースもあった。

彼らは貴族の血を引いていないので、初代は成り上がりとして尊敬されることはほとんどない。それでも土地を買い、地主となることを目指したのは、あわよくば自分の子供を、それが無理でも自分の孫を、地主として土地の人々に尊敬される地位に就けたいという願いを持っていたからである。

イギリスの爵位は厳格に管理され、いくらお金を積んでも買うことはできない。そのため庶民が大貴族になることはできないのだが、このように貴族に準じた身分「準貴族／スクワイア／squire」になることは不可能ではなかった。

そしてもうひとつ、庶民が貴族あるいは準貴族になる方法があった。

それは、王（女王）から爵位を与えられたときである。

たとえば、エリザベス女王はフランシス・ドレイクに「サー」の爵位を授けているが、これは一代限り、つまり世襲が認められない準貴族の爵位である。

しかし、この国王が爵位を与える権利は、後に国王が自分の仲間を増やし、自分に有利な党派を形成するために恣意的な叙勲を行ったことで、十七世紀の名誉革命における「国王大権」の制限につながっていくことになる。

イギリスにおけるルネサンス

十六世紀のイギリスというと、エリザベス一世という女王を戴き、スペインの無敵艦隊を打ち破り、東アジアとの直接貿易にも乗り出していくという、世界に野心的な目を向け始めていたように思われるかもしれないが、実際には不況に苦しみ、大国のはざまでなんとか存在感を示そうと必死で頑張っていた時代といったほうが実際には近かったのだと思う。

そういう意味では、エリザベス一世は、優秀な君主だったといえるだろう。

彼女が最も優れていたのは、やはり人の使い方だろう。

能力があると見込んだ人には、一定の権限を与え任せるというのは、現在の組織でもそうだが、有能なトップの大切な能力のひとつである。

もうひとつ彼女が優れていたのは、将来起きる危険のあるもめ事を回避する慎重さを持っていたことだろう。

宗教問題に深入りせず、生涯独身を貫いたのもそうした慎重さの結果である。

彼女の言葉として伝えられているものに、「私は国家と結婚した」というものがある。

本当にそのように言ったのかはわからないが、生涯独身の立場を貫くことで、中立の立場を堅持したのは確かである。そういうバランス感覚と使命感を持った女王であったのは間違いないのではないだろうか。

また、十六世紀のイギリスは「イギリス・ルネサンス」と称され、後の英語文化圏の基

シェイクスピア。イギリスの劇作家。エリザベス1世の時代から17世紀初めに活躍した。

準となるような、華やかなイギリス・カルチャーの誇るべき成果が数多く生まれた時代でもある。

文学、音楽、芸術、建築などさまざまな分野の発展が見られるイギリス・ルネサンスだが、中でも目覚ましいのはシェイクスピアに代表される演劇の発展だろう。立派な常設の劇場がロンドンに造られたのもこの時期である。

大国のはざまで必死に生き残りをかけた戦いをしながら、その一方で、国内で文化的な凝集性を高めつつ、やがてくる拡大の機会を虎視眈々と狙い、努力を重ねている「帝国の黎明期」。それが十六世紀のイギリスであった。

第2章　帝国への転換期

——歴史を大きく変えた「イギリス革命」

十七世紀はオランダの世紀

十六世紀が「スペインの世紀」なら、十七世紀は「オランダの世紀」といっていいだろう。

オランダが独立国家として正式に国際社会に認められるのは、一六四八年（ウェストファリア条約）以降である。しかし、オランダがスペインとの「八十年戦争」を経て、事実上の独立国家「ネーデルラント連邦共和国」として姿を現すのは一六一五年のことだ。

では、何をもってオランダが大国スペインを超えたのかというと、経済力である。

十七世紀のオランダの経済力は、ヨーロッパの中では群を抜いていた。スペインはもちろん、全盛期を迎えていたフランス王国をも上回る経済力をオランダは持っていた。

なぜ、オランダはそこまでの経済力を持てたのか。

これにはいくつかの要因があるが、まずひとつは、ヨーロッパ経済が、地中海貿易から大西洋貿易へ移行したことが挙げられる。

新大陸の「発見」以降、ヨーロッパと大西洋を挟んだカリブ海諸島や南米のベネズエラやブラジル北部といった新大陸のつながりは、それまでヨーロッパ経済と強く結びついていた地中海の都市よりも重要性を増していった。そして、この変化に伴い、ヨーロッパにおける商業の中心も、南の地中海貿易から北のバルト海貿易に大きくシフトしていった。

この変化の波に乗り遅れ、取り残されていったのが、かつての地中海貿易において最も繁栄していたジェノヴァやヴェネツィアといったイタリアの貿易都市であった。さらに、地中海貿易で多くの利益をもたらしていた東方貿易は、オスマン帝国の拡大に伴い、ポルトガルが独自の東方ルートを開拓したことで、その利益を失っていった。

このポルトガルが開拓したインド航路で築いた重要な寄港地ケープを引き継いだのが、オランダ東インド会社であった。

さらに、オランダ独立戦争によって、当時ヨーロッパの国際商業の覇権を握っていたアントウェルペンは、一五七六年にスペイン軍による略奪を受け、一五八五年には町が破壊されたが、アントウェルペンの商人たちはその多くがプロテスタントだったことから、アムステルダムに逃れ、商業覇権もオランダに移る結果となった。

ベルギーの歴史家ブリュレは、これを「アントウェルペン商人のディアスポラ」と名づけた。「ディアスポラ／diaspora」とは、「国外離散」「移住」を意味する。アントウェルペンが破壊されてしまったので、商人たちは移住を余儀なくされたということである。

しかし、グローバルヒストリーの研究が進んだことで、現在では、アントウェルペン陥落の四十年近くも前の一五四〇年代から、アントウェルペン商人の他都市への移住が始まっていたことが明らかになっている。

こうした早い時期の移住は、戦火を逃れるためのものではない。アントウェルペンの商人の多くは、いわゆるユグノーといわれる宗教的な迫害を受けたプロテスタントの人々であった。スペイン王家はカトリックにこだわったため、アントウェルペンに集まった商人を無理やり押さえつけ、強圧的な宗教政策を敷いていた。それに嫌気がさした商人の多くが、アントウェルペン陥落以前から、プロテスタントの多いアムステルダムに移住していたということである。

この時期の移住はアムステルダムに限ったものではなく、アントウェルペンと取引が盛んだったハンブルクやロンドンにも見られる。そのためこうした移住は、ヨーロッパ商人のネットワークの拡大の一環としてのディアスポラと見ることができる。なぜなら、スムーズな商取引には都市間の商人の移動が必要不可欠だからだ。十六世紀の商人たちは現代人のわれわれが考えるよりずっと軽々と、かなりの広範囲に移動・移住していたということだ。そうした中で、アントウェルペンの陥落があり、商人たちのアムステルダムへのディアスポラが行われることになった。

ここで注意すべきは、従来の研究では、商業覇権都市の移行は大きな商業構造の転換を伴うと考えられていたが、グローバルヒストリー研究によって、商業覇権都市の移行があっても、そこで商業を営むヒトに変わりはなく、したがって商業構造の変化もほとんどないことが明らかになったことだろう。

彼ら商人は貿易のノウハウだけでなく、もともと各地の商業都市に人的ネットワークを築いていた。取引相手とのコネクションは信頼に基づくものであるため、商人たちの移動は、そのまま市場そのものの移行を意味し、商業構造の転換ではないということだ。

オランダの強さの秘密

しかし、オランダがヨーロッパ屈指の経済大国として台頭した最大の理由は、先述したようにバルト海貿易にあった。

ヨーロッパ大陸の北に位置するバルト海での貿易が、この時期に重要になったのには理由がある。それは、十六世紀後半から十七世紀前半にかけて、ヨーロッパ全土を襲ったふたつの経済的危機だ。

ひとつは、人口増加が続いたことで生じた「食糧危機」。

もうひとつは、人口増加と商業の発展に起因する「森林資源の枯渇」である。

この時期、オランダも他のヨーロッパ諸国と同じく人口が増加している。しかし、オランダの国土は広くない上、低湿地が多いため穀物の生産にはあまり適していない。では、増えた人口をどうやって養ったのかというと、バルト海諸国、特に現在のポーランドやリトアニアといった地域から穀物を輸入したのである。

ポーランドはヨーロッパ随一の穀倉地帯で、豊富な余剰穀物を輸出することができた。

さらにオランダは、自国で消費する他にも、こうした余剰作物を買いつけ、食糧危機にあえぐヨーロッパ全域に輸出したのである。特に地中海地方の食糧不足は深刻で、北方からの穀物輸入に頼らざるを得なくなったことで、それまでイタリア諸都市の船が占めていた地中海に、オランダ船が数多く行き交うことになっていった。

ふたつ目の森林資源についても、バルト海沿岸地域は豊かな資源を持っていた。

この時代の森林資源には、大きく分けてふたつの需要があった。

ひとつはエネルギー源としての需要であり、もうひとつは造船資材としての需要である。

化石燃料としての石炭はほとんど使われておらず、薪や木炭が主要なエネルギー源だった。

また、大航海時代以降の商業発展によって、著しい成長を果たしたのが「海運業」である。

商業が発展すればするほど、多くの「船舶」が必要になる。その結果、ヨーロッパでは造船資材としても大量の森林資源が必要とされた。中でも早い時期から海運業が発展した南ヨーロッパでは、森林伐採は深刻な状況に達していた。

だが、バルト海沿岸、現在のスウェーデンやノルウェーにあたる地域には、まだ豊富な森林資源が残っていた。オランダはバルト海貿易によって、穀物に加え森林資源も大量に調達し、

フライト船。17～18世紀のオランダで盛んに建造された輸送用の帆船。オランダの貿易発展に大きく貢献した。

ヨーロッパ各国に供給したのである。

バルト海貿易でオランダが多額の利益を得たのには、この他にもさまざまな要因がある。たとえば、オランダがバルト海貿易で使用していた「船」もそのひとつだ。

オランダがバルト海貿易で使用した船は、「フライト船」と呼ばれる積載量の多い軽量な帆船であった。なぜ軽量なのに積載量を多くできたのかというと、フライト船が非武装商業船だったからである。バルト海地方には海賊がいなかったため、武装の必要がなかった。このおかげで、バルト海貿易の輸送コストは桁外れに低くなり、その分オランダは多くの利益を得ることができたのである。

こうしたバルト海貿易を基盤とするオランダの経済発展は、近代世界システムの構築によるものといってもいいのではないかと思う。

これ以前の貿易は、ごく簡単にいえば、自分たちが「持っているもの」と「必要とするもの」を交換するための手段であった。

第1章でスペインは、新大陸という巨大な市場をいち早く手に入れながら、「市場が求める商品」を持っていなかったために、ネーデルラント（後のオランダ）やアントウェルペン、さらにはイギリスなど他国が市場に介入する隙が生まれてしまった、という話をした。

もちろんこのときもスペインは新大陸の人々が求めるモノを、アントウェルペンなどから購入して転売するということをしていたが、コスト・パフォーマンスが悪かったためにあまり売れず、利益を得ることができなかった。

オランダ自身は、穀物や森林資源を持っていたわけではない。持っている国から輸入して、それを転売することで利益を得ていたのである。スペインでは儲からなかった「転売」で、オランダはなぜ利益を出すことができたのか。そのカギを握っていたのが、オランダの海運業であった。

実はこの時代のヨーロッパの船は、全体の二分の一から三分の一をオランダ船が占めていた。そして、特に需要の高かった東ヨーロッパの穀物では、その約八〇％がオランダ船によってアムステルダムへ運ばれ、そこからまたオランダ船で西ヨーロッパ各地に運ばれたという。

こうした海運業を握ることで、オランダは小国でありながら貿易によって巨大な利益を得、経済大国へとのし上がっていったのである。

ちなみに、一六五一年以降、イギリスは一六六〇年、一六六三年、一七三三年、一七六四年と、繰り返し「航海法」を発布することになるが、これはイギリスが輸入する際、その輸送はイギリス船、ないしは当事国の船に限ることを定めたものである。

なぜイギリスは、こうした航海法を何度も出すことが必要だったのか。

それだけオランダの海運業が強かったということである。

オランダ船を排除しない限り、イギリスは貿易でオランダに勝つことができなかったことを物語るいい例といえるだろう。

オランダとイギリスの決定的な違い

オランダの海運業がヨーロッパを席巻した理由は、その造船能力の高さにあった。

当時、オランダの造船能力は、ヨーロッパの中で突出して高かった。特に、平底の貨物船「フライト船」の建造能力には早くから長けており、この技術は軍船にも応用された。

ヨーロッパの大陸部では、ドナウ川とライン川という巨大な河川を中心に、中世から河川交通が重要な役割を果たしていた。中でもオランダは、ライン川の河口に位置していたことから、低湿地が多く、河川や運河による内陸交通が早くから発達していた。

水運の維持管理には船が必要不可欠なので、自ずと造船技術が磨かれたと考えられる。

もうひとつ、オランダで船を必要としたのが漁業であった。

北海、バルト海はニシンやタラの豊かな漁場である。オランダにとって漁業は、食料調達のための重要な産業であった。

こうした地理的要因から、船の建造能力が培われたのだろう。

軍船でも漁船でも商船でも、船を建造するには大量の木材が要る。だが、オランダ自身は森林資源に恵まれた国ではなかった。しかし恵まれていなかったからこそ、オランダはバルト海沿岸諸国からいち早く調達するルートを築いたともいえる。

さらに幸いだったのは、バルト海沿岸地域は、材木だけでなく当時の船の建造に必要不可欠なピッチ（樹脂）、タール、亜麻、帆布、鉄などの供給地でもあったということだ。オランダは材木とともにそれらも輸入することができたのである。

このようにいうと、イギリスは島国なので、オランダよりも造船に長けていたのではないかと思うかもしれないが、ここで重要なのは、その国が何を主な「生業《なりわい》」としていたのか、ということである。

もちろんイギリスもかなり古くから海を渡って海外と貿易をしていたし、漁業に就いていた人たちもいた。しかし、ジェントリーの基盤が土地所有であることからもわかるように、イギリス（イングランド）で圧倒的な生業は、土地支配をベースとした産業だったのである。

土地を所有し、そこで羊を飼って羊毛を取り、それを毛織物に仕立てる。こうしたマニファクチャー（工場制手工業）を海外に輸出する遠隔地商業で商人が活躍したという意味では、確かにイギリスと海とのつながりは強いといえる。だがオランダの場合は、イギリスより国土が狭い上、低湿地帯が多いため、利用できる土地が限られていた。国内での利用可能な資源も、イギリスに比べて少ない。そのため生業のひとつとして漁業がかなり早くから重要な産業のひとつになっていたし、バルト海貿易がオランダの経済を支える基盤のひとつになっていたのだ。

言い方を変えれば、オランダは、非常に早い段階から海外との貿易を考えないと国の経済が成り立たない構造になっていたということである。そこがイギリスと大きく異なる点だといえるだろう。

ある意味、イギリスのほうが開発・利用できる土地があり、森林資源もオランダに比較するとあったということだ。イギリスの場合には自国の森林を伐採して船を造ることができたが、オランダにはそれができなかった。ないものは外から持ってくるしかない。そうした必要に駆られた海外との取引が、結果的にオランダが経済大国になる道を開いたのである。

アムステルダムとロンドンの深い関係

十七世紀は「オランダの世紀」であるといったが、オランダの力の源は、海外との貿易だけではなかった。特に十七世紀後半以降、アムステルダムの証券取引所での株式取引に代表される金融業の繁栄が大きく影響している。

当時アムステルダムは、ヨーロッパ最大の金融都市に発展していた。その結果、ヨーロッパ各国の余剰資金がアムステルダムに集まり、その集まった資金をオランダは公債に投資することでさらなる利益を得ていた。

オランダ自身も公債を発行していたが、当時最も多くの公債を発行していたのは、海の向こうのイギリスであった。

イギリスでは重商主義戦争を戦っていくための戦費調達の手段として、一六九四年にイングランド銀行が設立され、それ以降急激に公債発行が増えていく。この十七世紀の終わりから十八世紀の初めにかけて発行された、「イングランド国債（イギリスが発行する国債）」を最も多く引き受けたのが、アムステルダムの証券取引所だったのである。

なぜアムステルダムは、イングランド国債を引き受けたのか。

その背景にあったのは、金融都市として発展したアムステルダムとロンドンの間に密接な関係が構築されていたからである。

両都市をつないでいたもの、それは「人的つながり」だった。

もともと両都市の間には、貿易を通じた商人同士のつながりがあり、人的コネクションが確立されていた。だが、そうした両者のつながりをより強固なものにしたのは、一六八八年の名誉革命だった。

名誉革命によってイギリスの王座にメアリ二世（在位一六八九〜一六九四）とともに就いたウィリアム三世（在位一六八九〜一七〇二）は、オランダ総督（事実上のオランダ王／オランダ名ウィレム三世、在位一六五〇〜一七〇二）だったからである。三次にわたる英蘭戦争で激しく戦ったイングランドとオランダは、これより「同君連合」となった。

ウィリアム三世の即位によって同君連合となったイギリスとオランダは、同時に新教国連合として、旧教国であり、オランダ征服を目論むフランスに対抗していくことになる。

ウィリアム三世がイギリス王位に就いた事情は後述するが、この時期のイギリスは国内でも王位をめぐる争いがあった。それに加え、対仏戦争である。軍事費の膨張は著しく、十七世紀の後半から、イングランドは大量の国債発行を余儀なくされる。その最大の引受先がアムステルダムだった。

これが何を意味しているのかというと、オランダで余っている資金、及びオランダに大量に集まってきた各国の資金がアムステルダムを通じてロンドンのシティに流れる構図を生み出すことになったということだ。

そして、こうしたアムステルダムとロンドンを結ぶ「ヒト」と「カネ」の流れが、十八世紀に金融の中心がアムステルダムからロンドンのシティへと移行していくことになるのだった。

オランダは世界初の「ヘゲモニー国家」なのか

アメリカの社会学者イマニュエル・ウォーラーステインは、彼の近代世界システム論の中で「十七世紀にオランダは世界初のヘゲモニー国家になった」と述べている。

「ヘゲモニー（hegemony）国家」とは、政治的、経済的、軍事的に、他国を圧倒する力を持った国家のことをいう。

確かに、十七世紀のオランダは政治的、経済的に当時のヨーロッパでは群を抜いている。ヨーロッパの他の国々が、農民反乱や貴族同士の抗争などで国内が混乱している中、オランダは裕福な少数の商人たちが政治を動かす「寡《か》頭《とう》制」で、非常に安定した政情を保っている。

また、十七世紀のオランダがヨーロッパで抜きん出た経済力を持っていたことは、すでに述べた通りだ。

だが、それだけで当時のオランダを「世界初のヘゲモニー国家」と定義してしまっていいのだろうか。

もちろん十七世紀のオランダは、非常に強大な海軍力を持っていたし、武器市場で最新の武器取引も行っていた。経済力だけの国家ではないことは間違いない。

しかし、オランダの軍事力にはひとつ大きな問題があった。それは、陸軍兵力の不足である。オランダ陸軍の兵力は圧倒的に少なく、そのために絶えずフランスの圧迫に苦しめられていた。つまり、ヘゲモニーを支えるひとつの柱である軍事力という点において、オランダには限界があった、ということがいえるのだ。

群を抜いた経済力を持っていたが、世界経済そのものを大きく動かしていくような力があったのかというと、そこまでではない。非常に安定した政情を保っていたが、世界の政治秩序を大きく変えたり動かしたりしていくような力を持っていたかというと、そうとはいえない。そこはやはり、この後出てくる十九世紀のイギリスや、二十世紀のアメリカ合衆国とは決定的に違うところだろう。

そう考えると、十七世紀のオランダを世界初のヘゲモニー国家と定義するのは、少し過大評価だと思われる。

では、ヘゲモニー国家でなければ、この時期のオランダはどのような国家だと見るべきなのだろうか。

十七世紀のオランダは「通商国家」として非常に繁栄していた国だったと考えられる。そして、その立場がヨーロッパの中でオランダが「優越的／プレドミナンス（predominance）」な地位を占めていたことは間違いない。

そういう意味では、オランダの経済学者J・ド・フリースほかがその著書『最初の近代経済――オランダ経済の成功・失敗と持続力 1500―1815』（名古屋大学出版会）の中で述べているように、オランダは世界で最初の近代経済体制を作った国だったと考えたほうが適切なのではないかと思う。

ここでいう近代経済体制とは、わかりやすい言葉でいえば「資本主義」といってもいいだろう。つまり、オランダは世界初のヘゲモニー国家ではなかったが、世界で初めての資本主義国家だったということだ。

十七世紀の「グローバル・クライシス」

十七世紀はオランダにとっては黄金期となるが、ヨーロッパ全体にとっては決していい時代だったとはいえない。

中部ヨーロッパ（神聖ローマ帝国）では新旧キリスト教の対立から始まった争いが、ヨーロッパ諸国を巻き込む三十年戦争（一六一八～一六四八）に発展し、フランスでは王権に対する貴族の反乱「フロンドの乱（一六四八〜一六五三）」を経て、絶対王政へと移行していくが、南ネーデルラント継承戦争（一六六七〜一六六八）、そしてオランダ戦争と対外戦争が続いた。

この時期のイギリスは、軍事力という点ではだいぶ力をつけてきたものの、いまだヨーロッパの二流国に過ぎなかった。三十年戦争では、他のヨーロッパ諸国に比べ、痛手は少なかったものの、国内では不作による農民反乱や疫病が続き、国王と貴族の対立は「イギリス革命」と総称されるふたつの革命「ピューリタン革命（三王国戦争）」と「名誉革命」という革命の時代へ突入していく。

こうした状況から、ヨーロッパ史において十七世紀は、「十七世紀の全般的危機（The General Crisis of the Seventeenth Century）」と称される。

もともと「十七世紀の全般的危機」という概念は、今から半世紀ほど前（一九七〇年代）にイギリス一国史において、ピューリタン革命から名誉革命という一連の出来事がなぜ起きたのかということを説明するために、イギリスの歴史家トレヴァー・ローパーが中心になって提議し、議論されていた概念であった。

当時議論は白熱したものの、その後、下火になっていたのだが、近年グローバルヒストリーの視点から、気候変動と環境史が注目を浴びる中で、今では一国史の枠組みを超え、ヨーロッパ全体、あるいはユーラシア大陸全体に関わる問題として論じられるようになった。なぜなら、こうした政情不安の背景にあるのは、寒冷化による不作だったからだ。

実際、視野を広げてみると、ヨーロッパのみならず、ユーラシア大陸の他の場所でも、かつてイギリス一国の問題として論じられていたのと同じような政治変動や社会変動が、ほぼ同時期に起こっているのだ。中国の明朝が李自成の乱によって滅び、清朝に変わるのが一六四四年、ほぼ同時期の一六三七年に日本で起きた島原の乱も、宗教弾圧として語られることが多いが、実際には気温低下に基づく凶作や飢饉による農民の貧困が原因であったことが明らかになっている。これらは、どちらも十七世紀の半ばの出来事である。

こうした「同時性」を考える中で、最近では「十七世紀の全般的危機」は、イギリスの歴史家ジェフリー・パーカーの大著 *The Global Crisis: War, Climate Change and Catastrophe in the Seventeenth Century*（二〇一三年刊行）のタイトルが表すように、単に「グローバル・クライシス」という言い方がされるようになっている。

ジェフリー・パーカーはイギリスの研究者だが、その活動の場はアメリカで、*The Global Crisis* もイェール大学から出版されている。残念ながら、この本の翻訳は日本では出版されていないのだが、実際に読んでみるとその理由がわかる気がする。

各国史で個別に論じられていた出来事の同時性に着目した彼は、この本の序章で、「なぜ十七世紀に世界同時多発的に政変や社会変革といった出来事が起きたのか」という問いを立てている。それまでこうした問題を横軸でつなげて考えるという発想はなく、この序章自体は非常に興味深い、優れた論考になっている。ところが、七〇〇頁にもわたって続く本論は、残念ながら最も大切な部分が説明されていないのだ。

その点については、本人も自覚していたのだろう。彼自身、この本は環境史の研究成果と個別の政治史・社会史を統合することで、今までにない大きな歴史図を提示したものであるが、その論証はいまだ完成はしていない、と予防線を張っている。

事実読んでみると、さまざまな資料が提示され、大きな傍証というか、歴史的背景の間接的な説明にはなっているのだが、気温がある年度に急激に下がったことによって農民反乱が起きたと本当にいえるのか、という歴史家が最もこだわる「因果関係の説明」はできていないのだ。

とはいえ、彼のこの問題提起が、それまで個別にしか見られていなかった事象を、地球規模で捉え直すきっかけになったことは間違いない。「グローバル・クライシス」という言葉には、そうした地球規模に広がった新たな視点が盛り込まれているのである。

複合君主制国家という国の形

テューダー朝のエリザベス一世が後継者なく死去したため、スコットランド王だったジェームズ六世がイングランド王位に就き、ジェームズ一世（在位一六〇三〜一六二五）となる。ステュアート朝の成立である。

スコットランド王の即位にイングランド系貴族は不満を持たなかったのか、という疑問を持つ人もいるかもしれないが、実際にはそうした動きはほとんど見られない。もちろん、エリザベス一世には子供がいなかったので、血統の関係上そうするしかなかったという事情があったことは確かだが、やはり、この時代と今では「国家」や「君主」に対する意識が違うということを踏まえておくべきだろう。

実際、近世の国家（王国）を、現代的なひとつにまとまった「国家／ステイト」のイメージで捉えると、実態を見誤るのではないか、という議論が近年盛んに行われている。

近世は、一人の国王がさまざまな姿や名前を用いて、いくつもの地域の支配者を兼ね、結果的にひとつにまとまった「王国」を作っていることが珍しくない。

こうした国の形を「複合君主制国家」という。

複合君主制国家は、「礫岩《れきがん》国家」とも称される。「礫」とは小石のことなので、小さな石が集まって岩のような大きな塊を作っている国家という意味である。

イギリスの場合、ジェームズ一世はイングランド国王でもあり、スコットランドの支配者でもあり、ウェールズも統括しているということになる。その三つの国の王をたまたま一人の人物が兼ねているので、ひとつの王国のようにみなされているということである。

しかし、これは何もイギリスに限ったことではなく、ヨーロッパ全体を見ると、そうした複合国家は他にもたくさんある。

たとえば、先にスペイン王国はカスティリャ王国とアラゴン王国が合同して成立したものだと述べたが、このときカタルーニャ君主国も事実上スペインの傘下に入っている。

また、北の大国であったスウェーデン王国も、バルト海周辺を次々と併合し、複数の領域が積み重なることで、結果的にひとつの大きな王国を作っていると見たほうが現実に即している。

フランス王国も同様である。中世にはイギリスがフランスのノルマンディーに領土を持っていたが、そうした非常に強い地域性を持ったさまざまな領主が納める地域が、パリを中心にひとつに統合されていったものが、十七世紀の後半から十八世紀にかけて「主権国家」といわれる形になっていったわけだが、その主権国家形成に至る過程においては、やはりフランスも、複合君主制国家（礫岩国家）という段階を経ているといえる。

このようなことがわかってくると、イングランドの王位にスコットランド王が就くのが、貴族たちが不満を抱くようなことではなかったことがわかってくる。

だがこれは別の見方をすれば、それだけ在地の領主たちの力が強かったということでもある。そもそも国王にとっては、各地の領主たちの協力がなければ、統治が成り立たない構図であったということだ。

ヨーロッパを大きく変えた三十年戦争

十七世紀という時代を理解する上で、現代人が意識しておかなければならないもうひとつの重要な要素が「宗教」である。当時のヨーロッパにおける教会の影響力は、現代人のわれわれが想像する以上に大きい。

一五一七年、マルティン・ルターによって中部ヨーロッパ（ドイツ）で始まった宗教改革の波は瞬く間に広がり、ヨーロッパを旧教（カトリック）と新教（プロテスタント）に二分していった。

その宗教改革から約百年後の一六一八年、同じく中部ヨーロッパ（神聖ローマ帝国）で起きた新旧両教派の対立が、ヨーロッパ全土を巻き込む、宗教戦争へと発展していく。

この戦争は、対立構造を変えながら、一六四八年までの三十年間続いたことから「三十年戦争」と呼ばれる。

三十年戦争は、ヨーロッパにおける最後にして最大の宗教戦争といわれ、一般的にはこの戦争によって封建社会が崩れたとか、封建領主の力が弱まり、国王の権力が強くなったといわれている。

だが、この戦争の見るべきポイントは、実はそこではない。

三十年戦争のポイントは、「聖俗の関係」において、宗教権力に対する世俗の権利、つまり政治担当者である王権の優位が確立されたところにある。

国王の「権限」がこの時期に強まってくるのも、教会の持つ「宗教権」から世俗が独立し、「独自の支配権」を主張できるようになったことと大きく関わっている。具体的にいうと、三十年戦争までは、教会が世俗の権利、つまり、政治担当者である王権に対し、宗教を理由に内政干渉できたということである。

それが、三十年戦争以降できなくなったことで、王権強化につながったということだ。

そもそも三十年戦争は、後に神聖ローマ皇帝となるフェルディナント二世（在位一六一九～一六三七）が、一六一七年にベーメン（ボヘミア）王位を継いだことに始まる。

熱心なカトリック信者だったフェルディナント二世は、ベーメンに対しカトリックへの改宗を強要し、プロテスタントを弾圧した。プロテスタント貴族たちがこれに反発し、ベーメンの反乱を起こすと、フェルディナントはスペインの軍隊を使って反乱軍を蹴散らし、プロテスタントを禁止した。

これにより国内は旧教諸侯と新教諸侯に二分され、旧教側をスペインが、新教側をスペインからの独立を目指して争っていたオランダが、それぞれ支援した。

三十年戦争がわかりにくいのは、これが単なる宗教対立だけでなく、ヨーロッパの覇権を争うハプスブルク家とフランスのブルボン家の対立が複雑に絡み合っていることだろう。事実、旧教国であるフランスは、三十年戦争の当初は神聖ローマ帝国・スペインを支援しているが、一六二五年にデンマークがドイツに侵攻すると、新教側に転じ、オランダ、イギリスとともにデンマークを支援している。さらに一六三五年には、フランスはスペインとの直接交戦に及んでいる。

だが、スペインとフランスの戦いは決着を見ないまま、三十年戦争は講和交渉が進み、一六四八年のウェストファリア条約で講和が成立する。

ウェストファリア条約では、オランダの独立や、フランスのアルザス地方獲得などいくつかの条項が締結されているが、宗教権力に対する世俗の権利という点から着目すべきは、アウグスブルクの和議の再確認と、ドイツ諸侯がそれぞれ独立した領邦（主権を有する領域）と認められたという二点である。

アウグスブルクの和議とは、一五五五年にプロテスタントの信仰を認めたものである。ただし、これはあくまでも領主の決めた信仰がその土地に適用されるという形の自由である。つまり、個人的な信仰の自由はなく、領民は領主の信仰に従う必要があった。

ウェストファリア条約で改めてアウグスブルクの和議が確認されたということは、ある領域性を持ったひとつの政治的なユニットの存在を認めた上で、その内部に関してローマ教皇は干渉しないということを改めて認めたということである。

これが重要なのは、これが「内政不干渉の原理」になっていくからだ。

事実、三十年戦争以降、ヨーロッパでは宗教戦争といわれるものは起きていない。それは、教会権力が内政干渉をしなくなったからだといえる。

「革命の時代」の幕開け

三十年戦争がヨーロッパ全体を巻き込んだが、イギリスは大陸の他の国々と比べれば影響は少なかった。しかし、全く影響がなかったというわけではない。

ジェームズ1世。ステュアート朝初代のイギリス王。スコットランド王としてジェームズ6世と称していた。

十七世紀のイギリスは、「イギリス革命」と総称されるふたつの革命、ピューリタン革命と名誉革命を経験する「革命の時代」となる。

その革命の発端となる内乱勃発の経緯に、三十年戦争が関係しているからである。

エリザベス一世の後を継いだジェームズ一世はもともとスコットランド王だったため、イングランドとスコットランドは、政府と議会をそれぞれが持つ同君連合となった。

スコットランド王だったジェームズだが、イングランドの王になったことでロンドンに居を移すと、そのままスコットランドにはほとんど帰らず、遠隔支配をすることになった。それがスコットランド貴族の不評につながっていった。

当時のイギリスは、アントウェルペンの陥落（一五八五）によって、主要輸出品である毛織物の輸出先を失い、極度の経済不振に陥っていた。

毛織物産業の担い手であったジェントリー層は、この不況を打開すべく新毛織物の他にも、製紙、石けん、ガラスなど新しい産業の開発に力を注ぎ、困窮した農民に仕事を与えつつ、それまで輸入に頼っていた製品の国産化にも尽力していた。だが国王は、これといった不況対策もしないまま、特定の商人や産業に独占権を乱発したので、ジェントリー層の不興を買い、そのことが議会との対立を深める結果につながっていった。

そうした状況の中、三十年戦争が起きた。

多くのイギリス人にとって、この戦争はプロテスタント対カトリックの戦いとして受け止められ、議会や国民はジェームズ一世がプロテスタント側について参戦することを期待した。しかしジェームズ一世は、財政難を理由に参戦しなかっただけでなく、カトリック国であるスペインに従属的な態度を取ったため、議会との対立はますます深まり、国民の不信も募っていっ

図9　三十年戦争の流れ

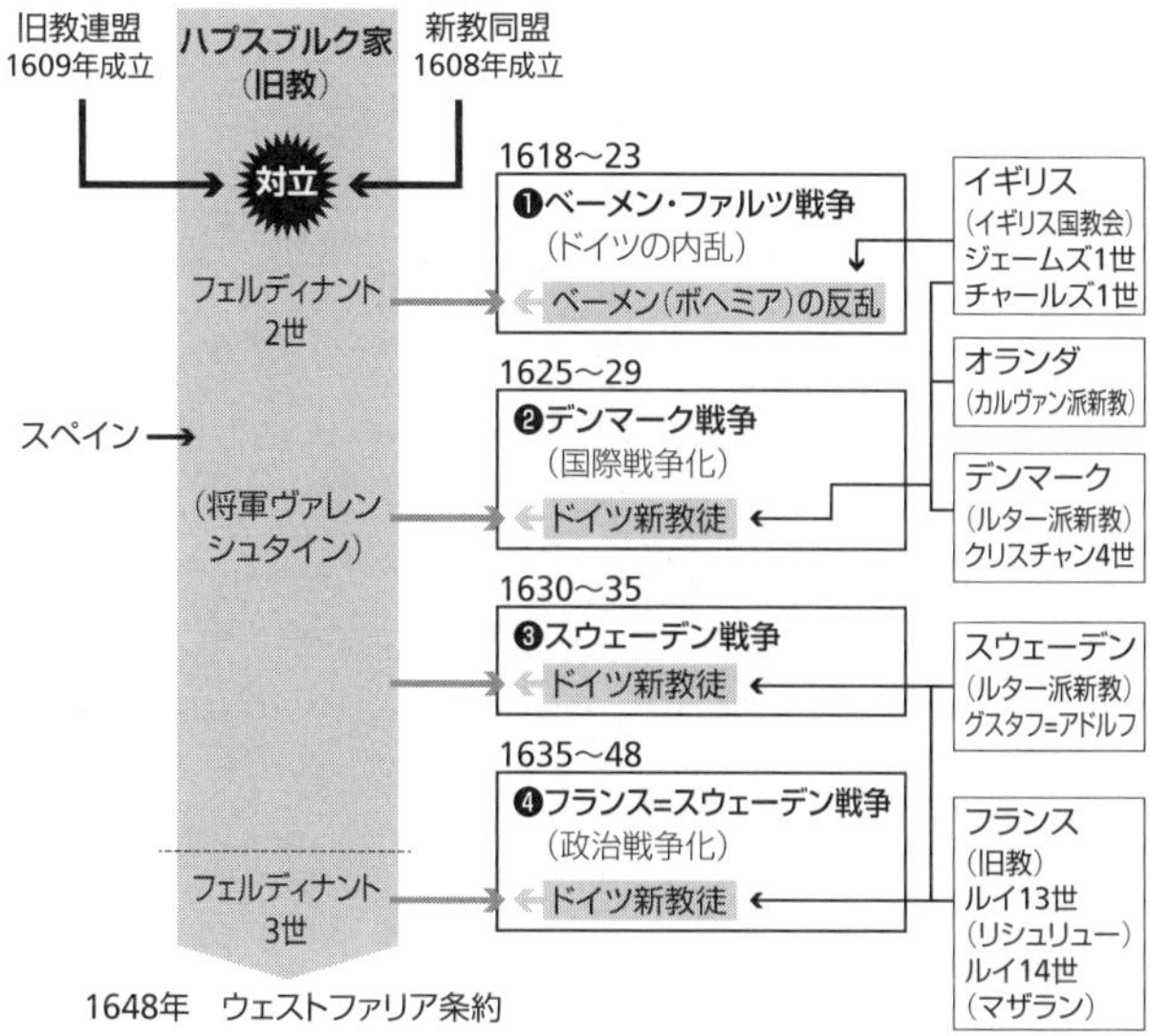

参考：『山川　詳説世界史図録(第3版)』(山川出版社)

た。

議会と国王の対立が深まる中、一六二五年にジェームズ一世が亡くなり、息子のチャールズ一世（在位一六二五～一六四九）が王位を継ぐが、彼もまた基本的に先王の政策を引き継ぎ王権の強化に努めた。ただひとつ違っていたのは、三十年戦争に参戦し、スペインとの戦いに舵を切ったことであった。

だがこの決断は、議会や国民が望んだようなプロテスタント支援のための参戦ではなかった。フランスのブルボン家出身だった王妃との関係で、新教徒支持に転向したフランスに与する形で参戦を決めたのである。

参戦を決めたものの、イギリスは依然として財政難であり、戦費が足らない。そこでチャールズ一世は、戦費を調達するために、対立する議会の同意を得ないまま課税するという強行策に出る。

一六二八年、これに対し議会が提出したのが、議会の同意を得ず課税・上納金・不法逮捕・投獄を行わないよう求める「権利の請願」であった。

チャールズ一世は、一旦はこれを受諾したにもかかわらず、翌年にはこれを無視して議会を解散、以後十一年間議会を開催せず、専制政治を行うようになる。

だが、こうした専制政治以上に国民の離反を招いたのは、彼の宗教政策であった。

王権の強化を目指した先王ジェームズ一世は、王権神授説を奉じ、イギリス国教会の立場から国内のピューリタン（Puritan／プロテスタントのカルヴァン派／清教徒）を弾圧したが、チャールズ一世はさらに、プロテスタントである長老派（プレスビテリアン／Presbyterian長老派教会）が優勢なスコットランドを、強引にイギリス国教会に統一しようとしたため、スコットランドの猛反発を招き、暴動は内乱（主教戦争、一六三九〜一六四〇）へと発展していく。

ここでもチャールズ一世が苦しんだのは、戦費の調達であった。そしてついに一六四〇年、十一年ぶりに議会を招集するに至る。しかし、議会は国王の意向に従わず、思うように戦費が得られなかったにもかかわらず、チャールズ一世がスコットランド問題にこだわった。そして、最終的にイングランド軍はスコットランド軍に敗れ、賠償金の支払いを迫られることになり、国王は議会の意向を無視できない状況になっていく。

そこに拍車をかけたのが、アイルランドの反乱であった。

スコットランドとの内戦で、イングランドの支配力が弱まったのを機に、一六四一年、アイルランドのアルスター地区でカトリック信仰の承認を求める反乱が起こった。それまでイングランド入植者の支配に苦しめられていた農民たちは、入植者数千人を殺害した。このニュースは二〇万人ものイングランド入植者が虐殺されたと誇張して伝えられ、国内の反カトリック感情を刺激した。

さまざまな噂や憶測が飛び交う中、議会は国王派と議会派に分裂。一六四二年に国王派がノッティンガムで挙兵したことを機に内戦へと突入していく。

こうしてイギリスは、イングランドとアイルランドとスコットランドという三国を舞台に、国教会、プロテスタント（ピューリタン）、カトリック、そして国王派と議会派、中立派という三つ巴の戦争を繰り広げていくことになる。

この争いは、一六四九年に王政が倒れ、共和政が成立し、その共和政も長く続かず一六六〇年に王政復古するまで続く。

この一連の出来事を、日本では長く「ピューリタン革命」といってきたが、海外ではその内容から「Wars of the Three Kingdoms／三王国戦争」というのが一般的であり、日本でも近年はこの呼称が用いられるようになっている。

イギリスの主教はイギリス国教会であるが、これは国王を頂点とした教会制度なので、その枠組みに入らない人たち、あるいは、国教徒に含まれるものの、その中で独自性を主張する人たちも数多く存在している。彼らは通常「非国教徒／ノンコンフォーミスト(nonconformist)」と呼ばれるが、その中の非常に有力な一派として存在するのが「ピューリタン（Puritan）／清教徒」である。

そもそものピューリタンというのは、プロテスタントの一派であるカルヴァン派の中で、イギリス国教会に対し改革を唱えた一派のことで、華美を嫌い、聖書に基づく信仰の清純さを重んじたことから「清教徒／Puritan」と呼ばれるようになった。

ピューリタン、あるいは非国教徒というのは商業関係者が多く、王権とは距離を置いて、独自の経済活動を、ロンドンを中心としていくつかの地方都市を基盤に展開していた。このことから宗教的には、国王派はイギリス国教会を、議会派はピューリタニズムを信奉していた人々であったといえる。

クロムウェルが行ったアイルランドの再征服

内戦は当初、国王派優位の形で進んでいったが、情勢はオリバー・クロムウェルの登場で一変する。

裕福なジェントリー出身の庶民院議員クロムウェルは、自分と同じ熱心なピューリタンからなる騎兵隊を編制。この騎兵隊は「鉄騎隊」と呼ばれ、無類の強さを誇った。クロムウェルはこの鉄騎隊を中核にニューモデル軍を編制し、一六四五年、ネースビーの戦いで国王派に対し、決定的な勝利を収める。

クロムウェル。ジェントリー出身でピューリタンの政治家。護国卿として軍事的独裁政治を行った。

チャールズ一世は、一旦はスコットランドに逃亡するものの、一六四九年、高等裁判所において「専制君主、反逆者、殺人者、国家に対する公敵」と判じられ、公衆の面前で処刑されてしまう。

チャールズ一世が処刑されると間もなく、議会は君主制と貴族院の廃止を決め、イギリスは共和政を宣言する。共和政下で政治を牽引したのは、内戦を議会派の勝利に導いたクロムウェルであった。

クロムウェルは新たに作られた成文憲法「統治章典」に基づき、「護国卿／プロテクター(Lord Protector)」という王権にも匹敵する最高統治権を与えられた地位に就いた。

統治章典には、「護国卿と議会がイングランド、スコットランド、アイルランド及び植民地からなる共和国の最高立法権を持つ」と明記されていたが、実際の護国卿政権は、軍事力を背景にクロムウェルの事実上の独裁といえるものになっていった。

クロムウェルの護国卿政権は、一六五三年から彼が亡くなる一六五八年までのわずか五年間だが、一六四九年の共和政樹立から数えると約十年間が、彼の政権と見ることができる。この間にクロムウェルは、後のイギリスに影響を与えるさまざまな政策を行っている。

最初に彼が行ったのは、アイルランドの再征服だった。

一六四一年のアイルランドの反乱以降、アイルランドは事実上「アイルランド・カトリック同盟」の統治下にあった。

また、国王チャールズ一世は処刑されたが、息子のチャールズ二世と国王派はアイルランドに渡り、アイルランド・カトリック同盟と手を結び、巻き返しを狙っていたことも、クロムウェルがアイルランド再征服に着手した大きな要因のひとつだった。

クロムウェルによるアイルランドの再征服は過酷なもので、人口の多くを占めるカトリック教徒は土地を没収され、反乱に関係した者は処刑された。さらに数千人ものアイルランド人が西インド諸島（カリブ海の島々）に奴隷として移送されたという。

対外政策では、先に少し触れたが、一六五一年の航海法の制定がある。

この時期のオランダは基本的に共和政なので、イデオロギー的には対立しないのだが、イギリスの経済的基盤を立て直していくためには、やはりオランダの権益に食い込む必要があった。王が特権を与えた「東インド会社」の特許権自体は基本的に議会に引き継がれ、すでに認められている特許に関しては、勅許状の有効期間は基本的に二十年間あるため、その間の活動は保証された。王政から共和政に政体が変わったとしても、与えられたロイヤルチャーターは有効とされた。

特許権には手をつけなかったクロムウェルだが、一六五七年に内部組織の改組を行っている。それまで航海ごとに設立と解散を行っていた組織を、株主が永続的に参加できる総会方式に変更したのである。

一六五四年、航海法に端を発した英蘭戦争（第一次）の講和が成立すると、クロムウェルは、「西方政策」といわれる征服活動に着手している。彼が狙ったのは、スペインが入植し、砂糖プランテーションを始めていたカリブ海の島々であった。そして、一六五五年、イギリスはスペインからジャマイカを奪い取り、征服することに成功している。

このクロムウェルのジャマイカ遠征は、この後、イギリスが三角貿易で巨大な利益を上げる重要な地域となることから、経済的目的からカリブ海に権益を求めたのではないか、ともいわれているが、当時のヨーロッパ内部のプロテスタントとカトリックの関係も重要であった。

なぜなら、彼はこれ以前にアイルランドの再征服を行っているが、アイルランドはカトリック同盟の地であり、ジャマイカを領有していたスペインは、カトリックの本拠であったからだ。さらに、クロムウェル自身が熱心なプロテスタント（ピューリタン）であることも考え合わせると、長期的な展望を持ってジャマイカ征服を目指したというよりは、ピューリタンとローマ・カトリックの宗教的な対立があったと見るべきだろう。

だが、一連の行為に経済的な思惑が全くなかったのかというと、それもまた違う。

どういうことかというと、クロムウェル個人は、カトリックを明らかに目の敵にしているが、そんな彼に戦費を提供した人々の思惑は、必ずしもクロムウェルと同じではなかったと思われるからだ。

アイルランド征服に出資したのは、ロンドンの商人たちである。彼らはなぜ資金を提供したのか。商人である以上、そこには利潤の追求があったはずである。そして、実際クロムウェルがアイルランドで没収した土地はどうなったのか。

つまり、彼らの出資の陰には、アイルランドの土地を奪い取って支配することで、広い意味での経済権益を確保しようというロンドン商人の野望が働いていたことも間違いないのだ。

王政復古が招いた議会の分裂

一六五八年、クロムウェルの病死を受けて、息子のリチャード・クロムウェルが護国卿に就任する。だが、彼に議会をコントロールする力はなかった。議会は混乱し、才能も人望もなかったリチャードはわずか八ヶ月で護国卿を辞任。その後、再開された議会では、貴族院が復活し、流れは一気に王政復古へと向かっていった。

そして一六六〇年、チャールズ二世（在位一六六〇～一六八五）が亡命先のフランスから戻り、王位に就いた。人々は歓喜の声をもって彼を迎えた。

共和政下では併合されていたスコットランドとアイルランドは、一応、個別の議会を有する独立国とされたが、イングランドに対し、従属的な立場を強いられたことには変わりなかった。

王政が復古しても、議会は安定を取り戻すことはなかった。

なぜならこの後、議会は、チャールズ二世の後継者としてカトリック教徒である王弟ジェームズ二世を認める国王寄りの「トーリー党」と、議会の権利を重んじ、ジェームズ二世に反対する「ホイッグ党」に分かれ、対立を深めていくことになるからである。

当時の議会には、根強いカトリックへの不信があった。

チャールズ二世が王位に就き、王政復古がなされたときも、護国卿政権下で行われたさまざまな法令が廃止・改定されたが、イギリス国教会以外の宗教に対する寛容だけは認められなかった。

チャールズ二世の治世では、一六六五年にペストの大流行が、翌一六六六年にはロンドンの大火と社会を不安に陥れる出来事が相次いで起きた。不安の中、人々はさまざまな噂にさらに不安を募らせたが、中でもロンドン大火は「カトリックの陰謀」によるものだという噂がまことしやかに語られたことで、カトリック信者に対する嫌悪が助長されていった。

そうした中、チャールズ二世がカトリック国であるフランスの国王ルイ十四世とドーバーの密約を結んだことが発覚する。その内容は、チャールズ二世がカトリックに改宗することを条件に資金・軍事援助を約束するというものであった。

チャールズ二世が見せたカトリック寄りの姿勢はそれだけではなかった。一六七二年には、第二次信仰自由宣言を出し、カトリック保護の姿勢を打ち出したのだ。

こうした国王の一連の動きに反発した議会は、反カトリック、反フランスへと舵を切り、国王に信仰自由宣言を撤回させ、対立姿勢を明確にしていった。

議会は公職に就くものを国教会の信徒に限定し、カトリック信者の排除に努めた。当然、王族も国教会信者でなければならないと考えていたが、王位継承者とみなされていた王弟ヨーク公ジェームズがカトリックであることが判明する。

チャールズ二世がフランスに亡命していた際に、フランスで養育されたジェームズ二世は、熱心なカトリック信者であった。

血統を優先すべきか、信仰を優先すべきか、議会内でも意見の食い違いが生まれ、トーリー党とホイッグ党に分断・対立していったのである。

歴史の大きな転換点となった名誉革命

一六八五年、チャールズ二世が亡くなると、弟のジェームズ二世（在位一六八五～一六八八）が王位に就いた。

この即位に最初に異を唱えたのは、チャールズ二世の庶子であるモンマス公ジェームズ・スコットであった。彼は自らの王位継承権を主張し、反乱（モンマスの反乱）を起こすが、すぐに鎮圧されてしまう。

さらなる反乱を恐れたジェームズ二世は、大規模な常設軍の設置を行うが、このことが議会の王への不信をさらに深める結果になる。

そして一六八八年、王はカトリックの復活を図っているのではないか、本人にその気がなかったとしても彼の息子が次の国王になったときにはカトリックになってしまうのではないか、

ウィリアム3世とメアリ2世。同等の権能を持つふたりの君主による共同統治は、これがイギリス史上唯一の例。絵の中央下にはステュアート家の紋章が掲げられている。

という不安から、トーリー党とホイッグ党の指導者は提携、ジェームズ二世を追放し、オランダからジェームズ二世の娘でオランダ総督ウィレムに嫁いでいたプロテスタントのメアリを招聘した。

メアリは、夫との共同統治を条件にこれを受け入れ、一六八九年、ウィリアム三世とメアリ二世による共同統治が始まる。ウィリアム三世はオランダ総督でもあったので、オランダとイギリスはこれにより同君連合となった。この一連の流れを、無血で国王交代をなし得たということから「名誉革命／グローリアス・レボリューション（Glorious Revolution）」という。

名誉革命は、ジェームズ二世を追放したことから、一般的にはステュアート朝の絶対王政の流れを完全に断ち切るものだといわれている。それも基本的には間違いではないのだが、ここで着目すべきは、王政復古の段階からすでにイギリスでは議会が主導権を握っていたということである。

王政復古したとはいえ、もはや議会の権限にブレーキをかけるような形での国王の復活、つまり国王専制主義、国王の優位は絶対に認めない、ということだ。

それに加え、宗教問題という点では、カトリックを信じる国王は認められないということも大きかったといえる。

イギリス史をグローバルヒストリーの立場から考える上で、この名誉革命は歴史の大きな転換点だといっていい。

イギリスの国内史でも、一六八八年以降が大きな転換点であるというのは、大方異論のないところだろう。実際、最近のイギリス国内史、特に経済史においては、名誉革命以降を「名誉革命体制／レボリューション・セツルメント（Revolution Settlement）」といい、大きなターニング・ポイントとして捉えている。

十八世紀、十九世紀に展開されていくイギリスの繁栄を支える政治的な基盤がこの時期にできたという意味において、名誉革命は、本当に「名誉」かどうかということは別にしても、ひとつの大きな転換点になっていることは間違いない。

イギリスの現在まで続く立憲君主制の基礎は、この時期に確立されたといっていいだろう。事実、この後の戦争や海外進出は、すべて議会の承認を経て行われていく。

ここであえて「立憲君主制の基礎」といったのは、十八世紀の議会は派閥に牛耳られており、完全な政党制にはまだなっていないからだ。社会構造はすぐには変わらない。しばらくは十七世紀の影響、つまり国王に近い派閥と、それに反発する地方派の争いが依然として続いていく。しかし、それでも物事の決定は議会における議決で決まるし、議会で決まったことには、みんなが従う、という議会制政治の基礎は確立されている。

十八世紀以降のイギリスの君主制を表現する言葉に「君臨すれども統治せず」というものがあるが、この言葉の通り、国王はあくまでも議会の決議を承認するだけである。

イギリス革命の真相はエリート層の「利権争い」

イギリス革命とは、そもそも何であったのか。

従来は、国内史だけの文脈でその意味が考えられてきたが、グローバルヒストリーの研究が進んだことで、単なる国内問題ではなく、大西洋を挟んだ植民地を奪い合う、あるいはそこでの影響力の拡張を目指す「帝国の拡張」をめぐる争いの一環として、もう一度その意義を問い直す必要があるのではないか、という見方が生まれてきている。

視野を国外にまで広げたとき、見えてくるのは、スペイン帝国の存在であり、その同盟国であるフランス王国である。そこで問題になるのは、カリブ海での権益と植民地の確保、さらには貿易拠点の確保である。

当時のカリブ海、西インド諸島は、砂糖のプランテーションに代表される、ヨーロッパにとって欠くことのできないさまざまな物産の産地であった。そのため、これらの地域がスペイン帝国にとって、決定的に重要な植民地であったのは間違いない。

そういう意味では、クロムウェルのジャマイカ征服が、スペイン帝国の重要な拠点にくさびを打ち込む結果につながっていったことは間違いない。

すでに述べた通り、クロムウェル個人にそこまでの展望があったとは思えないが、彼に資金を提供していた人々に、権益を拡大したいという思惑があったことはほぼ間違いないだろう。

実際、最近の研究では、イギリス革命を陰で動かしたのは、当時ロンドンに集まっていたジェントリーやジェントルマンと呼ばれた貴族に準じる人々の中で生じていた一種の党派争いだったのではないか、という説がかなりの説得力を持って語られている。

それは、具体的にいうと、ロンドンを基盤としていた国王に近い国王派貴族と、地方に基盤を置くジェントリーの対立であり、ピューリタン革命では、社会階層としては下に位置する地方のジェントリーの代表であるクロムウェルが、ロンドンの国王派に挑戦して権力を奪った。しかし、それはうまくいかず、再び国王派の復活につながったのが王政復古であった、ということだ。

しかし、王政復古がなっても、依然として地方のジェントリーは強大な力を持っていたので、議会では両者のバランスをどう取りながら国政を動かしていくのかということが問題になっていった。これがトーリー党とホイッグ党の対立となって現れたといえる。

両派の争いは、最終的には名誉革命によって地方派の圧倒的な勝利に帰結する。それが形式としては「議会制民主主義」とか、「君臨すれども統治せず」という形に集約されていった、というのである。

ロンドンに集まるジェントルマンたちの内部争いというのは、具体的にいうと国家の官職の問題であった。

官職にはさまざまな利権がついて回る。その利権をどのような形で押さえるのかということが重要であった。具体的にいえば、貿易独占権などはその代表的なもののひとつといえる。海外通商は莫大な収益を伴う。それを誰が差配、コントロールするのか。つまり、東インド会社を誰がコントロールするのかによって、利益の分配がどちらに傾くのかが大きく変わるということだ。

このように見ていくと、イギリス革命は単なる国内の政治問題ではなく、非常に広い意味での統治、国際社会における経済活動全般に関わる事象として捉え直すことができるのである。ただここで見逃してはいけないのは、イギリスは階層社会である、ということだ。

この時代も、国王を頂点とするピラミッド型の貴族階級があり、その中では地方のジェントリーは下層に位置する。その下層に位置するクロムウェルが、軍事力を握り、力を持ち、上流貴族たちを追い詰め、最終的に政権を彼に渡さざるを得ないところまで持っていったわけだが、ここでいう「下層」はあくまでも「支配階層」の中での下層に他ならない。

「階層」というのは何かというと、「ジェントルマン」対「ノン・ジェントルマン」という、イギリス（イングランド）特有の大きな二分構造である。

これは非常にはっきりしたもので、「上位」に位置するのは、トップの国王から爵位を持つ貴族、爵位を持たないジェントリーや「単なるジェントルマン」といわれる人々である。彼ら「ジェントルマン層」と、それより下のノン・ジェントルマンである一般大衆の間には、大きな社会格差があった。

そうした社会背景を理解した上で「イギリス革命とは何だったのか」と考えると、それはあくまでも支配階層内部での勢力争いに過ぎなかったということが見えてくる。

そういう意味では、共和政だろうが王政へ戻ろうが、ジェントルマン対ノン・ジェントルマンという基本的な社会構造は、イギリス革命を経ても何も変わっていないのである。

もちろん革命の過程では、一般の大衆を巻き込み、ひとつの運動体として「民衆の熱狂」というムードが作られた事実はある。だがそれは政治体制の変換を図るために必要だったからに過ぎない。

イギリスでは「革命」を経ても、社会における支配構造は、何ひとつ崩れていないということである。

第3章

イギリスの「長い十八世紀」〈前半〉

――第一次帝国／大西洋を挟んだ帝国

イギリス発展のカギは「商業革命」

イギリス史では、よく「長い十八世紀」という歴史区分が用いられる。これはイギリスの歴史家ペニー・コーフィールドが提唱した概念で、単純に世紀で区切るよりも、出来事とその影響を軸に見ていったほうが、歴史の流れを正確に掴むことができることから、より自然な時代区分とされている。

では、「長い十八世紀」とは、どのような出来事を基点とするのかというと、概ね一六八八年の名誉革命から一八一五年のワーテルローの戦いまでとされている。

これはもともとイギリス国内の政治史の流れを説明するときに用いられた区分であり、本書はグローバルヒストリーの立場からイギリス帝国史を考察していくものなので、必ずしもこの基準に準拠するものではないが、国内の変化とグローバル世界の変化は互いに影響し合っているため、本書でも十八世紀は単に世紀で区切らず、解説していくことにしたい。

イギリス帝国史を考えるとき、長い十八世紀は、まさに「イギリス王国」が「イギリス帝国」へと転換する時代といえる。

ただ、イギリス帝国と一口にいっても、それは一様ではない。

次々と植民地を獲得し、領土的にも経済的にも拡大していく「第一次帝国」と、アメリカという巨大な植民地を手放しながらも、ヒト・モノ・情報のネットワークを構築することで非公式の植民地をグローバルに展開する「第二次帝国」に大きく分けて考えることができる。

本章で見ていく長い十八世紀の前半は、この第一次帝国完成の過程である。

カギとなるのは、イギリスがこの時期にいかにして経済成長を成し遂げたのか、ということである。

十八世紀、イギリスの財政は、決して安泰ではない。安泰どころか経済危機にあったといっていいだろう。その原因は、やはり軍事費であった。

だが、これはイギリスに限ったことではない。当時のヨーロッパ諸国は、どこも増大し続ける戦費の調達に苦しんでいた。

ルネサンスの三大発明のひとつである「火薬」の発明は、戦場における大砲や鉄砲といった火砲の使用・普及を促した。いわゆる「軍事革命」である。こうした軍事兵器の進化は、同時に軍事費の増大をもたらした。

それでも十七世紀の戦争は、その戦場の多くがヨーロッパ内に留まっていたが、十八世紀になると本国から離れた植民地での戦争が増えてくる。遠隔地での戦争は、さらに多くの戦費が必要となる。このような状況下で、ヨーロッパ諸国は増加する戦費を調達するために増税や国債の発行を余儀なくされていたのである。

図10　三圃制からノーフォーク農法へ

●三圃制

耕地は秋耕地・春耕地・休耕地に分けられていた。

	1年目	2年目	3年目
耕地A	秋耕地	春耕地	休耕地
耕地B	春耕地	休耕地	秋耕地
耕地C	休耕地	秋耕地	春耕地

●ノーフォーク農法（四輪農法）

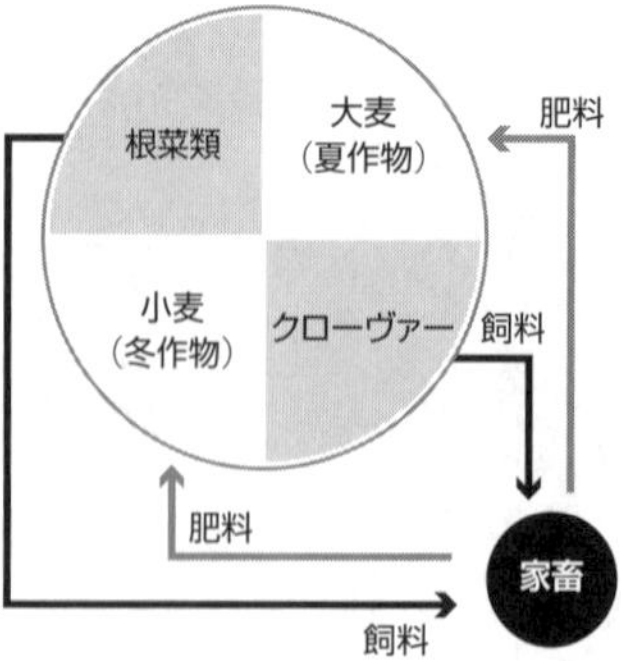

しかし、そうした中でもヨーロッパ経済は成長し続け、植民地を拡大していった。

なぜヨーロッパ経済は、戦争を続けながら拡大することができたのか。その中でも、イギリスが帝国化できたのは、他のヨーロッパ諸国と何が違っていたのだろう。

もちろん理由はひとつではない。

この時期のヨーロッパの気候は、緩やかに温暖化に向かっており、農作物の生育に恵まれていく。農業生産量の増加は人口の増加につながり、増加した人口を養うために農村に変革が生じる。

イギリスでは、それまでジェントリーが自給自足に近い形で行っていた農業経営は、地主から土地を借り受けた資本家が農場を囲い込む「エンクロージャー」が進み、農業技術の面でもそれまでの三圃制から休耕地を設けないノーフォーク農法へと進化していった。こうした変化は「農業革命」といわれ、後に産業革命によって増加した都市の労働人口を支えることになる。また、イギリスが国債の返済のために、国内で生産された商品に課された「内国消費税」を巧みに利用したことを要因と指摘する研究者もいる。

どこの国も税収アップのために増税や新たな課税を行っているが、イギリスの内国消費税は主に、所得が増えればそれ以上に購入が増える奢侈《しゃし》品《ひん》に課税することで、貧民の税負担を低く抑えながら経済成長率を上回る税収率のアップを実現させた。

一方、敵対していたフランスは、税収の基盤が地税にあったため、税収がなかなか増加しない上、国民の不満を増加させ、最終的にはフランス革命に至ることになる。つまり、こうした財政政策の違いがイギリスとフランスの明暗を分けていった、というのである。

もちろん農業革命も財政政策も重要な要因のひとつだろう。だが、それ以上に重要なのが、大西洋貿易とそれに伴う商工業の成長を合わせた「商業革命」だと私は考えている。

もともと「商業革命」という言葉は、大航海時代（十六世紀）におけるスペイン・ポルトガルによる海外交易の拡大を意味するものとして使われたものだが、イギリスの経済史の大家R・デイヴィスが、イギリスの王政復古（一六六〇）からアメリカの独立戦争（一七七五）に至るまでの約百年間に生じたイギリスの貿易構造の変化を意味するものとして使用するようになったものである。

イギリス商業革命の特徴は、大きく三つある。

ひとつ目は貿易額の大幅な増大、ふたつ目は貿易相手地域の変化（非ヨーロッパ世界の比重の増加）、三つ目は貿易商品の変化（再輸出品、工業製品の増加）である。

だが、こうした変化を可能にした理由も見逃してはならない。

それは、戦時下においてもヨーロッパ諸国が、貿易を継続し続けていたことである。

十八世紀、イギリスは大西洋貿易で巨大な利益を獲得するが、この利益を獲得できたのは、たとえ取引相手が対戦国であっても取引を可能とする貿易システムを商人たちが構築していたからである。この貿易システムを可能にした商人たちの人的ネットワークは、一国史だけでは見えてこない、グローバルヒストリーならではの視点である。

立憲君主制の基礎を築いた英蘭体制

イギリスの長い十八世紀は、名誉革命によってメアリ二世とウィリアム三世が即位し、イギリスとオランダが同君連合となったところから始まる。

イギリス帝国史を考える上で、同君連合に基づく英蘭体制は、非常に大きなものだったといえる。なぜなら、「君臨すれども統治せず」という言葉で表される立憲君主制の基礎を築いたのが、この英蘭体制だったからだ。

ジェームズ二世の追放にあたり、彼の娘であるメアリ二世が王位継承者として選ばれたのは、彼女がオランダのオラニエ公ウィレム（後のウィリアム三世）と結婚する際にプロテスタントに改宗していたからであった。

議会としては、どうしても再びカトリック信者の王を即位させたくなかった。なぜなら、それは絶対王政への回帰を意味していたからである。

とはいえ、王の血統を継承することも重要である。そこで、ジェームズ二世の血統を受け継ぐ者の中で唯一プロテスタントに改宗していたメアリが選ばれたのである。

これは議会で決まったことだったが、もちろん全員が納得していたわけではない。ジェームズ二世及びその直系男子こそ正統な王位継承者であると主張する者たちがいた。彼らはジェームズのラテン語名「Jacobus」から「ジャコバイト／Jacobite」と呼ばれた。

ジャコバイトはこの後、スコットランドを基盤に、度々反乱を起こすことになる。

一方、王位に就いたメアリ二世とウィリアム三世は、一六八九年、議会が作成した「権利宣言」を受け入れ、議会はそれを「権利章典」として改めて制定した。

「権利章典」の正式名称は「An Act Declaring the Rights and Liberties of the Subject and Settling the Succession of the Crown／臣民の権利及び自由を宣言し、王位継承を定める法

律」という。

その内容は、国王による専制支配の禁止、宗教裁判所設置の禁止、議会の同意なき課税の禁止の他、王権を制限し議会主権を明確にしたものとなっている。つまり、この権利章典によって、立憲君主制の原則が確立したということができるのだ。

そして、もうひとつ重要なのが、「権利章典」において、王位継承におけるカトリック排除の原則が確定されたことである。これによって国王本人はもちろん、カトリック信者を配偶者とする者も王位継承者から排除されることとなる。ちなみにこの方針は、ジャコバイトの反乱に対抗し、フランスに亡命したジェームズ二世の直系子孫（カトリック信者）に王位継承権が行かないよう、一七〇一年には王位継承法によってさらに具体的な内容の法律を制定し補強されている。

このように厳しくカトリック教徒を排除する一方で、一部の非国教徒に対しては、礼拝の自由を認める「寛容法」が制定された。ただし、このとき寛容法が適用されたのは、非国教徒の中でも国王に忠誠を誓ったピューリタン系に限られた。

しかも、寛容法が適用されたピューリタンであっても、非国教徒が官職に就くことを禁じた「審査法（一六七三年制定）」があったため、公職に就くことは依然として認められなかった。

このままメアリ二世とウィリアム三世の血統が続けば良かったのだが、残念なことに二人は

図11　北米植民地の変遷①

●1680年頃

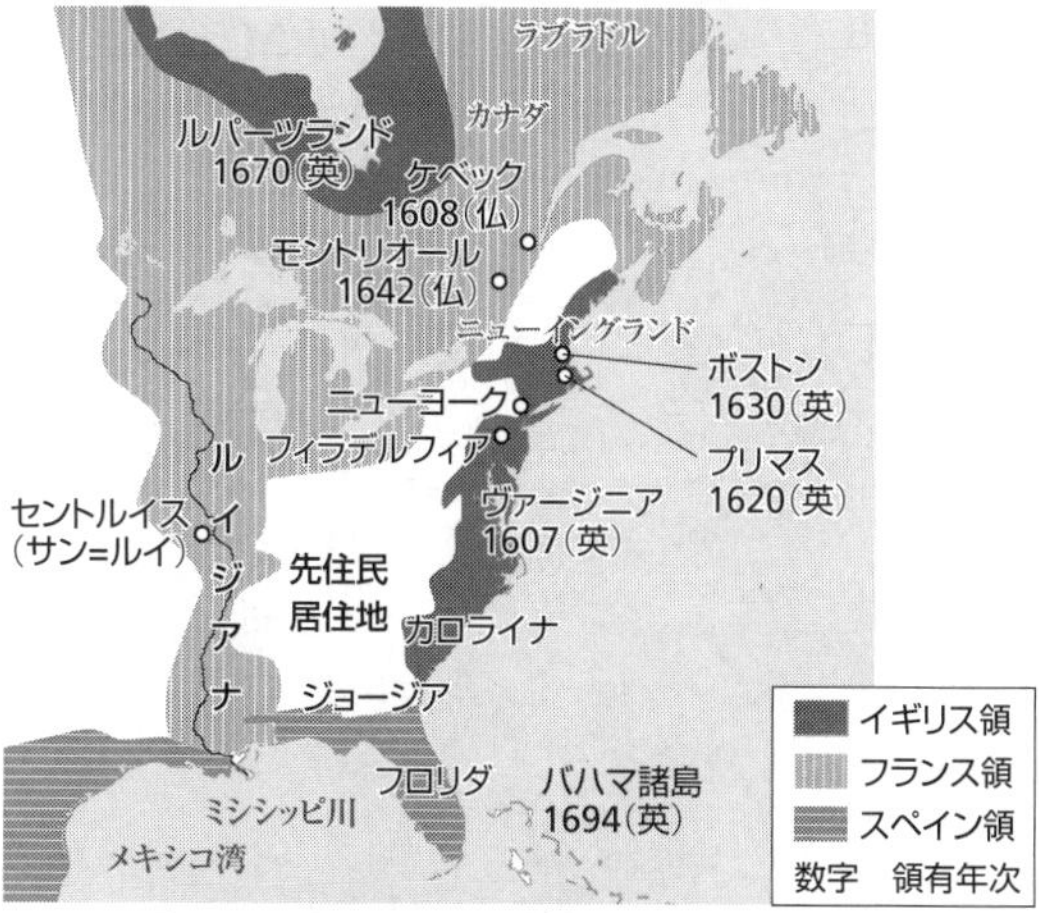

アン女王戦争(1702〜1713)

●ユトレヒト条約(1713年)後

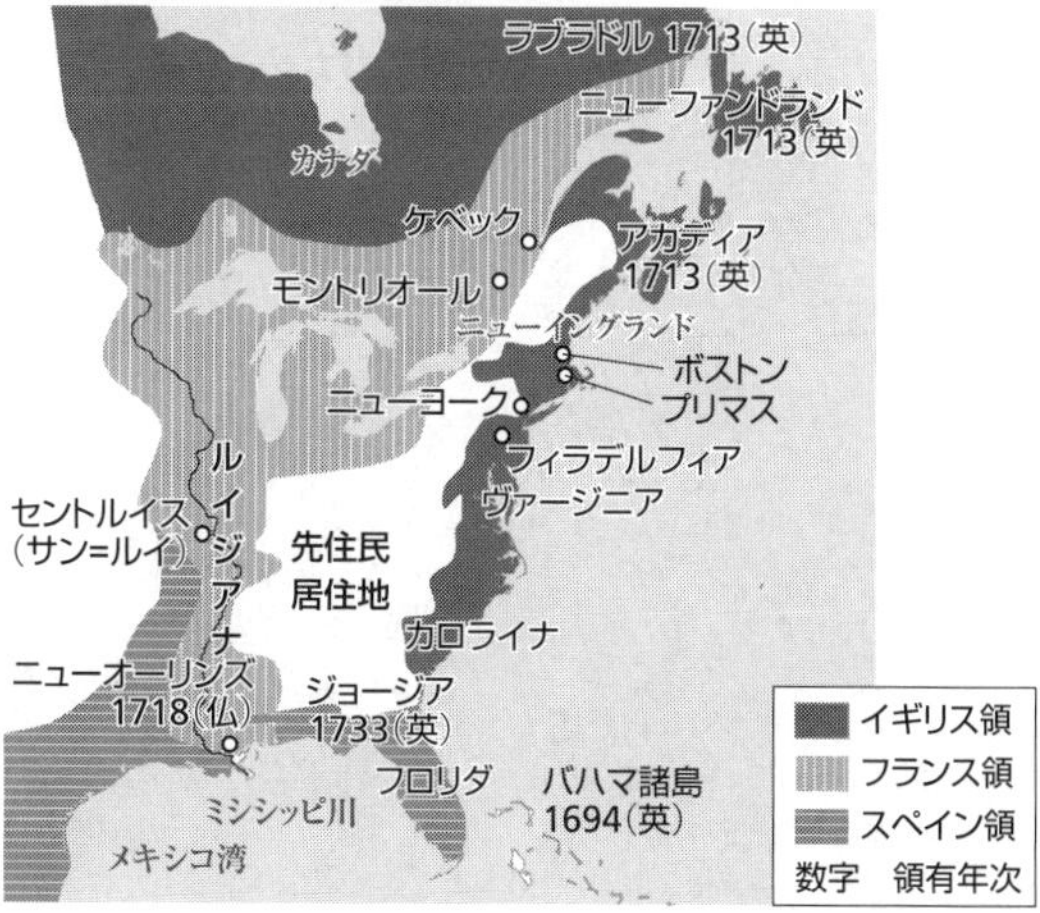

跡継ぎに恵まれなかった。そのため、一七〇二年にウィリアム三世が亡くなると、王位はメアリ二世の妹アン（在位一七〇二〜一七一四）が受け継ぐことになる。

ちなみに彼女の夫ジョージは、デンマーク＝ノルウェー王国の国王クリスチャン五世の弟だが、王配の立場に留まり王位には就いていない。

ユナイテッド・キングダムの形成

アン女王の治世で特筆すべき出来事はふたつ。ひとつは、スコットランドとの議会合同を果たし、名実ともに「グレート・ブリテン」という名称の連合王国（一七〇七〜一八〇〇）となったこと。

ふたつ目は、スペイン継承戦争（アン女王戦争、一七〇一〜一七一三）への参戦。この戦争によって、イギリスはフランスからはニューファンドランドやノヴァ・スコシア、さらにハドソン湾を、スペインからはジブラルタルとミノルカという地中海の二拠点に加え、スペイン領アメリカへの黒人奴隷供給権「アシェント」を獲得したことである。

十八世紀初頭の一七〇七年、イングランドはスコットランドと「議会合同」を果たし、連合王国「グレート・ブリテン王国／Kingdom of Great Britain」となる。それまで別々だった議会がひとつに統合され、これにより事実上「連合王国ユナイテッド・キングダム／United

Kingdom」が形成されたといえる。

これはスコットランドにとって、非常に重要な出来事であった。

それまでは、十七世紀のイギリス革命のときが典型だが、スコットランドは常に連合王国のかく乱要因になっていた。それが名誉革命以降、イングランドの優位に抗えないという状況が確立されたことで、スコットランドの有力貴族の中にさまざまな意見対立はあったものの、最終的にイングランドと組んだほうがプラスになるという意見が優位となり、議会がひとつに統合されたのである。

議会合同には、イングランド側からの強い働きかけがあった。その理由のひとつは、アン女王がスコットランドとの政治統合を目指していたからだが、もうひとつ、ジャコバイトの存在もあった。

というのも、アン女王も姉メアリ二世と同じく後継者に恵まれず、その即位前から後継者問題が持ち上がっていたからである。

議会がアン女王の後継者として目をつけたのが、チャールズ一世の姉にあたり、ベーメン王フリードリヒ五世に嫁いだエリザベスの娘ゾフィー（英語名ソフィア）だった。ゾフィーが選ばれたのは、もちろん彼女がステュアート朝の血を引くプロテスタントだったからである。

この選択に、スコットランドを本拠とするジャコバイトが異を唱えるのは明らかであった。

このままではアン女王が亡くなったときに、再びジャコバイトが反乱を起こし、イングランドとスコットランドの争いになりかねない。王国同士の争いを防ぐ意味でも、イングランドとしてはアン女王の治世の間にスコットランドと議会を統合したかったのである。実際イングランドは、一七〇五年スコットランドに対し、合同に応じなければ外国として貿易に規制をかけると、恫喝じみた言い方で合同を促している。

もちろんこの統合にはスコットランドにとってメリットもあった。当時スコットランドの経済は低迷しており、イングランドとの合同によって経済成長が期待できたからだ。

そこで最終的にスコットランドは、宗教の独自教育やイングランドの植民地における自由貿易権の保障を条件に合意を成立させたのである。

スペイン継承戦争が始まるのは、議会合同のわずか六年前であった。

つまり、ユナイテッド・キングダムの成立と、イギリスの膨張はまさに時を同じくしているのだが、もちろんこれは偶然ではない。

なぜならこれ以後、スコットランド人は、イングランドの同盟者として、世界各地に数多く出ていくことになるからである。東インド会社の商人として、あるいは東インド会社に対抗する「自由商人／フリートレーダー」として、また、北米や南米にも数多くのスコットランド商人が出てくるが、これは議会合同以後のことである。

つまり、この一七〇七年のスコットランドとの議会合同が、この後、イギリスが世界に影響力を広げていくチャンスを作り出すことになったともいえるのである。

議会合同を成し遂げたアン女王が亡くなるのは、スペイン継承戦争が終焉を迎えた直後の一七一四年である。このときすでにゾフィーも亡くなっていたため、王位にはゾフィーの長男・ハノーヴァー選帝侯ゲオルク・ルードヴィッヒがジョージ一世（在位一七一四～一七二七）として就くこととなった。このジョージ一世から始まるイギリスの王室を「ハノーヴァー朝」という。

ジョージ1世。ジェームズ1世の曽孫。ドイツから招かれ即位し、ハノーヴァー朝を開いた。

名誉革命の際、メアリとともに王位に就いたウィリアム三世の場合は、権利章典が制定されたといっても、議会から直接招聘され、国王に推戴されたという経緯があるので、それなりに力を持っていた。だが、そのステュアート朝もアン女王で途絶え、ジョージ一世の時代になると国王と議会のパワーバランスは、大きく議会に傾くことになる。

その理由として挙げられるのが、ジョージ

一世は、ドイツで生まれ育ったため、英語があまりよく理解できず、政務を政府に任せることが多かったことだ。もちろん国王には、依然として「国王大権」はあるのだが、かつてのような恣意的なパワーの使い方というのはこの頃にはできなくなっている。

ジョージ一世がイギリスで戴冠した一方で、ジェームズ二世の息子であるジェームズ・ステュアートもジェームズ三世と称し、亡命先のフランスで王位を主張した。しかし、スペイン継承戦争でイギリスに敗れたフランスは、ユトレヒト条約でジェームズ三世のフランス追放を承諾。これによってジェームズ三世を支持するジャコバイトは、フランスの後ろ盾を失うことになる。

そこで一七一五年、ジェームズ・ステュアートは王位奪取を目指してスコットランドで反乱(ジャコバイトの反乱)を起こすが、すぐに鎮圧され、再びフランスに逃亡している。

こうして名誉革命によってその基礎を固めた立憲君主制は、ジョージ一世の時代に、責任内閣制の発展が促される形で確立されていくのである。

イングランド銀行設立による経済的発展

十八世紀のイギリスの経済的発展において、大きな役割を担ったのが、イングランド銀行の存在である。

イングランド銀行の設立は、英蘭体制下の一六九四年。創設の立役者は、スコットランド人のウィリアム・パターソンと財務府長官のチャールズ・モンタギュー、初代の総裁は当時海軍省長官を務めていたジョン・フーブロンであった。

イングランド銀行。1694年に創設されたイギリスの「現・中央銀行」。現在もイギリス通貨のポンド（UKポンド）の発券銀行としてロンドンのシティに本拠を構えている。

現在は中央銀行であるイングランド銀行だが、設立当初は多くの出資者から資金を調達して作られた民間の商業銀行であった。中でもウィリアム三世の母国であるとともに、金融業の先進国であるオランダ資本の導入は大きく、イングランド銀行の設立は、英蘭体制だったからこそなし得たものであったといっても過言ではないだろう。

イングランド銀行というと、現在の中央銀行の印象が強く、紙幣の発行を目的としたと思われるかもしれないが、当時、紙幣の発行権は、複数の銀行が持っていた。現在の感覚では考えられないが、市場には複数の信用度の異なる紙幣が流通していたのである。

それでは混乱が生じるということで、十九世紀の初め、紙幣はイングランド銀行券に統一されていく。

では、イングランド銀行設立の目的は何だったのか。

最大の目的は、イングランド国債の引き受けであった。

当時イングランドは、対外戦争のための戦費が増大しており、戦費調達のための国債発行が盛んに行われていた。

今までイングランド国債の多くはアムステルダムが引き受けてくれていたが、イングランド銀行を設立することによって、ある程度国内の資金で賄うようにするとともに、より多くの国債の発行を目指したのである。

事実、イングランド銀行に与えられた最大の特権は、政府が発行する国債を一手に引き受け、それを売却できることであった。国債の売却を通じて政府に戦費を供給する、ということである。

ただ、一手にといってもさすがにすべては無理なので、これ以降もオランダは非常に大量のイングランド国債を購入している。

当時のオランダとイギリスは同君連合であり、その関係は友好的であったが、商業面では競合している相手である。また、ウィリアム三世とメアリ二世に跡継ぎとなる子供がいない以上、

図12　18世紀中頃のヨーロッパ

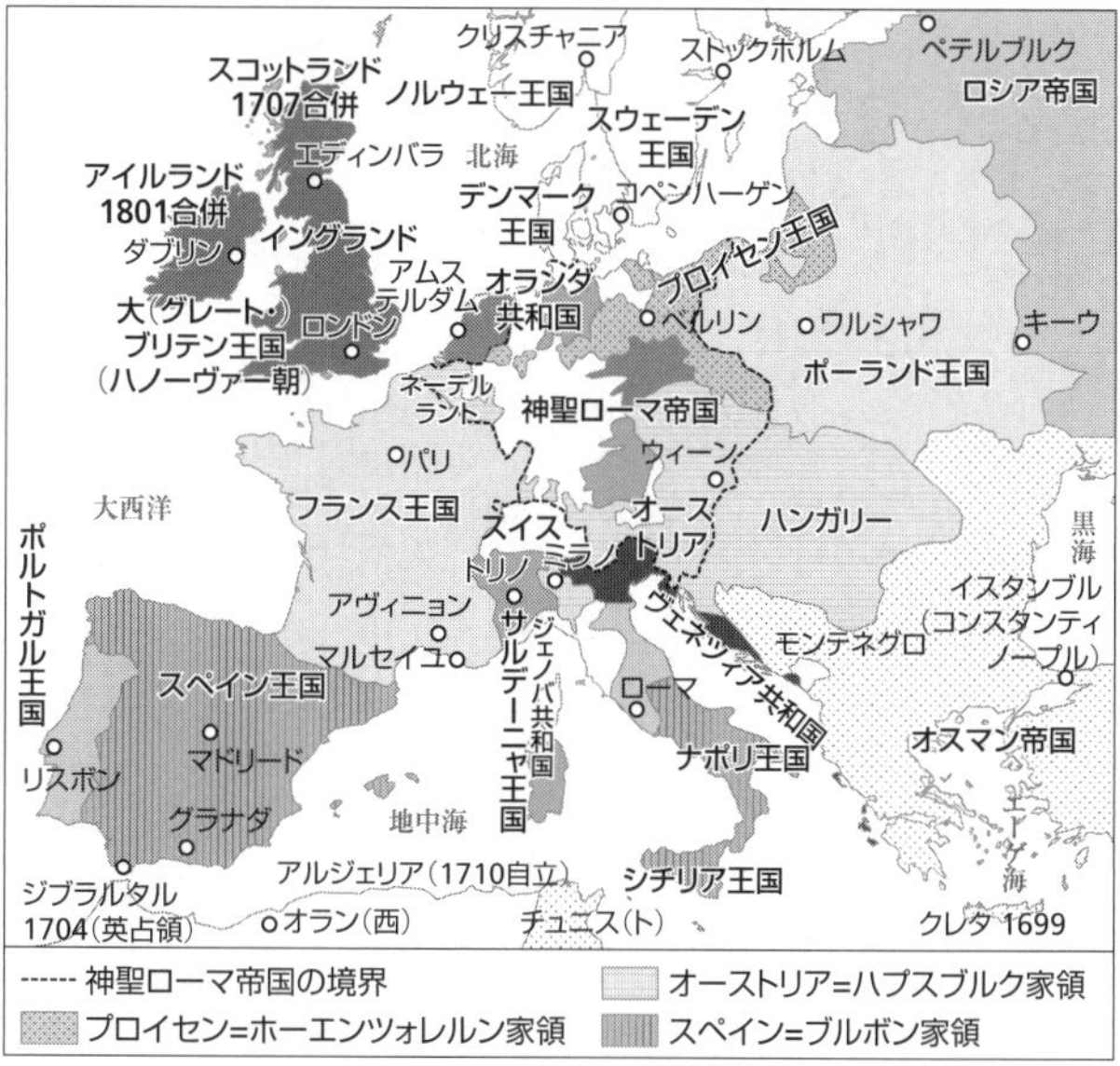

いつまで同君連合が続くかは不透明であった。

　したがって、イギリスにとってオランダからの資金調達は重要だが、完全にそれに依拠し続けるのは良策とはいえない。もしかしたら、これから先、たとえば英蘭戦争が起こったとき、一時的に資金を止められたら対応のしようがなくなる。そうした事態にも対応できるようにしておくべきだという配慮から、国内の資金を動員する手立てとして、イングランド銀行に国債を引き受けさせることを積極的に考えたのかもしれない。

　いずれにしても、ここで注目すべ

きは、国債をイングランド銀行に引き受けさせたことによって、これ以降、ロンドン・シティが金融、及び国家の財政に直結していくということである。

さらに、国内で国債を賄うメリットとしては、ナショナリズムの育成ということも考えられると思う。

当時のヨーロッパの国際関係を見ると、まずフランスという大国が存在し、スペインも国力が衰えたとはいえ、まだ大きな力を持っている。他にスウェーデンがあり、ドイツはこの時点ではまだバラバラだが、次第にその凝集性を高めつつあった。そして、それぞれが繰り返される戦争や、対外的な対抗意識の中で、「原初的なナショナリズム」とでもいうべき、一種のネイション意識を持ち始めていた。これはイギリスも同じであった。

そうしたナショナリズムを育てていく手段のひとつとして、国債の販売を通して国内の人々に国家への貢献という意識を持たせようとしたのかもしれない。

戦費を賄うための国債を発行するわけだが、では、イングランド銀行ができたおかげで戦費のための徴税がなくなったのかというと、それは依然としてあった。

特に消費税は、大きく上がっている。先に、イギリスは奢侈品に多額の税金をかけたという話をしたが、庶民に負担が行かなかったわけではない。庶民の生活に最も影響したのは、おそらくパブのビールにかかる税金だろう。

イギリスにおけるパブの歴史は古く、中世から存在している。今でもパブはイギリス庶民の社交場として、ロンドンはもちろんさまざまな町や地方の小さな村々にもあり、そういう所へ行ってビールを飲むと、国内消費税を支払うことになる。

だが、それとはまた別に、ビールには醸造所から出荷される段階でも税金が徴収されたのである。しかし、そうした税金・増税だけではとてもではないが増加する戦費を賄い切れない。その足りない部分を国債でカバーしたのである。

そういう意味では、国債など買えない庶民であっても、国内消費税という形で国家の戦争を支えていたといえるのだ。

議会制民主主義の恩恵

イングランド銀行の設立は、後に「金融財政革命／ファイナンシャル・レボリューション(Financial Revolution)」といわれるほど画期的な変化をもたらした。

これ以前にもヨーロッパには、アムステルダム銀行やアムステルダム証券取引所が作られているが、イングランド銀行は、それらを上回る規模の役割を果たしている。具体的にいえば、イングランド銀行は、それほど多くの国債を売ったということだ。

では、なぜ金融財政革命といわれるほどイギリス国債は売れたのだろう。

ポイントは、この時期のイギリスは議会制民主主義のもと、国王が恣意的に政治に介入することがなくなっていた、ということだ。

イギリスでは、一六八八年の名誉革命以降、国家予算は議会が完全にコントロールしている。毎年の予算をどれだけにするのか、それを何に使うのか、これらはすべて議会の審議を経て決められ、国王は一切口出しできない。要するに、お金の議会主権が成立していたのである。

この「透明性／トランスペアレンシー（transparency）」が、イギリスの国債は債務不履行を起こさない、最終的には議会が保証してくれる、という信頼につながったのである。

こうして信用度が格段に上がったイギリス国債の販売を一手に引き受けたのが、イングランド銀行であった。

このように、国家が国債という形の借金によって戦費を調達し、それによって財政拡張を行い、戦争を遂行していく国家システムを、最近の研究では「財政軍事国家／フィスカル・ミリタリー・ステイト（Fiscal Military State）」という。

つまり、十八世紀のイギリスは、財政軍事国家として最も成功した例だといえるのだ。

他のヨーロッパ諸国の中では、後に台頭してくるプロイセンやスウェーデン王国が、イギリスより規模は小さいが、同じように国債発行や、徴税能力を高めることで財政拡張を行い、多少なりとも成功しているが、フランス王国の場合は、同じようなことをやろうとしたが失敗している。

なぜフランスが失敗したのかというと、フランス国債の発行は、国王が恣意的に決めているという信用力のなさが理由であった。スペインが財政の立て直しに失敗しているのも、理由は同じである。

財政軍事国家として最も成功したのがイギリスであり、最も失敗したのがフランスやスペインというカトリックの王国であった。

つまり、銀行や金融システムの構築という面では、イギリスに先行してオランダがあり、イギリスはそのモデルをさらに強化し、イギリスが成功したことで、それがヨーロッパ諸国に広がっていったということができるだろう。そして、この流れに乗り遅れたのが、絶対王政を敷くカトリックの大国、フランスとスペインだったのである。

世界初の金融バブルの崩壊

イギリスは金融財政革命に最も成功した国家だといったが、それは必ずしも財政状態が良いということではない。増大する戦費は常に大量の国債を発行し続けなければ賄えず、国債償還の期日が迫ると、その支払いに追われていた。

そうした中で一七一一年、「南海会社」という株式会社が設立される。

設立を指導したのは、大蔵卿のロバート・ハーレー。彼はこの会社にある貿易特権を与え、その利潤で国債の一部を賄おうと考えたのである。

では、それほどの利益が見込める貿易特権とは、どのようなものだったのだろう。

それは奴隷貿易であった。

当時スペイン領アメリカでは、黒人奴隷の需要があった。もともとスペインは原住民であるインディオを植民地の労働力として使っていたが、過酷な使役と伝染病の蔓延によって、現地での人口は急激に減少、原住民に替わる労働力として黒人奴隷が求められていたのである。だが、スペインはアフリカに拠点を持っていなかったため、自力で黒人奴隷を集めることができず、その供給を外国人商人に依存していた。

スペインが黒人奴隷を導入し始めた十六世紀は、ポルトガル商人が独占していた奴隷貿易も、十七世紀後半になるとオランダ、フランス、イギリスが参入するようになり、競合市場となっていった。

そして一七一三年、ついにイギリスはスペイン継承戦争に伴うユトレヒト条約において、長年、その獲得を目指していたスペイン領における黒人奴隷の供給権「アシェント／asiento（スペイン語で契約の意味）」を手に入れたのである。

これによって毎年一定数の奴隷をスペイン領に輸出するめどが立ったイギリスは、「アシェント」を独占的に南海会社に与え、その利益で増加する国債を賄い、財政危機を乗り切ろうとしたのである。

しかし、当てにしていた奴隷貿易は、当初手続き上の問題からうまくいかず、南海会社は実際には、どういう事業をやっているのかわからない会社になってしまっていた。それでも国債を引き受ける以上、何らかの形で利益を上げないわけにはいかない。そこで導入したのが、「富くじ債」というものであった。これはいわゆる「宝くじ」のようなものなのだが、これが爆発的に売れて、南海会社は大きな利益を得る。

これに気を良くした南海会社は、今度は南海会社の株を時価で国債と交換するというビジネスを始める。これがまた大当たりしたのである。

設立当初の事業内容である奴隷貿易はほとんど行われず、何をしているのかトランスペアレンシーは全くないまま、南海会社の株はものすごく上がるという噂だけが蔓延し、それに人々が群がったのである。

事実、南海会社の株価はわずか半年の間に十倍にも高騰した。

この南海会社の株価高騰を受け、次々と投機的な会社が設立され、イギリスは常軌を逸した投資ブームに突入していく。

当時は株式会社の設立には政府の許可が必要とされていたが、投機会社の中にはそうした手

コーヒー・ハウス。17世紀半ばからイギリスの都市で流行した喫茶店。多くの人が集まる情報交換の場として大きな社会的役割を果した。写真は、ジョナサン。

続きを無視したものも多く、議会はそうした許可を受けていない会社への投機を抑制するため、一七二〇年「泡沫会社禁止法／Bubble Act」を成立させる。これには南海会社の株価を維持する目的もあったといわれているのだが、実際には、この法案成立からわずか二ヶ月で南海会社の株も暴落し、世界初の金融バブルの崩壊「南海泡沫事件」を引き起こすことになってしまった。

　これによりイギリスでは非常に多くの人が破産することになるのだが、とりわけ被害が大きかったのが、南海会社の株式を買って一儲けを企んでいたジェントルマン層であった。

　当時の株式は、主にシティにあった「ギャラウエイ」や「ジョナサン」といったコーヒー・ハウスを舞台に、ブローカーによって取引されていた。ブローカーの国籍はさまざまで、アムステルダムからロンドンに移住してきた元オランダ人、しかし今は自分はイングランド人だというような、事実上無国籍の者もいた。そういうブローカーたちの介在で株券が売買されていたのである。

このようにいうと、怪しげな取引のように思われるかもしれないが、株価には、十七世紀のオランダが中心だった時代からチャートが存在し、どの銘柄がどんな値段で取引されているのかを記載した物価表も存在していた。オランダのアムステルダムでは早くから証券市場が発達していたので、こういう情報は定期的に共有されていたのだ。ロンドンのブローカーたちも、当然アムステルダムとつながっていたので、ロンドンにおける証券取引テクニックは、アムステルダムでのやり方を継承していた。

そういう意味では、かなり公正な株取引ができていたといっていい。

だが、南海泡沫事件直前の異常ともいえる市場の状況と、それに続くバブルの崩壊は、株式会社の在り方自体にも、株式取引の在り方にもさまざまな変革をもたらすことになった。

まず株式会社の設立は議会による許可制となり、今まで以上に強い制約が課せられることになった。また、広く市場から資金調達を行う会社では、透明性を担保するために公正な第三者による会計記録を示すことが義務づけられ、それに伴い公認会計士制度及び会計監査制度が設けられた。

そして、株式の取引についても、ブローカー業務が免許制になったり、不正行為を行わないという誓約が求められたりするようになった。事件後の市場の混乱は、その後少しずつ回復していき、一八〇一年には「ロンドン証券取引所」が設立され、取引ルールがより一層整備され公正な取引が行われるようになっていくのである。

ロンドン・シティが世界の金融の中心になった理由

資本主義が生まれたのはイギリスだという人がいるが、すでに触れたように、私はそれ以前に、オランダにおいて資本主義は確立されたと考えている。

だがそのオランダも、ゼロから資本主義を生み出したわけではない。その前には北イタリアのジェノヴァや、ヴェネツィアにおいて、資本主義の萌芽ともいえる金融取引の技術が生まれており、それらはすべて人的ネットワークによってつながっているのである。

そうした流れの中で、独自の株式市場、そして証券取引所を世界で初めて作ったのがアムステルダムであったことは間違いない。そのアムステルダムの金融システムをそっくりそのまま引き継いだのが、ロンドンのシティだったといえる。

そこをつないだのも、やはり「ヒト」であった。

国同士は戦争していても、人的ネットワークは常につながっており、ヒトの行き来は絶えず、情報も流れている。特に儲けにつながる経済情報は、政治とは全く関わりなく自由に流れていた。

ヒトの移動もある意味、現代以上に流動的だった。ビジネスのために移動・移住するのはもちろん、宗教的な理由から一時的に逃げて他国に移ることもあれば、亡命することも決して珍しいことではなかった。そして、現在の感覚では理解しにくいかもしれないが、そうした人々を受け入れるのが、ロンドンだったのである。

そもそもロンドンが金融都市として勃興したのは、先行して繁栄していたアムステルダムの金融・サービス市場に支えられていたからであった。それがある時点からロンドンが急速に伸び、それに反比例して、オランダの比重が下がっていったのである。

では、世界経済の中心は、なぜアムステルダムからロンドンのシティへ移行したのか。

なぜ、ロンドンが勃興したのか。

もちろん、オランダの資金が大量にロンドンに流れたことも、その理由のひとつである。だが、それ以上に大きかったのが「ヒト」の移動であった。金融ビジネスを支えるノウハウを持ったオランダ商人やオランダの銀行家、いわゆる「金融資本家」といわれる人々がロンドンのシティに事実上移住し、そこに活躍の舞台を求めたということが最大の理由だったのである。

先の話になるが、実はこうした変化は、後のロンドンとニューヨークの関係と全く同じなのだ。何かきっかけとなる事件があってポンと移行したわけではなく、「ヒトの移動」に伴い、徐々に移行していき、気がつくと経済の中心がロンドンからニューヨークに移動していたということだ。

こうした徐々に進行する「ヒトの移動」や、長い時間をかけて構築される「人的ネットワーク」は、トピックス的な事件を追うことが多い一国史ではなかなか捉えられない、グローバルヒストリーならではの視点といえるだろう。

そしてここで重要なのが、ロンドンの勃興は、イギリス帝国の拡大とも密接に関わっているということだ。

ロンドンに入ってきた資金をどこに流すのかというとき、最初はイングランド国債であったが、やがてそれは植民地で発行される債券だったり、独立前のアメリカであったり、イギリス帝国であっても、資金を必要とする、本国とは離れた地域に流れていくことになる。つまり、帝国の拡大に合わせて、あるいはそれに先行して、同時並行で金融の流れも拡大していくことになるということだ。

イギリスの場合、先行したオランダよりも拡大範囲ははるかに広い。文字通りグローバルに展開していったので、それに伴う金融の拡大範囲も広くなり、ますますロンドンが優位になっていったということなのだ。

現代の常識では測れない「経済」と「国家」の関係

十七世紀のヨーロッパにおける経済と国家の関係は、非常にドライなものであった。

たとえば、商人たちは、戦争している相手国の国債であっても、利益が見込めればそれを売買することに躊躇しなかった。オランダの公債購入者に言わせれば、イギリスと戦争になったとしても、それが確実な収益源として保証されているのであれば、敵国のものであっても買う、ということだ。

同時に、言葉は同じでも、現在の「国」や銀行に対する感覚で捉えようとするのも間違いである。それらは別の論理で動いているからだ。

経済優先の商人の論理と、国家の論理が完全に一致していないのがこの時代なのだ。

もともと商人は、独自のネットワークをヨーロッパに張り巡らせており、その中で大きく出てきたのがオランダであった。

当時の商人の理論は、自分たちの商人としての信用と取引が最優先事項であり、国家の思惑はそれほど強い影響力を持っていなかった。

事実、スペイン帝国とオランダは、スペイン帝国から独立するために八十年間ずっと戦争をしていたわけだが、戦争中もスペインとオランダの貿易関係は続いている。アムステルダムから入ってくる物資がなければ、スペイン帝国は海外とのつながりを支えられないという関係になっていたからだ。

したがって、戦争をしているのだから、戦争相手国にモノは流れないであろうというのは、現代的な発想であって、近世の国家と商人は別々の論理で動いていたのである。

少々極端な言い方だが、経済と政治権力は分離していたと考えたほうがいい。

だからといって、商人たちが独立なんてどうでもいいと思っていたわけではない。

独立しなければ、オランダの商人たちは、カトリックであるスペインからさまざまな制約がかけられるし、余計なコントロールをされ続けることになる。独立すれば、もっと自由に商売ができるので、彼らとしても独立を望んでいたのである。

自分たちの自由を束縛する勢力に対しては徹底して対抗するが、かといって、利益が見込めるスペインとの貿易を断ち切るようなことはしない。それは、そこにマーケット（市場）があるからというのが商人の理屈である。

彼らは独自のネットワークを持っていたので、どこにどんなモノを持っていけば、確実に売れるかを熟知していた。そうしたことがわかっている以上、それを利用しない手はない。

こうした関係性は、スペイン帝国にとっても重要であった。

戦争しているからという理由で、もしもオランダからモノが入ってこなくなれば、スペインは彼らにとって重要なマーケットである新大陸に売るモノがなくなってしまう。売るモノがなければ、収入が途絶え、帝国の弱体化を招くことになってしまう。

そんな事態に陥るぐらいなら、敵国のモノであっても、インフォーマルな形で取り入れたほうが良い、ということだ。そういう意味では、スペインとオランダは、戦時中であっても経済的には相互依存関係にあったといえる。

イギリスが「帝国」を形成していったのは、そうした時代であった。

イギリス帝国を作り上げた「戦争」と「貿易」

十八世紀のイギリスは、帝国の形成期といえる。

では「帝国」はどのように形成されていったのか、といったとき、多くの人がイメージするのは、戦争とそれに伴う植民地の拡大ではないだろうか。

もちろん、これは間違いではない。十八世紀のイギリスはスペイン継承戦争（アン女王戦争）や七年戦争（フレンチ＝インディアン戦争）を経て、北米植民地を拡大させている。

だが、こうした帝国形成戦争に伴う戦費を捻出するためには、公債発行、証券市場の成立、税制改革といった政治の他に、貿易の爆発的な拡大、本章の冒頭で触れた「イギリス商業革命」があったことを見逃してはならない。

そうした意味では、イギリス帝国形成史は、イギリス貿易の拡大史でもあるのだ。

図13　北米植民地の変遷②

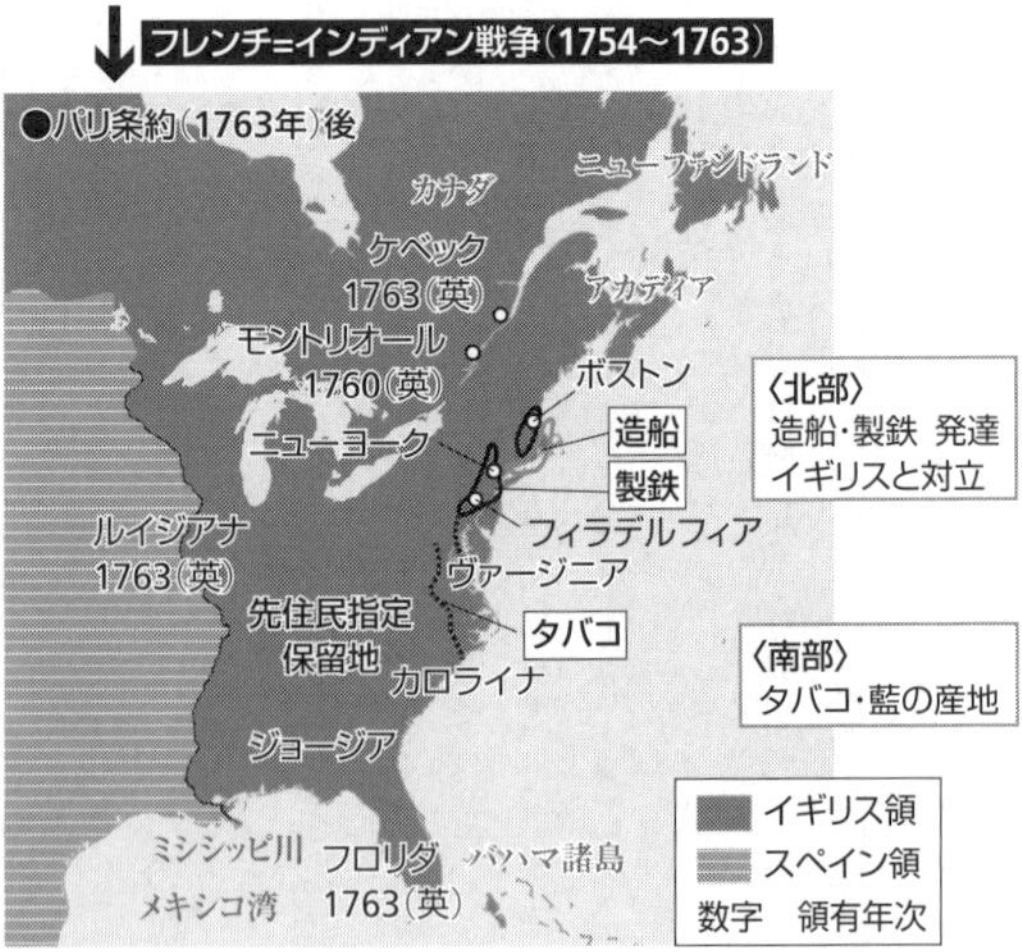

では、イギリス商業革命はいつから始まったのか。

やはりターニング・ポイントとなったのは、名誉革命（一六八八）だろう。

実際、貿易のデータを見ても、クロムウェルの時代は不振だったが、王政復古を機に伸び始め、一六八八年の名誉革命以降、海外通商は顕著な伸びを示している。同時に、それを支える船舶の保有量や、インフラの整備もこの頃から急速に進んでいる。

ここからは、十八世紀前半のイギリスの「戦争」と「貿易」の密接な関係を見ていこう。

名誉革命後、最初の大きな対外戦争は、アン女王の即位とほぼ同時に参戦を決めたスペイン継承戦争であった。

スペインの王位継承問題をめぐる争い、スペイン継承戦争（一七〇一～一七一三）においてヨーロッパは二分され、この争いは、それぞれの国の植民地となっていたアメリカ大陸においても繰り広げられることになる。

イギリスは、名誉革命以降、一七七六年までの約百年間にわたってフランスと植民地をめぐる争奪戦を断続的に繰り返している。こうした戦いは「第二次英仏百年戦争」とも呼ばれるが、その目的はかつてのそれとは大きく違っている。

第二次英仏百年戦争の目的は、植民地をめぐるものであるが、もっと具体的にいうなら、それは植民地という名の「海外市場」の争奪戦だったといえる。

このことは、イギリスがこの戦争によって得たものを見れば明らかだ。イギリスが得たのは、「ジブラルタル」とスペイン植民地への黒人奴隷供給権「アシェント」である。

ジブラルタルは、イベリア半島の突端、地中海の入り口に位置し、ジブラルタル海峡のまさにのど元に位置する天然の良港である。

ジブラルタルは、実に不思議な場所である。港の位置する湾の一角を成す岬は「ジブラルタルの岩」と呼ばれる巨大な一枚岩からなり、その外側は海が深く、天然の良港であるのに加え、そこに建てられた要塞は古くから難攻不落として知られる要衝なのだ。

イギリス領ジブラルタルの面積はわずか六・五平方キロメートルしかない。したがって、ジ

図14　第2次英仏百年戦争（1689〜1815）

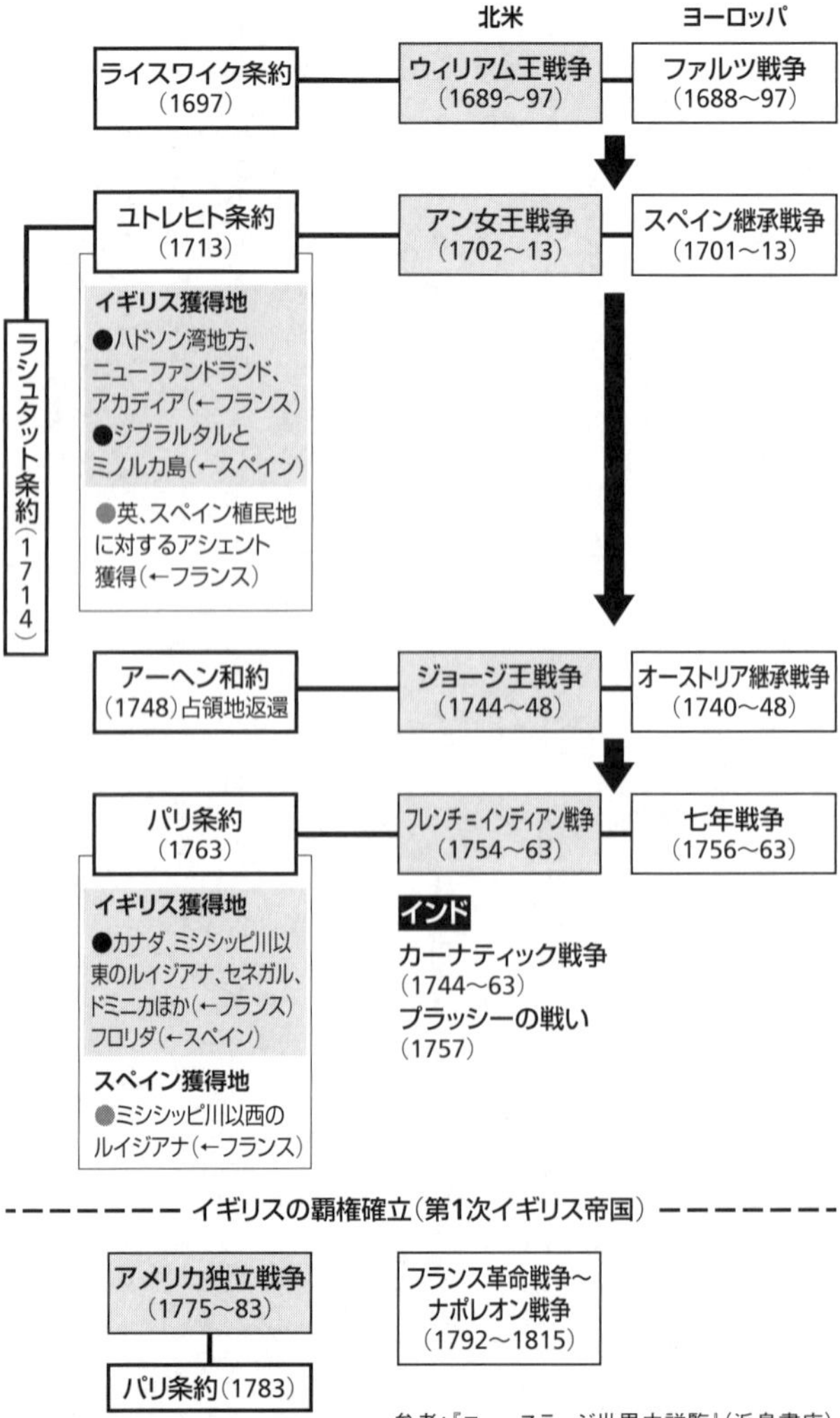

参考：『ニューステージ世界史詳覧』（浜島書店）

ブラルタル獲得の目的が領土の拡大ではないことは明らかだ。

では、なぜイギリスはジブラルタルをピンポイントで狙ったのか。

それは、ジブラルタルを押さえることが地中海航路を支配することを意味していたからである。

言うまでもないが、地中海は古代以来の、ヨーロッパにおける海路の動脈のひとつである。近世以降、貿易の主力は北方のオランダに移るが、地中海航路が全く働いていなかったわけではない。スエズ運河ができるまでは限界はあったとはいえ、依然として貿易ルートとして重要な航路であったことは間違いない。

その地中海の入り口を押さえるということは、やはりヨーロッパにおける基本的な制海権のひとつを押さえるという意味において、決定的に重要なことであった。

小さな港なのだが、そこにイギリス海軍の基地を置き、軍艦を配備してにらみを利かせるということは、地中海から北西ヨーロッパに伸びるシーレーンを押さえることを意味していた。また少し先の話だが、ジブラルタルは、二十世紀になるとアフリカとのつながりを考える上でも重要さを増していくことになる。

というのも、ジブラルタルの向かいにはモロッコのタンジール（タンジェ）があるのだが、その距離はフェリーでわずか三時間。天気の良い日には対岸が見えるほど近い。また、「大航

ジブラルタル。イベリア半島南端に位置する半島。1713年のユトレヒト条約により、イギリスがスペインから獲得した（写真提供：著者）。

海時代」の初期にヨーロッパ勢力により植民地化されたセウタ（一四一五年・現在スペイン領）にも近接している。

タンジールは、古代から交易の拠点となっていたアフリカ側の要衝であるため、ヨーロッパとアフリカとの貿易を考える上では欠かすことのできない港町なのだ。

さらに、二十一世紀になると、ジブラルタルはタックス・ヘイブンになっているため、税金逃れの場所としても、領土としては狭いが、それ以上に大きな価値をイギリスに与えることになる。先にフランス沖のチャネル諸島がタックス・ヘイブンとして、イギリスにとって重要な拠点となっているという話をしたが、ジブラルタルも同様なのだ。

現在、イギリスはＥＵを離脱しているが、離脱問題が生じる以前、ＥＵは「内部に対立はない」と言っていたが、実はそれは事実に反し、以前からスペインはイギリスに対し、「ジブラルタルを返還しろ」と再三言っていたのである。スペインにとってジブラルタルは、十八世紀初頭にイギリスに奪取された自国の領土であるという意識が強い。

しかし、今述べたような理由から、イギリスは決してこの要求に応じなかった。ジブラルタルは自国が合法的に獲得した領土であるし、そこに住む人々もイギリスへの帰属意識が強いというのがイギリス側の主張である。

この後の、イギリスの帝国化、及び貿易による経済発展を考える上では、十八世紀初頭にジブラルタルを獲得したことは、非常に重要なポイントだったといえるのだ。

海外貿易が急成長した理由

もうひとつスペイン継承戦争によってイギリスがフランスから勝ち取ったものがある。それは、北米大陸東岸に浮かぶニューファンドランドという島である。

ニューファンドランドは漁業の盛んな島で、とりわけ「タラ／コッド（cod）」の好漁場であった。イギリスは十五世紀末にカボット（イギリスが派遣したジェノヴァの商人）がこの島に到達して以来、豊富な漁場としてタラ漁を行っていた。しかし、新大陸の入植が拡大するに伴い、ニューファンドランドは漁場を資源とみなしたフランスによって、彼らの植民地に組み入れられてしまっていた。

タラ（主にセイヨウマダラ／Atlantic cod）というのは、当時のヨーロッパにとっては非常に重要な食料源であった。特にスペインの人々にとって、ニューファンドランド沖で捕れるタラはとても重要な食料であった。

カトリックではキリストの復活を祝う「復活祭」の前の四十日間を「四旬節」といって、生活の中でさまざまな節制が行われる慣習がある。そのため四旬節の間は肉食を避け、魚を食べるのだが、そのとき好んで食べられたのがタラであった。事実、十八世紀のスペインは、イギリスと戦争している最中も、タラなどの魚を英領北米植民地から大量に輸入している。

タラはイギリス近海でも捕れるが、十八世紀に大量輸出が可能になったのは、植民地である北米やニューファンドランドで捕ったものを再輸出したからであった。

そういう意味でもニューファンドランドを得たということは、漁業権の確保という意味においても、貿易上の利益獲得という点においても、非常に重要な意味を持っていたといえる。

こうした「再輸出貿易」でイギリスが莫大な利益を得ることができたのは、実は、輸送をイギリス船に限るというクロムウェル時代に制定された「航海法（一六五一）」が効いていた。

おそらくクロムウェル自身は、オランダの利権に対抗することしか考えていなかったと思われるが、航海法は後にイギリスが海外貿易を発展させる上で、非常に重要な役割を果たすことになる。

先に、オランダが経済大国になれたのは、バルト海貿易を中心に海運業で優位に立ったからだという話をしたが、航海法はまさに、この物流の掌握を意味していたからだ。イギリスの植民地で生産されたモノはすべてイギリス船で、いったんイギリスに運ばれてから、さらに航海法のもと、イギリス船で各地に再輸出される。これにより、物流における利益が増えるだけでなく、最終的にどこの国にモノが流れても、イギリスの利潤が増える仕組みになったのである。

これは大阪大学名誉教授の川北稔先生が強調しているイギリス商業革命の特徴のひとつだが、十八世紀前半からイギリスの海外貿易が伸びるのは、植民地から輸入したモノを、ヨーロッパ各地に「再輸出／リエクスポート（reexport）」したからであった。そして、ニューファンドランドのタラも、そうした再輸出品のひとつだったのである。

だが、この時代の最も重要な再輸出品は、北米植民地のヴァージニアやメリーランドで作っていたタバコであった。イギリスは北米で作ったタバコをグラスゴーに輸入し、ここからさらにフランスやドイツへ再輸出した。他にも、ブラジル北部のガイアナのコーヒーや、インド産の綿織物なども利益の大きい再輸出品であった。

当初は、カリブ海の西インド諸島で生産した砂糖もドイツやフランスに再輸出していたのだが、次第にこれは国内消費でほとんど消えてしまうようになり、再輸出品目には上がってこなくなる。

さらに、植民地との関係で見逃せないのは、貿易の増加に伴い、イギリスが物流を押さえるための、独自の商船隊をどのようにして建造したのかということである。

オランダの場合はバルト海貿易で、造船資材を調達したが、イギリスの場合は、これを自国で行った。自国といってもイギリス本国ではない。植民地である北米で木材の調達から造船まで行ったのである。こうした植民地での造船は、物流のコストダウンにつながり、さらに大きな利益をもたらすことになった。

大西洋貿易の利権を決定づけた七年戦争

スペインとイギリスの国力を比べた場合、経済力の面では十七世紀のイギリス革命前にはイギリスはすでにスペインを超えたといっていいだろう。これはイギリスの新毛織物の輸出が、この時期に急激に伸びてくるからである。軍事力については、スペイン継承戦争において、イギリスが勝利を収めたことから、十八世紀初頭にはスペインを超えたと見て間違いないだろう。

とはいえ、十八世紀半ばぐらいまでは、両国の力はまだせめぎ合っていた段階だと考えられる。この時期のイギリスは、北米植民地を中心とした新たな帝国を築きつつある時期で、対するスペインは中南米の植民地を中心とした旧帝国としての力をまだ保持していたからだ。そう

図15　18世紀のイギリス貿易

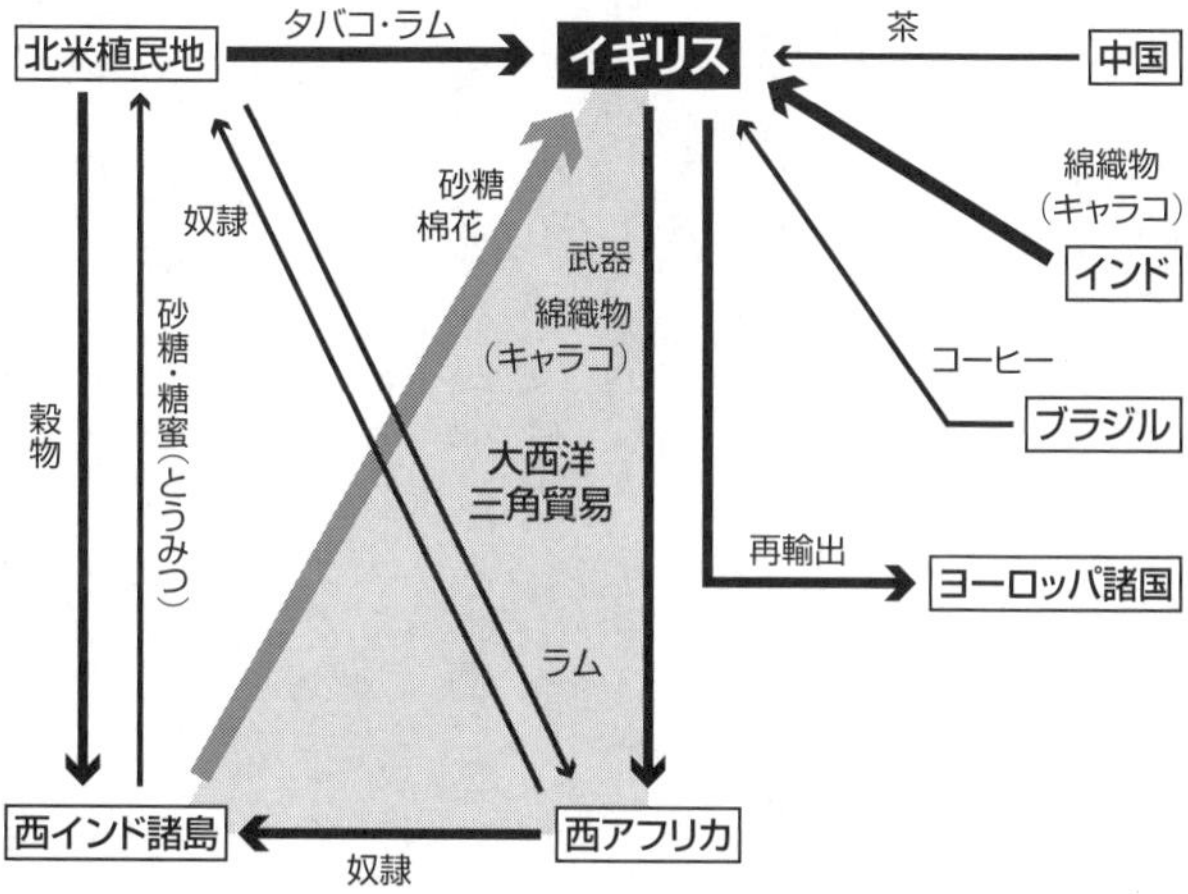

いう意味では、この時期の大西洋は、イギリス新帝国とスペイン旧帝国というふたつの帝国がせめぎ合う舞台になっていたといえる。

そうした中、イギリスが大西洋世界を押さえる契機となったのが、「七年戦争（一七五六～一七六三）」であった。

十八世紀前半からイギリスは大西洋貿易に力を入れており、七年戦争の前から、断続的に戦争をしていたが、それらは「重商主義戦争」といわれる。

したがって、七年戦争で大きく変わったのではなく、いくつもの戦争を繰り返す過程において、大西洋世界の貿易、及びネットワークの重要性というものが高まっていき、ついに大西洋からスペイン、フランスを一気に押し出し、イギリスの有利を決定づけたのが、七年戦争だったと見ることができる。

　七年戦争に伴うフレンチ＝インディアン戦争では、イギリスは終始優位に戦局を展開し、仏領カリブ海植民地（西インド諸島）やセネガル、及びスペイン領フロリダを占領。さらに、最終的には一七六三年のパリ条約で、フランスからカナダとミシシッピ以東のルイジアナを獲得し、北米大陸からフランス勢力を駆逐することに成功している。

　またこの時期のイギリスは、南アジアにおいても、プラッシーの戦い（一七五七）で勝利を収め、後のインド植民地支配の基礎を築いている。このことからもわかるように、イギリスにはアジアの物産（この頃はすでに香辛料よりも綿織物が主力商品となっていたが）も、東インド会社を通じて継続的に入ってきており、そのことは、後に触れるが、大西洋貿易の発展に結びついていた。

　大西洋貿易というと、西アフリカから西インド諸島（カリブ海）のプランテーションに、労働力としての黒人奴隷を運び、奴隷制プランテーションによって栽培された砂糖や棉花をイギリスに運ぶという「大西洋三角貿易」が有名である。

　しかし、実際にイギリスが構築していた三角貿易はこの他にふたつ存在していた。

　それは、「イギリス＝北米植民地＝西インド諸島」を結ぶ三角形と、「イギリス＝アイルランド＝西インド諸島」を結ぶ三角形であった。

もちろんこの三つの三角貿易の中で、最も商業革命を牽引したのは「大西洋三角貿易」であった。そして、この大西洋三角貿易において、基軸を成したのが悪名高き奴隷貿易であることも事実である。

奴隷貿易の驚くべき実態

イギリスの奴隷貿易に関しては、これまでも非常に多くの研究がなされてきたが、グローバルヒストリーの視点から新たに見えてきたこともあるので、少し述べておきたいと思う。

イギリスの奴隷貿易は十七世紀中頃から本格的に行われているが、一八〇七年の奴隷貿易廃止までの間に、大きく三つの拡張期があったとされている。

第一期は、一六五〇年から一六八三年で、この間は主に王立アフリカ会社に代表される特許会社の独占権が認められていた。イギリスはこの奴隷貿易でかなりの利益を上げるが、奴隷貿易全体を見ると、十七世紀はポルトガルとオランダの商人が中心で、イギリスの規模は総数からいうとまだ少なかった。

イギリスにおける独占権は一六九八年に廃止され、一七〇八年から一七二五年に至る第二期の奴隷貿易は自由化のもと拡大していく。

だが、イングランドの奴隷貿易が最も大きな伸びを見せるのは、一七四六年から一七七一年

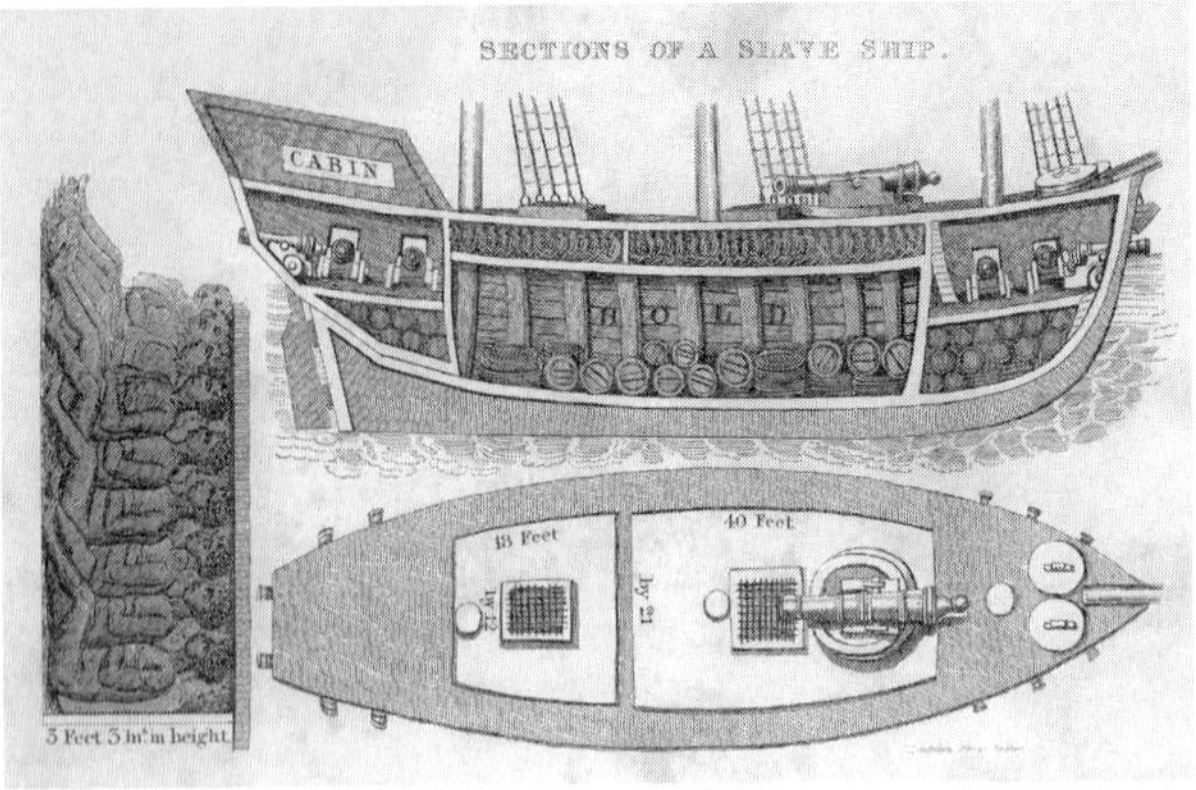

奴隷船。特に大西洋奴隷貿易において、アフリカで購入された奴隷が南北アメリカに運ばれる際に使用された。

の第三期、十八世紀半ば以降である。

イギリス・ヨーロッパへの輸出商品である砂糖を生産する労働力として、西アフリカから運ばれた黒人奴隷の輸送は過酷なものであった。黒人奴隷は「商品」として扱われ、奴隷運搬船は、少しでも多くの「商品」を詰め込むため常にすし詰め状態で、衛生環境も劣悪、そのため輸送途中で命を落とす黒人は少なくなかった。

ある研究データによれば、一六六二年から奴隷貿易が廃止される一八〇七年までの間のイギリス船では、約四五万人が輸送途中で死亡し、その死亡率は一三・二％にも及んだとしている。

では、イギリスによる奴隷貿易は、奴隷貿易全体のどのくらいを占めていたのだろう。かつて奴隷貿易の総数は、アメリカの奴隷貿易研究の第一人者P・カーティンによって約一〇〇〇万人とされていた。しかし、近年のより詳細な研究によって、その数は一二五〇万人に修正されている。そして、イギリス船が一六六二年から一八〇七年までに運搬した奴隷の数は、D・リチャードソンによって三四〇万人強と推定されているので、イギリスは全奴隷貿易の約四分の一を担ったことになる。

奴隷貿易の利潤は高く、リチャードソンによると平均利潤率は八〜一〇%に及んだという。儲かる商売には、多くの競合が生まれる。その結果、黒人奴隷の供給源となった西アフリカでは、現地のバイヤーがつける奴隷の値がつり上げられ、商人たちは相応の対価を支払わなければ奴隷を安定確保することが難しくなっていった。

特にイギリスでは、七年戦争前後は、アフリカで人気の高かったインドの綿製品が不足しており、奴隷を確保するために、イギリス東インド会社は、現地インドの商館にアフリカ向けの綿織物を多く調達するよう要請している。

つまり、大西洋三角貿易は、「イギリス＝西アフリカ＝西インド諸島」という三角形で完全に完結していたわけではなく、実際には東インドとの貿易とも密接に結びつくことで、大きな利益を生み出していたのである。

ここで重要なのは、生産地である植民地と、本国のロンドンやリヴァプール、ブリストルといった貿易港が直接つながっていたということである。当時こうした大きなリンク、いわゆる

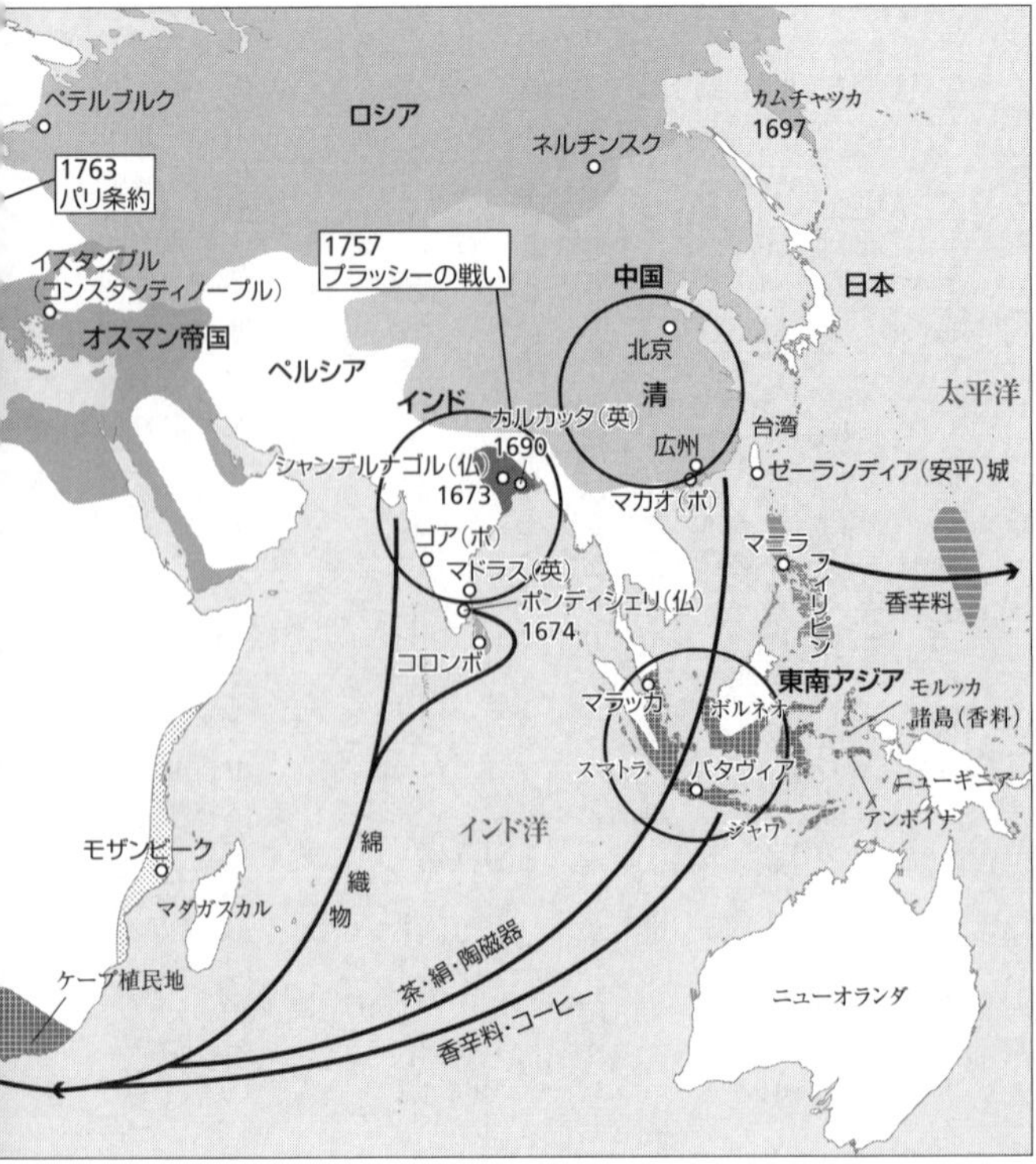

参考：『ニューステージ世界史詳覧』（浜島書店）

図16　1770年代の世界貿易

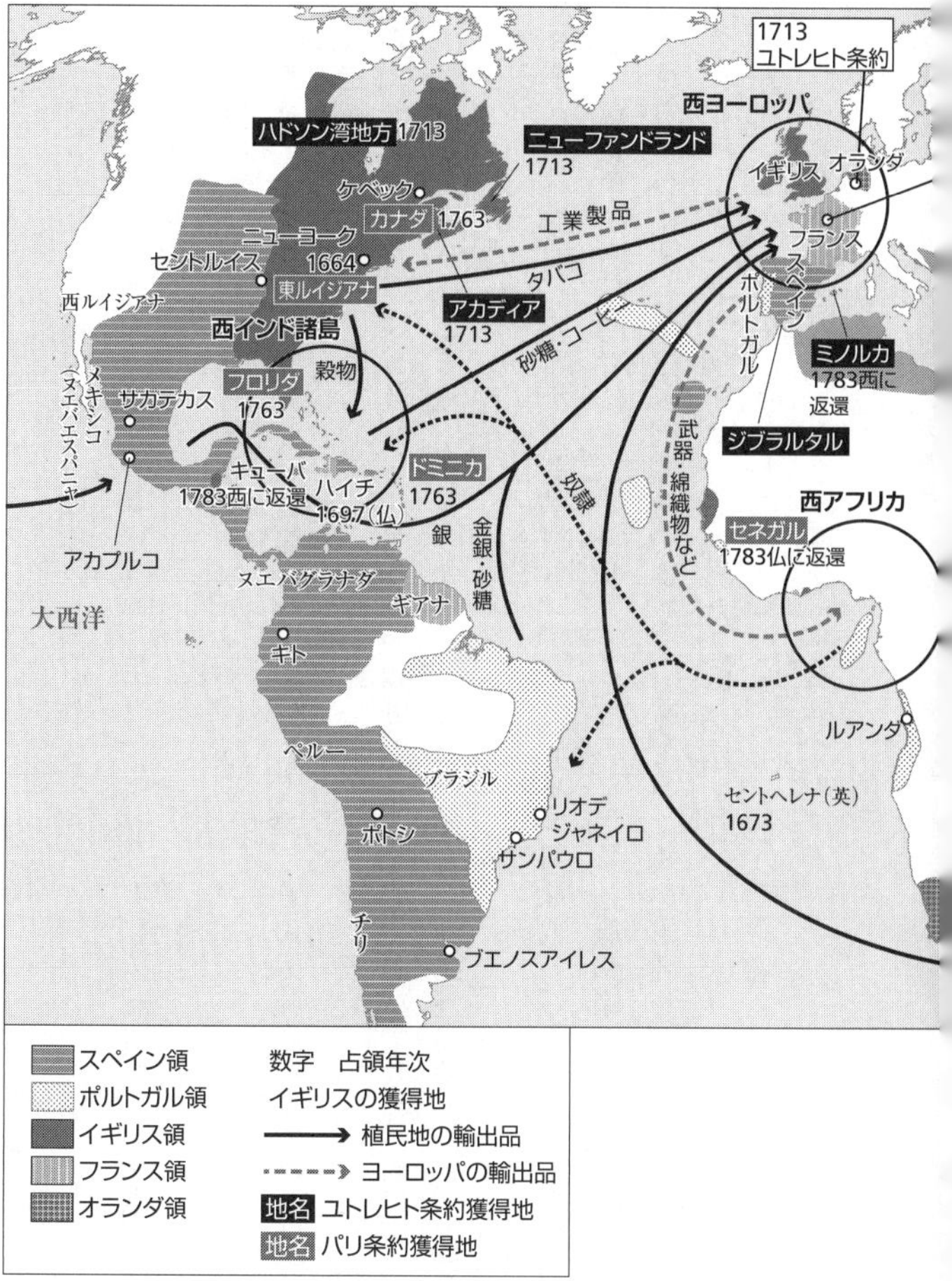

「グローバルなネットワークの形成」に成功したのはイギリスだけであり、そのことが他の国と大きな差をつける決定的な要因になったということである。

では、他国にはできなかったグローバル・ネットワークの構築に、なぜイギリスは成功したのか。

これはひと言でいうなら「重商主義戦争のおかげ」である。

十八世紀のイギリスは、オランダと同君連合を組んだことで、その大陸政策を大きく変化させることができたのだ。

この時期のヨーロッパ大陸は、フランスがルイ十四世のもとその力を拡大していた。イギリスは、そうした中で大陸のことに関与するのは得策ではないと考え、海外に植民地を広げることに力を注いだのである。

もちろんヨーロッパでは、スペイン継承戦争、オーストリア継承戦争、そして七年戦争と、いわゆる重商主義戦争が断続的に続き、イギリスもこうした戦争と無関係ではいられないのだが、大陸における争いに関しては、同盟国であるプロイセン（後のドイツ帝国）や、プロイセンと提携するデンマーク、スウェーデンといった北欧諸国に任せ、イギリスは北米やインド、東南アジア、あるいは南アフリカのケープといった海の向こうの植民地で、敵対するフランス、スペインと戦い、勢力範囲を広げることに専念したのである。

これには戦術上のメリットもあった。

なぜならイギリスが最も重要視した同盟国プロイセンは、陸軍が圧倒的に強く、イギリスは海軍力に秀でていたからである。お互いが得意分野を担うことで、補完関係ができあがったということだ。

こうしてイギリスは、自分たちが得意な海を通じて勢力範囲を広げていく政策、「ブルーウォーター・ストラテジー（blue water strategy）」といわれる海洋戦略へ明確に舵を切っていくのである。

しかし、それができたのは、やはりオランダとの同君連合に続き、ハノーヴァー選帝侯でもあるジョージ一世から始まるハノーヴァー朝が確立していたことが大きいといえるだろう。

こうして経済的には「大西洋三角貿易」を柱とするグローバル・ネットワークの構築を成し遂げ、戦争としては七年戦争の勝利によって、イギリスの第一次帝国は完成する。

このときのイギリス国王はジョージ三世（在位一七六〇～一八二〇）だが、彼の治世は、イギリス帝国の大きな転換期となっていく。

イギリスは七年戦争の勝利によって、北米からフランスを駆逐し、広大な植民地を手に入れる。しかしその結果、北米に大量の軍隊（陸軍兵力）を駐屯させざるを得なくなり、防衛費も拡大した。

拡大した植民地の防衛費を賄うために、現地に徴税（茶条令、タウンゼント諸条令）を課すが、それが結果的にアメリカ独立の導火線となっていくからだ。

つまり、財政軍事国家として成功し、領土を拡大したが、その成功が逆に植民地アメリカの独立を誘発するという皮肉な結果を招くことになっていくのである。

第4章　イギリスの「長い十八世紀」〈後半〉

――第二次帝国／大西洋からアジアへ

イギリス帝国発展の素地

イギリスにとって、十八世紀はどのような時代だったのか。

これはイギリスを帝国として捉えるのか、あるいはヨーロッパの連合王国として捉えるのかによって違ってくる。「イギリス帝国」と考えた場合、十八世紀はイギリスにとって「十九世紀の覇権を準備する助走期」だったといえるだろう。

イギリス帝国が大西洋世界で覇を唱えたのは、長い十八世紀の前半、とりわけ一七七〇年代から、アメリカ独立までの間である。

ここでポイントとなるのが、十八世紀の前半にイギリス帝国が、大西洋を中心とした帝国の形成にいち早く成功したということだ。これに関しては、経済大国であったオランダを追い抜き、軍事大国であったフランスも追いつけなかった。

では、オランダにもフランスにもできなかったことを、なぜイギリスはできたのか。

もちろん前章で述べたように、財政軍事国家として成功したからなのだが、そのカギといえるのが、重商主義の旗を掲げ、海外貿易に専念した商人の存在であったことは見逃せない。

貿易商の中でも特に海外貿易商は、ジェントルマンに準ずるような社会層として、エリート層に食い込んでいくだけの力を持っていた。

イギリスの伝統的な支配層は大土地所有者、いわゆる土地貴族だが、この時期の海外貿易商は、そうした権力と半ば一体化した非常に地位の高い「疑似ジェントルマン」として影響力を行使できるような立場にまでなっていたということだ。

これは明確に三身分に区切られていたフランスとは、大きく違うところである。最近の研究では、フランスでも貴族と平民身分の上層部には従来考えられていたよりずっと交流があったといわれているが、イギリスの場合、両者の関係はフランスのそれよりさらにオープンで、社会的な実力を持った商人層が上昇転化できる素地があった。こうしたことがイギリスの上昇を支えていく国内的な要因としては大きかったといえる。

では、イギリスのエリート層は、具体的にどこでノン・ジェントルマンの人々とつながったのか。

イギリスにおける両者のつながりは、意外と古く、テューダー朝（一四八五～一六〇三）の頃から見られていた。

エリートの持つ「ジェントルマン的価値観」は、基本的に大土地所有によって支えられている。土地所有によって得られる地代という莫大な不労所得、それによって維持されるエリートとしての生活様式。その生活様式を精神的な部分で支えていたのが、いわゆるオクスフォード、ケンブリッジに代表されるようなジェントルマンを養成する独自の教育システムであった。さらに、その教育のベースとなっていたのは、ギリシャ・ローマから続く人文主義教育であった。イギリス社会のエリートは、そうした社会的な価値体系のもとで、再生産され続けてきたのである。

　だがそれと同時に、貴族ではないが、准男爵（バロネット）ともいわれる地方の名望家ジェントリーの存在があり、その影響力は、中世の末期から経済の発展とともに拡大し続けていたのである。

　イギリスでは十七世紀の名誉革命を通じて社会が再編される中、社会構造としてのジェントルマン支配が国内に定着していくのだが、このとき貴族とジェントリー層がある程度一体化して、イギリス特有の支配層が形成されていく。その中に実力を持って台頭してきた大商人や金融資本家といった人々も入っていた、ということである。

　最初は土地を持たない産業資本家らはエリート層の人々から排除されていたのだが、やがてそうした人々も取り込んでいくような柔軟性を、イギリスのジェントルマン層、及びエリートによる政治社会支配システムは持っていた。

　こうして、現行の社会に不満を持っている人たちや、野望を抱き、社会的上昇を目指す人たちが、エリート集団に吸収されていったことで、結果的には、伝統的なエリート層による支配の安定性が高まるとともに、上層部の価値観が中産層に広がることにつながり、イギリス全体の上昇転化を支えることになった。

なぜなら、イギリスの議会は基本的に名望家の集まりだからだ。つまり、国内に利害対立が生じても、議会がそれらを一気に吸い上げて調整する機関として機能したということだ。

実際、十八世紀末のフランス革命を筆頭に、ヨーロッパでは十九世紀になると一八四八年革命と呼ばれる革命の嵐が吹き荒れ、さまざまな変革を余儀なくされるのだが、イギリスでは名誉革命以降、多少の暴動はあっても「革命」は起きていない。

こうした国内の安定が、イギリスの帝国化を支える基盤となったのである。

第一次帝国から第二次帝国へ

イギリスはいつから「帝国」といえるのか。

帝国を「公式の植民地を持った、本国とのつながり」と捉えるのであれば、イギリスは十七世紀から北米にいくつかの植民地を持っているので、実質的にはそこから帝国は形成され始めたといえる。だが、公式文書でイギリスの国王を皇帝と言ったのはいつかというと、インドを植民地支配して以降、つまり十九世紀に入ってからである。

イギリスの公文書において正式に「女帝／Empress（エンプレス）」という言葉が出てくるのは、ヴィクトリア女王（在位一八三七〜一九〇一）が一八七七年にインド女帝宣言をして以

ヴィクトリア女王。イギリス帝国最盛期の女王。その治世はヴィクトリア時代といわれ、1877年からインド女帝も兼ねた。

降である。このときイギリスは「国王称号法」を定めて、「女王／Queen」から「女帝」を名乗り掲げるようになった。

　とはいえ、やはり事実上は、イギリスは十七世紀から十八世紀前半にかけて、大西洋を挟んだ北米と西インド諸島における植民地支配を行ったことで「帝国」となったといっていいだろう。

　このイギリス帝国は、その内容から大きくふたつに分けて考えることができる。

　ひとつ目は、十八世紀前半から半ばに完成する大西洋を挟んだ新大陸の植民地支配を中心とする「第一次帝国」。ふたつ目は、後のインド、当時の言葉でいうと東インド（East Indies）における貿易活動と領土支配を中心とした「第二次帝国」である。

　第一次、第二次帝国の違いは、大きくふたつある。ひとつは北米の新大陸という広大な植民地支配を中心とする帝国から、アメリカの独立によって広大な領土は失ったが、逆に影響力の及ぶ範囲を世界中に広げたこと。もうひとつは、帝国の中心となる地域が、西から東に大きくシフトしたことである。

ここで重要なのが、北米植民地を失ったといっても、それでアメリカとの関係が切れたわけではないということだ。独立後のアメリカとイギリスとの貿易・経済関係は、独立によって切れるどころか、逆に強化されているのだ。

アメリカは、主権国家として独立したことで「公式の植民地」ではなくなった。だが、経済的な影響力は依然としてイギリスが持ち続けていた。なぜなら独立は達成したものの、アメリカ内部では対立が続いていたし、奴隷制の問題もあり、政府がまとまっていなかったからである。そうした中で、イギリスの影響力は逆に強まっていくことになった。

つまり、事実上アメリカ合衆国は、南北戦争まではイギリスの非公式な植民地状態が続いていたと考えていい。これはイギリスにとって、結果的に好都合だったといえる。

なぜなら、それまで植民地統治にかかっていた莫大なコストが必要なくなったからである。しかも、経済関係は続き、むしろ貿易量は増えているのだから、実際の利益は貿易黒字以上に得られたことになる。

独立させて経費を削減しながら、一番うまみのある経済関係はずっと維持していく。

そうなると、イギリス本国から見ると、これは非常に安上がりな運営方法ではないか、ということになったのだろう。実際、これと同じようなことが、カナダなどの自治植民地でも行われていくことになる。

こうした解釈を嫌うアメリカ史の研究者はとても多い。彼らはアメリカの完全な「独立」を強く主張するが、残念ながら少なくとも十九世紀半ばの南北戦争までは、実態としては「非公式植民地」のような状況が続く。

そして、こうした状況を、最近の研究では、事実上のイギリスの影響力が及ぶ範囲ということで、英語で「インフォーマル・エンパイア／informal empire」という。非公式の影響下に置かれた地域ということだ。

植民地アメリカが果たした役割

これは単に経済面における市場として、アメリカが残ったということではない。もちろん最も大きいのは貿易関係だが、そこにはもっと密接な関係があった。そのひとつが移民という形で大規模に行われ続けた「ヒトの移動」である。

本国イギリスから植民地アメリカへの「ヒト」の動きにはいくつかのパターンがある。

ひとつは自らの意思で渡った「自由移民」と、契約のもと一定の拘束を課せられた「年季奉公人」、そしてもうひとつ、本国で罪を犯した者が「海外流刑」に処せられるケースである。

自由移民とは、北部のニューイングランドに向かったピューリタンや、中部のペンシルヴェニアに渡ったクウェーカーなどで、宗教的な理由で新大陸に渡った者が多い。一六二〇年に国教会を強制されたことでイギリスを逃れたピューリタンが、メイフラワー号でアメリカに渡ったのはその典型といえる。植民地プリマスを建設した彼らは「ピルグリム＝ファーザーズ／Pilgrim Fathers」と呼ばれる。

　年季奉公人の多くは、イギリス本国で下層貧民に属する者で、中でも最大の割合を占めていたのが、「ライフサイクル・サーヴァント」と呼ばれる人々であった。

「サーヴァント（servant）」とは、イギリスにおいて、世帯の従属的なメンバーとして扱われていた住み込みの使用人のことだが、近世イギリスでは多くの人間が十代から二十代にかけてサーヴァントを経験した。彼らは生涯その身分に留まったわけではなく、人生における通過ステイタスとしてサーヴァントを経験したことから、人口研究史において「ライフサイクル・サーヴァント」と呼ばれた。

　彼らの仕事の中核は、農家に住み込んで一年単位の雇用契約で農作業に従事した農業サーヴァントと、商人や職人のもとで働いた徒弟であったが、やがて年季奉公人として北米に渡るという選択肢がそれに加わるようになっていった。

　また、川北稔の『民衆の大英帝国——近世イギリス社会とアメリカ移民』（岩波書店）によれば、ライフサイクル・サーヴァントは、結婚を通じて新たな家族を形成することで、近代的な賃金労働者になる者がいた一方で、失業し、浮浪者となり、最終的に犯罪者になったり、女性の場合は、私生児の出産と捨て子に至る社会的な転落の道をたどる者もいた。十八世紀のイギリスでは、そうしたさまざまな岐路に立たされていた貧民の生き方として、失業、浮浪、物乞い、売春、窃盗、また軍隊への入隊など、さまざまな道があり、その中のひとつに「年季奉公人として海外に渡る」という道が定着していたのである。

三つ目の海外流刑は、当時は、現代人が考える以上に数多く行われていた。

当時は、軽微な窃盗であっても、犯罪を犯した者は海外流刑に処せられるのが、一般的であったからだ。事実、一七一八年に囚人移送法が施行されて以降、アメリカが独立する直前の一七七五年までに植民地に送られた犯罪者の数は、五万人を超えていたと推計されている。そして、北米に送られた彼らは、一種の年季奉公人としてプランターに売られたのである。つまり、前者のライフサイクル・サーヴァントから年季奉公人になった者が「任意の年季奉公人」だとすれば、海外流刑に処せられた者たちは「強制的な年季奉公人」だったといえる。

このように見ていくと、本国にとって北米植民地は、国内の社会問題を解決する処理場であったことがわかる。任意の年季奉公人であっても、そのまま本国にいれば、社会問題を起こす危険性が高い者たちだったのだから、北米植民地は、彼らにとっては開放的な救貧院として、犯罪者にとっては刑務所として、それぞれ機能したということだ。

つまりイギリス本国は、社会問題を起こす可能性の高い「ヒト」、及び社会問題を起こした「ヒト」をできるだけ植民地に「輸出」することで社会の諸矛盾を解決しようと試みたのである。

アメリカ独立後は、さすがに海外流刑地としてのヒトの移動は行われなくなるが、自由移民の受け入れは積極的に行われ続け、数多くのイギリス人がアメリカに渡っている。

西インド諸島の植民地と北米植民地の相違点

「ヒト（移民）」が動くと、当然ながら「モノ（貿易）」が動く。

年季奉公人の増加に伴い、北米植民地は、本国で生産されたさまざまな生活必需品である、イギリス雑工業製品の最大の輸出市場になった。

いち早く砂糖プランテーションを展開した西インド諸島の植民地ではあまり伸びなかったイギリス雑工業製品の消費が、北米植民地で大きく伸びたのは、植民地の広さの問題だけではなかった。

十七世紀、イギリス革命下のクロムウェル政権の際、獲得された西インド諸島のジャマイカでは、徹底した砂糖の単一栽培（モノカルチャー）が行われ、大規模プランテーションが展開された。

砂糖プランテーション。ブラジル、西インド諸島などで西アフリカからの黒人奴隷を労働力として使用し、砂糖の生産に特化して行われた大農園。

ここでは短期間に効率よく粗糖（原料糖）を生産するため、サトウキビの栽培から、刈り入れ、搾汁、蒸留・結晶化までの過程が、厳格に時間管理された。そして、それを可能にしたのが、熟練の労働者と未熟な黒人奴隷が効率的に作業をこなせるよう、管理された労働のシステム化であった。つまり、西インド諸島の砂糖大規模プランテーションでは、産業革命以前から、時間と労働の近代的な管理が実現していたのである。

こうした大規模プランテーションで生産された粗糖は、ロンドン商人を中心とする委託代理商制度と手形決済制度によって、そのほとんどがイギリス本国に送られ、砂糖プランターに巨額の富をもたらした。

この大規模プランテーションにおける近代的な時間・労働管理の実現と、それによってもたらされた巨額の富が、西インド諸島における砂糖プランターの不在化を促すことになる。

理由はふたつ。ひとつは、イギリス出身のプランターが、熱帯地方の高温多湿な気候になじめなかったこと。もうひとつは、子供の教育問題である。現地のプランテーションで近代的労働管理システムができあがったことで、プランテーション経営を代理人に任せることが可能となり、もたらされた富は、彼らの子弟に本国で伝統的なエリート教育を受けさせる資金となった。

こうして砂糖プランターは、その富を活用して本国で裕福な疑似ジェントルマンとして上流社会に食い込んでいった。やがて西インド諸島の砂糖プランターたちは、イギリス帝国の政策にも大きな影響力を持つ存在となっていったのである。

不在地主化が進んだことで、砂糖プランターの所得はそっくり本国に移送されることになり、その結果、現地に富が残らなかった。だから、西インド諸島は、イギリス製品の輸出市場としては発展しなかったのである。

これに対し、北米植民地で富を生み出したタバコの生産を担っていたのは、小規模プランターであった。

タバコ栽培では、なぜ砂糖のような大規模プランテーションが行われなかったのか。

それは、輸出商品の性格の違いに起因している。

砂糖は十七世紀半ばから十八世紀半ばまでの約一世紀の間に、イギリス国内での消費量が約二〇倍にも増え、イギリス本国の消費者にとって生活必需品となっていた。さらに砂糖は、保護関税と航海法体制に守られたことに加え、本国で疑似ジェントルマンとなっていた砂糖プランターや販売に関わる利害関係者が、その政治的影響力をフルに行使して砂糖の高価格を人為的に維持することに成功していた。

それに対しタバコは、十七世紀初頭に世界的ブームが起きていたものの、タバコ嫌いのジェームズ一世（在位一六〇三〜一六二五）が高い関税をかけたこともあり、国内需要が砂糖に比べると極めて低かった。そのため北米植民地で生産されたタバコは、高品質であったが、安価な未加工の乾燥葉の状態で本国に輸入され、本国で加工された後、そのほとんどがヨーロッパ諸国に再輸出されていた。

北米植民地産のタバコは、西インド諸島産の砂糖よりも国際競争力は高かったが、国際市場で価格競争にさらされ、収益が砂糖ほどは得られなかった。その上、現地のタバコプランターは国際市場価格の何分の一という安値でタバコの葉を本国に輸出していたため、その利益はさらに縮小されることになった。

こうした理由から、タバコプランターの多くは、砂糖プランターのような巨富を得ることができず、現地に留まることになったのである。

加えて、タバコプランテーションは砂糖のようにその労働をシステム化することも難しかった。

なぜなら、タバコ栽培は手間がかかる上、植物の性質上連作ができず、常に新しい土地を開墾し続けなければならないという過酷な労働が強いられたからである。

北米タバコプランテーション初期の十七世紀には、生産コスト削減のため、安価な労働力として白人の年季奉公人が使用されていたが、過酷な労働ゆえ、年季が済んだ後も現地に留まり熟練労働者となる者はほとんどいなかった。

そして、十七世紀末になると、イギリス本国の経済成長が始まったこともあり、わざわざ過酷な労働をする白人年季奉公人はほとんどいなくなってしまう。

その結果、十七世紀末から十八世紀初頭にかけて、タバコプランテーションでも黒人奴隷が大量に導入されることになるのだった。

このような理由から、砂糖プランターに比べれば利幅は少なかったが、小規模のタバコプランターたちも、現地ではそれなりに豊かな生活をすることができた。その現地での生活必需品となったのが、本国から輸入される雑工業製品だったのだ。

こうして、国際市場では競争力を持てなかったイギリスの雑工業製品は、北米植民地という一大市場を獲得することができたのである。

ちなみに、当初黒人奴隷はアフリカ大陸から大量に輸入されたが、一七二〇年代以降は、現地での黒人奴隷の自然増によって支えられていくことになる。このアメリカで生まれ育った黒人（アフロ・アメリカン）の増加が、やがてアメリカにおける黒人社会の形成につながり、十九世紀以降の人種問題、南北戦争の遠因となっていくのである。

アメリカはなぜイギリスから独立したのか

アメリカの独立を考える上で、ターニング・ポイントとなるのは、やはり一七五六年から一七六三年にかけての「七年戦争」における植民地での戦い「フレンチ＝インディアン戦争」の勝利だろう。

イギリスは、一七六三年のパリ条約において、フランスからカナダとミシシッピ川以東のルイジアナを獲得し、北米大陸からフランスを駆逐することに成功している。これにより北米植民地は、すべてイギリスのものとなった。

しかし、戦争に勝利したとはいえ、その戦費は多額の赤字国債の発行で賄われたため、イギリスは一億三〇〇〇万ポンドもの巨額な負債を背負うことになる。さらに、拡大した領土を防衛するためには、新たに一万人もの駐屯軍が必要になり、その維持費も大きな負担となった。

こうした巨額の財政赤字を賄うため、イギリス本国では増税が行われたが、本国だけでは足らず、北米植民地でも新たな課税が次々と行われることになる。だが、こうした増税こそがアメリカ独立戦争勃発の大きな要因になるのだから、なんとも皮肉な話である。

一七六五年、イギリスは北米植民地に対し、それまでの法律・商業関連の文書に加え、新聞や書籍など、すべての印刷物に本国発行の印紙を貼ることを義務づけた「印紙税」を導入する。これに対し、ヴァージニア植民地議会において、パトリック・ヘンリーが「代表なくして課税なし」と主張し、本国と同等の権利を植民地が主張し激しく反対したことは有名である。その結果、印紙税は半年ほどで撤廃せざるを得なくなる。

それでもなんとかして財政改善を目指す本国は、一七六七年当時の大蔵卿の名を取って「タウンゼント法」と総称される四つの法律によって、植民地で使用されるガラス、鉛、ペンキ、紙、茶などにさらなる課税を試みた。

しかしこれも、植民地が本国製品のボイコットという対抗策に出たために、一七七〇年には茶税を除き課税を廃止せざるを得なくなる。

この残った茶税に対抗するため、植民地はオランダから茶を密輸するようになると、一七七三年、イギリス政府はさらに「茶法」を制定し、当時経営難に陥っていた東インド会社を救済する目的もあって、東インド会社が仲買人を介さず植民地で安価に茶を直売する許可を与えた。

これは事実上の東インド会社による茶の独占販売であった。そして、この茶法の施行が、植民地で激しい反対運動を引き起こし、有名なボストン茶会事件を引き起こし、北米植民地は一気にアメリカ独立革命へと突き進んでいくことになるのである。

ボストン茶会事件。1773年、アメリカ独立革命の発端となった事件。ボストン港に停泊中の東インド会社の船を襲い、積んであった茶箱を海に投げ捨てた。

だが、ここで興味深いのは、イギリス政府は北米植民地に対し、なぜこれほど強圧的な態度を取り続けたのか、ということである。

その原因は、先に触れた西インド諸島植民地と北米植民地の違いにあった。西インド諸島のプランターたちは、不在地主として本国の議会に強い影響力を持っていたが、北米植民地のプランターたちは規模が小さい上に現地に留まっていたため、大陸の利害が本国議会にはほとんど反映されなかった。こうした植民地と本国の関係性の違いが、強圧的諸法の施行につながり、現地での不満が最終的にアメリカ独立革命を招いたのである。

だが、こうした「革命」への一連の流れは、実はこの後、一七八九年に起きるフランス革命も全く同じであった。

フランス革命がなぜあの時期に勃発したのかとい

うと、アメリカ独立革命のとき、フランスがアメリカに肩入れし、支援する形で軍事支出が著しく増大したからだったのだ。

　この時期のフランス財政は、もともと度重なる対外戦争によってかなり深刻な状態にあったのだが、そこにアメリカ独立戦争での戦費が重なったことで、破綻の一歩手前まで追い詰められてしまったのだった。この状況を収めるため、フランスでは、それまで存在してはいたが、百七十年以上も無視されてきた「三部会」の開催を余儀なくされる。三部会開催の目的は、賄い切れなくなった財政上の負担を貴族にも課すことを認めさせることであった。

　しかし、三部会は採決の方法をめぐって対立が生じ、審議すら行われず、身分間の対立をさらに深め、フランスは革命へと突き進んでいくことになるのである。

保護貿易から自由貿易へ

　十八世紀、イギリスは財政軍事国家として一旦は成功した。これは間違いない事実である。七年戦争でフランスから植民地を奪い取り、世界最大の領土を獲得し、帝国はこれで安泰、のはずであった。

　しかし、その後のイギリスは財政難に苦しみ、わずか十数年後にはアメリカが政治的に主権国家として独立しようとして帝国内は戦闘状態に陥ってしまう。本国イギリスは、当初はそれを力で抑えようとして、莫大な戦費を投入する。

だが、戦況は思うようには好転せず、軍拡競争の成功者であったはずのイギリスは、アメリカ独立戦争によって財政的破綻に直面するような危機的状況に陥っていく。

アメリカ独立革命は、従来の一国史では、現地ブルジョア層の独立志向運動の成果だと解釈されてきた。もちろんそれも事実だが、グローバルヒストリーの立場でいうなら、アメリカの独立は、イギリスの「帝国スケールでの財政軍事国家の破綻」だったといえる。

一国史的な見方を取り払った上で当時の世界情勢を見ると、ヨーロッパ諸国は、どこも財政軍事国家路線を追求せざるを得ない状況に追い込まれていた。その中で、唯一の成功例といわれたイギリスだが、アメリカ独立戦争は、その後の展開を考えると、やはりイギリス帝国にとっては「失敗」と位置づけざるを得ない。

ただ、イギリスにとって幸いだったのは、この失敗が結果的に良い方向につながったということだ。一種の弁証法的な解釈だが、失敗が次の成功のもとを作ったということだ。

アメリカの独立がイギリスにとって好都合に転んだ最大の要因は、植民地支配に必要不可欠な経費、具体的にいうと莫大な防衛費が削減されたことである。

アメリカが独立したことで税収は減ったが、もともと重税を課したのも、かさむ植民地での防衛費を捻出することが目的だったので、防衛費を含む統治、及びさまざまな行政経費がすべてからなくなるのであれば、税収がなくなっても、そのほうが得であった。

その上、両国の経済関係は独立によってむしろ強化され、貿易差益は拡大しているのだ。

なぜイギリス帝国は、北米植民地という広大な領土を失っても、経済的なつながりは失わず、さらなる繁栄を築くことができたのか。

その要因は、アメリカ独立戦争以降、イギリス帝国の重心が西から東へシフトしていったことと、それに伴い、貿易政策も保護貿易から自由貿易へと変化していったことにある。これまではうまくいっていた帝国経営が失敗したということは、重商主義に基づく保護貿易がうまくいかなくなってきていたということでもあったからだ。

軍事力と官僚制で植民地を統治するというのが、重商主義の原点だが、そうしたやり方よりもむしろある程度現地に自治権を与えて、それを背後からコントロールしたほうが安上がりで、しかも植民地時代と同じような経済的利潤が得られるということを教訓として学んだということだ。

持ち出しが少なくなって、経済的な実利というのは逆に増える。

こうしたことが、実際にアメリカ独立戦争を戦い、北米植民地を手放したことで、はっきりわかったのである。

このことも自由貿易政策を大きく進めていく上では、大きな誘因になった。

北米を軍事力で抑えることに失敗した以上、同じやり方をそのまま続けることはできない。では、それに代わるもっと安上がりで、効率の良いやり方はないのか、という新たな視点が生まれたからだ。

重商主義というのは、国家が商業に強い権力を持って関わっていくということである。具体的には国家が貿易を行う商人を積極的に保護し、膨大な補助金を出して輸出の促進を行うということだ。

これには国家が貿易をコントロールし、その利益を財政に役立てることができるというメリットがあるが、同時にデメリットもあった。それは国家が関わると、非常にコストがかかるということである。

その典型が軍備の増強を余儀なくされることである。国家間で戦争が起きれば、当然軍備の増強が大きな課題となってくる。だが、これは本国の防衛に限ったことではない。貿易商船の保護はもちろん、植民地にも軍隊を配備し、防衛・治安維持等もすべて政府が行うことになるからだ。

ところが、アメリカ独立戦争に破れ、こうした経費が必要なくなったとき、それでも実態としての貿易関係や経済関係が続くという現実を見せつけられたことで、貿易も国家がコントロールする保護貿易よりも「自由貿易／フリートレード」のほうが良いのではないか、という考えに変わっていったのだった。

貿易において国家が退いた立場にあれば、つまり、現代用語でいうなら「民間の競争に任せて」いれば、貿易は国家間のしがらみから解放される。

実際問題として、戦時中であっても貿易は行われているのだから、民間に任せることが可能な状態であれば、そのほうが利益は大きくなる。

ここでいう「可能な状態」というのは、国内での産業がある程度成長し、国家が保護しなくても経済関係が十分貿易可能な段階に達している状態ということだが、十八世紀後半のイギリスは、それが民間の商人を中心にできあがっていた。

そうした状態において、国家が口出しすることは、余分な資源をそこに浪費してしまうことにつながる。

実際、重商主義の段階においても、国が前面に出て貿易をコントロールしていることは確かなのだが、同時に、国家とは別に、独立の論理で動いている商人集団も数多く存在していたのである。特に大西洋世界はそうした商人が多く育っており、むしろ国家が口を出さないほうが自分たちはうまくやれるのに、と不満を抱いていた商人集団が少なくなかった。

したがって、この時代の自由貿易へのシフトについては、思想的な面から論じられることが多いのだが、自由貿易の発展において最も重要なのは、現場で海外との通商に携わる商人たちの質と量、そして経験値であるといえる。

どうすればより儲かるのか、利潤を見極める商人の力量が育っていたかどうか、ということがポイントだということである。

アジアの優位性を取り込んだイギリス帝国

もうひとつ、十八世紀後半のイギリス帝国の発展を考えていく上で決定的に重要なのが、イギリス東インド会社が、この時期にアジア諸地域で勢力を着々と拡張していたということである。

もちろん、この時期のイギリス帝国の軸足は、まだ大西洋にある。だが、七年戦争にフランスが敗れたことで、インド亜大陸におけるムガル帝国の力が急激に衰え始め、その継承国としてマラータ同盟やマイソール王国など、いくつかの中小の王国が形成されていく中、イギリスはうまく立ち回り、これら継承国に対する影響力の拡大に成功しているのだ。つまり、この時期のイギリス帝国は、大西洋にベースを置きつつ、その大西洋帝国を補完する形でアジアへの進出を連動させていたのだ。

そう考えると、この段階でイギリスは、すでにグローバルなリンクをある程度完成させていたといえる。

図17 16〜18世紀のムガル帝国の変遷

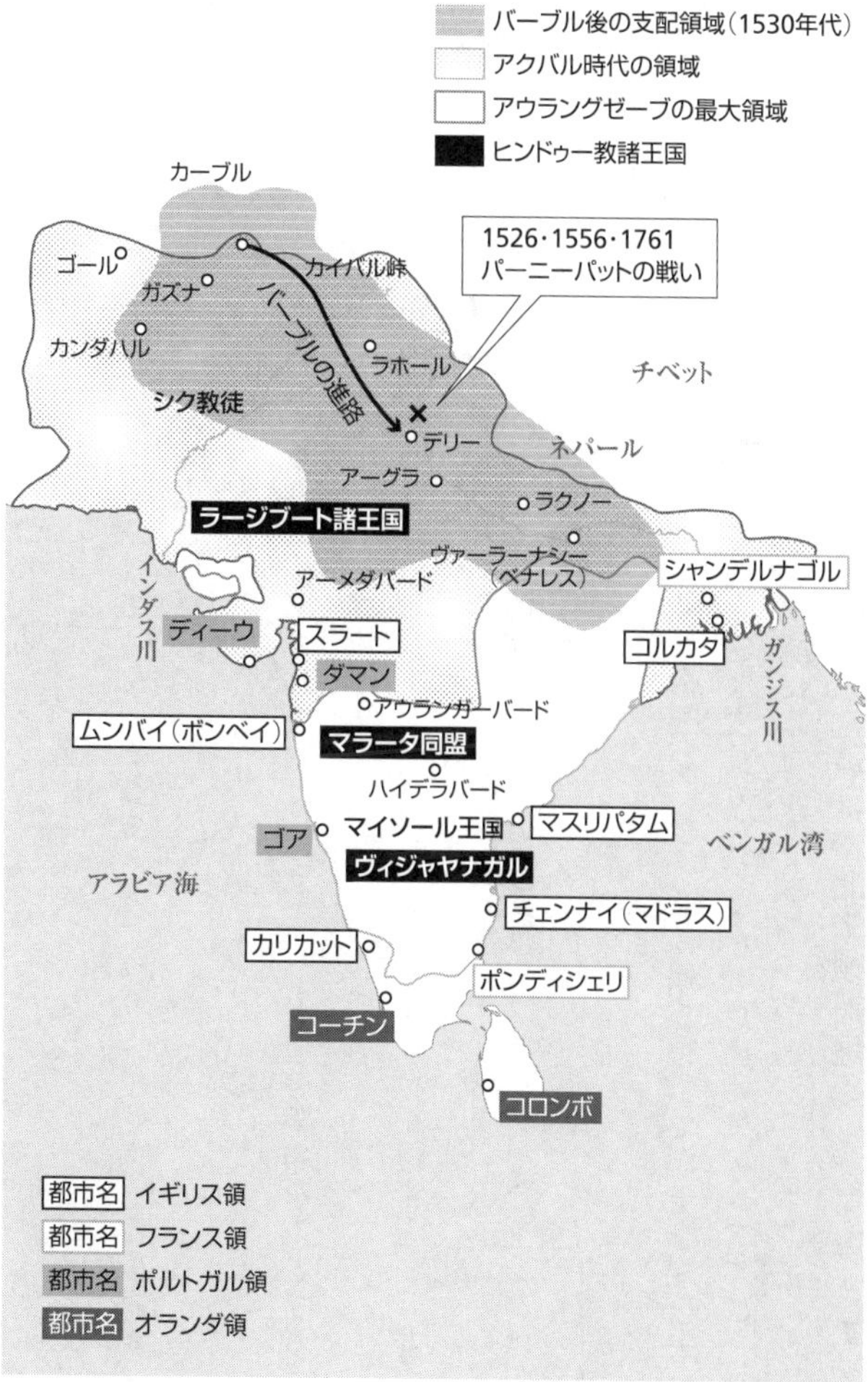

その典型が、インド産の綿布の動きに見ることができる。

当時インド産の綿布は、一旦本国のロンドンを経由してから、西アフリカにおける奴隷を獲得するための商品として「再輸出」されていた。そして、西アフリカで購入した奴隷が、独立前のアメリカや西インド諸島に輸出された。

通常「三角貿易」というと、「イギリス＝西アフリカ＝西インド諸島」を結ぶものといわれているが、イギリスから西アフリカに輸出されていた品は、インド産の綿布を主とする「再輸出品」だったということを見逃してはいけない。

つまりイギリスは、東と西をつなげるネットワークの構築に、十八世紀後半という非常に早い段階で成功していたということだ。

こうしたアジアを視野に入れた「世界貿易ルート」の構築は、フランスやオランダは未完でまだ不十分であった。アジアと多少の貿易はあったものの、それは「ルート」とは言いがたい限られたものであった。

このネットワークの存在こそが、イギリス帝国が、アメリカ独立戦争で領土支配を失い、大西洋側が弱体化したときに、それまで補完的な役割でしかなかった東側（アジア）に、スムーズに軸足をスイッチングしていくことを可能にしたのである。

つまり、イギリスが帝国として発展できたのは、北米植民地の「オルタナティブ／

alternative」つまり「代わり（代替）」となるものを、早い段階で準備していたことが非常に大きかったといえる。

グローバルヒストリーの研究が進んだことで、少なくとも十八世紀の半ばまでは、ケネス・ポメランツが『大分岐』で語ったように、アジアのほうがヨーロッパより有利なポジションにあったということが明らかになってきている。

そもそも、十六世紀になぜ「大航海時代」が始まったのかということを考えても、当時アジアのほうがヨーロッパよりはるかに豊かだったことがわかる。ヨーロッパ諸国は、アジアの豊かさに憧れ、その富を求めたからこそ、あえて危険を冒して大洋に乗り出していったのである。

事実、当時の外洋航海における致死率は五〇％を超えるといわれるほど危険なものであった。そうした危険を冒してまでインドや東南アジア、アフリカに出ていったのは、その豊かさをなんとしても取り込みたいと思ったからだ。

自分たちのほうが豊かだったら、出ていく必要はない。

そういう意味では、近世のヨーロッパ人には、「豊かなアジア、貧しいヨーロッパ」という感覚があったと考えるべきなのだ。

アジアにも、もちろん「十七世紀の全般的危機」はあった。その結果、中国では一六四四年、明朝が滅び、清朝へと王朝の交代が起きている。

だが、それに続く清朝の繁栄は凄まじく、人口は約百年間で一億から三億人にまで増え、領土も現在の中華人民共和国を超える版図を誇った。

同じ時期にインドではムガル帝国が繁栄し、西方アジアではオスマン帝国が十七世紀の最盛期ほどではないが、依然として力を誇っていた。

われわれは「帝国」と言ったとき、ともすれば西洋の帝国ばかりをイメージしがちだが、十八世紀までの世界の状況を見ると、大清帝国、ムガル帝国、オスマン帝国と、「帝国」は、むしろ世界の東側に偏在していたといっても過言ではない。そういう世界的なバランスというものも視野に入れて考えていくのが、グローバルヒストリーである。

この豊かなアジアに入っていき、そことの関係を通じて通商を拡大させることに最初に成功したのがイギリスであった。そして、この関係構築の役割を果たしたのが、東インド会社であった。

イギリスは、これを非常に巧みにやってのけたといえる。

アジアの帝国が強力な間は、それと正面からぶつかることをできるだけ避け、勢力が弱まった機を逃さず、影響力を巧みに拡張していく。

中国でいうとアヘン戦争が起こるまでは、合法・非合法さまざまな手段を使いながら、アジアの三角貿易を通じて莫大な収益を上げ、富を吸い上げた。ムガル帝国では、一七六五年に地税徴収権を譲られて以降、徐々に領土支配に転化しながらも、基本的には貿易を通じた関係を強化することで世界商品であるインドのキャラコ（平織り綿布）とモスリン（薄手の綿織物）を大量に大西洋世界に輸出していく。

アジアとイギリスの貿易というと、お茶の大量輸入をイメージする人が多いと思うが、イギリスが大量に茶を輸入するようになるのは十九世紀に入ってからのことで、それ以前は、キャラコやモスリンといったインド産の綿織物が中心であった。

当時これらは、どこに持っていっても売れる「世界商品」であった。イギリスやヨーロッパはもちろん、西アフリカへ持っていけば奴隷と交換できたし、北米でも売れた。世界全体で引っ張りだこの人気商品だったのである。

イギリスでは十八世紀末から十九世紀初頭にかけて産業革命が起きるが、これは、人気のインド産綿布でさらなる利益を得ることを目指して、自国で綿織物を作ろうとした結果だといえる。事実イギリスは、産業革命以降、インド産綿布の代替品として、輸入した棉花を自国で加工した綿製品を世界に売り出していっている。

さらにイギリスは、その後も、アジアの巨大な帝国が衰退し始めると、そのタイミングを巧みに利用して、原則的には共存という形を取りながら、自らの地位を強化し、影響力の及ぶ範囲を拡張していっている。

アジアの力が強いときにはそれほど押していかず、力が弱まってきたときに、すかさずその勢力を拡大。そして国を滅ぼすような戦争はせず、うまく経済圏だけを自分に有利なように持っていった、ということである。

産業革命は「輸入代替」がキーとなった

なぜ、イギリスで世界で最初に産業革命が起こったのか。

この問いに答えるには、インド産綿布の大量輸入と大量再輸出という背景が前提にあることを知る必要がある。

綿布貿易と産業革命の関係性については、カリブ海の新興独立国トリニダード・トバゴの初代首相でもある歴史家、エリック・ウィリアムズが一九四四年にその著書『資本主義と奴隷制（*Capitalism and Slavery*）』で提言した「ウィリアムズ・テーゼ」がある。

これは、大西洋三角貿易における奴隷貿易の綿布需要こそが、イギリス綿工業が急成長するきっかけとなったとする、イギリス産業革命の起源を奴隷貿易に求める新しい解釈だった。だが、このウィリアムズ・テーゼは、発表当時は欧米の学界では完全に無視され、賛否両論の議論がなされるようになったのは、一九六〇年代になってからであった。

ウィリアムズ・テーゼについては、その後もいろいろ検証され続けているが、私は基本的には今もこの指摘は有効だと思っている。

ただこの提言には、いくつか問題点があることも否めない。

この提言に対する基本的な論点は、奴隷貿易と奴隷制が、どれほどの利益を本国にもたらし、その利益が本国の経済成長にどれほど貢献したのかということである。

ウィリアムズは、奴隷貿易で儲けた奴隷商人が、後のマンチェスターなどの綿工業に資金を直接的に投資し、工場を作るために非常に大きな役割を果たしたと言っているのだが、これは直接的な資金の流れとしては論証できていない。

確かに、奴隷貿易商が稼いだ莫大な収益が本国に流れているのは事実だが、その多くは土地の購入資金になっていることがわかっているからだ。そのため、産業を興す資金として、奴隷貿易に基づく収入がどこまで活用されたのかということは論証できていないし、論証するのも難しいのが現実である。

もちろん、イギリス商業革命の労働力として、黒人奴隷の存在が決定的に重要であったことは間違いない。そして、黒人奴隷は労働力であると同時に、イギリスの海外植民地で作られた雑多な消費物資（綿布なども含まれる）の消費者としても、その存在に一定の意味があったことも間違いない。

欧米を中心に活躍する黒人歴史家ジョセフ・イニコリは、二〇〇二年『アフリカ人とイングランドにおける産業革命（*Africans and the Industrial Revolution in England*）』において、ウィリアムズの研究を踏まえた上で、イギリス産業革命の実現にとって、大西洋商業の拡張が決定的な役割を担い、アフリカ大陸のアフリカ人と、南北アメリカ大陸に強制的に連行され定着したアフリカ人が、その発展を支えたと述べている。

そしてその論拠として、英領植民地における人口でアフリカ系が占めた割合の多さを挙げている。具体的には、英領西インド諸島では一八〇〇年時点で九二・八％（八三万五五〇〇人）、独立前の北米の南部植民地では四〇・五％（二一万四〇〇〇人）。こうした多くのアフリカ人労働者（奴隷を含む）の存在が、環大西洋経済の形成に大きく貢献したというのである。

初期のまだあまり競争力を持たないイギリス製品の海外での需要先として、黒人奴隷の供給元である西アフリカの他に、西インド諸島や北米植民地のプランテーションに連れてこられた奴隷も消費者として一定程度重要であったということだ。

したがって、当時のイギリス商業革命の展開を考える上で、奴隷貿易を無視できないのはもちろん、そこでの黒人奴隷の労働の成果をイギリス本国が吸い上げていたことも間違いない。ただし、本国が吸い上げた資金の多くは、土地の購入やプランター自身の消費活動に使われており、それが後の産業革命のインフラ整備に大量に投入されていたのかというと、必ずしもそうとは言い切れない。

では、なぜ産業革命はイギリスで起きたのか。

実は、これは「消費の問題」として考えるべき問題なのだ。

当時の綿織物の需要は莫大といっていいほど大きかった。イギリスは当初、この巨大な需要を、インド製綿織物を再輸出するという形で満たし、利益を得ていた。

だが、この再輸出ビジネスはイギリス東インド会社に独占されていたため、やがて東インド会社に対抗してアジアに出ていった自由商人たちから批判されるようになる。

もしも、この需要をイギリスで独自に生産したモノで満たすことができれば、今以上に巨額の利益が得られる、と考えたからだ。しかも、その需要は現時点でも莫大だが、さらに潜在的なマーケットがあることも商人たちにはわかっていた。

しかし、インドの職人の労働賃金は安く、イギリス製品がインドの綿織物に対抗するためには、生産コストをドラスティックに下げることが必要だった。

人件費をインド並みに下げることが不可能な以上、コストを下げるには生産性を向上させるしかない。

そこで考え出されたのが、生産ラインを機械化することだったのである。

今までにない生産効率の高い機械を発明することで、プロダクションコスト（production cost／生産コスト）を一気に引き下げよう、というのがイギリス産業革命の原点だったということだ。

これは国内産業の保護ではなく、「インポート・サブスティテューション(import substitution/輸入代替)」である。

輸入代替は、第二次世界大戦後のアジアやアフリカの独立国家において、経済的自立を目指して盛んに試みられたが、残念ながらその多くが失敗している。だが、二十世紀にこうした試みが盛んに行われたのは、十八世紀末にイギリスが産業革命という形で、綿糸・綿布生産の機械化を通して、輸入代替産業を成功させたからだともいえる。そういう意味では、イギリス産業革命は輸入代替の最初の成功例として位置づけるべきものだといえる。

こうした考え方は、最近の日本の教科書ではほとんどのものに書かれている。ところが、欧米の教科書ではほとんど書かれておらず、書いてあったとしてもあまり強調されていないのが現実である。

最近は、消費とか奢侈の問題として、東インド会社がアジアから輸入していたインド産のキャラコやモスリンといった綿布の持っていた価値や社会的意味が論じられるようになってきているが、それを産業革命論と結びつける思考は欧米では非常に弱い。

本書の序章でも触れたオブライエン教授の説も含め産業革命は、あくまでもイギリスの国内の要因で説明するのが、従来の欧米の産業革命論なのである。

問い直される「産業革命」

だが実は、近年イギリスでは「The Industrial Revolution／産業革命」という言葉自体が使われなくなってきている。では何と言うのかというと、よりニュートラルな概念として「工業化／インダストリアリゼーション（industrialization）」という表現が用いられているのだ。

一般的な解釈としてイギリス産業革命という概念は消えてはいないが、少なくとも現在、歴史家は「The Industrial Revolution」という言葉は使わない。なぜなら、「revolution／革命」という言葉が示すようなドラスティックな変化は実際には起きていないことが、イギリス経済史を専門とするニック・クラフツの研究によって実証されたからだ。

この時期のイギリスの生産性は、実は百年ほどかけて、非常に緩やかに上がっていっているのだ。また、マニファクチャーからファクトリーへの変化も、かつて考えられていたほど劇的なものではないこともわかっている。当時のファクトリー（工場）の数は限られており、工場労働者の数を見ても労働者全体の割合から見ると二〇％以下と少数で、大規模な工場で厳しい規律のもと長時間労働を強制されるような労働現場というのも実際には非常に限定的であった。

実際、工場化や機械化が進行したのは、綿織物工業がいち早く展開されたランカシャーやミッドランド、スコットランドの南西部など、限られた地域の限られた分野に過ぎなかった。イ

図18　イギリス諸都市の人口増加と工業の発達

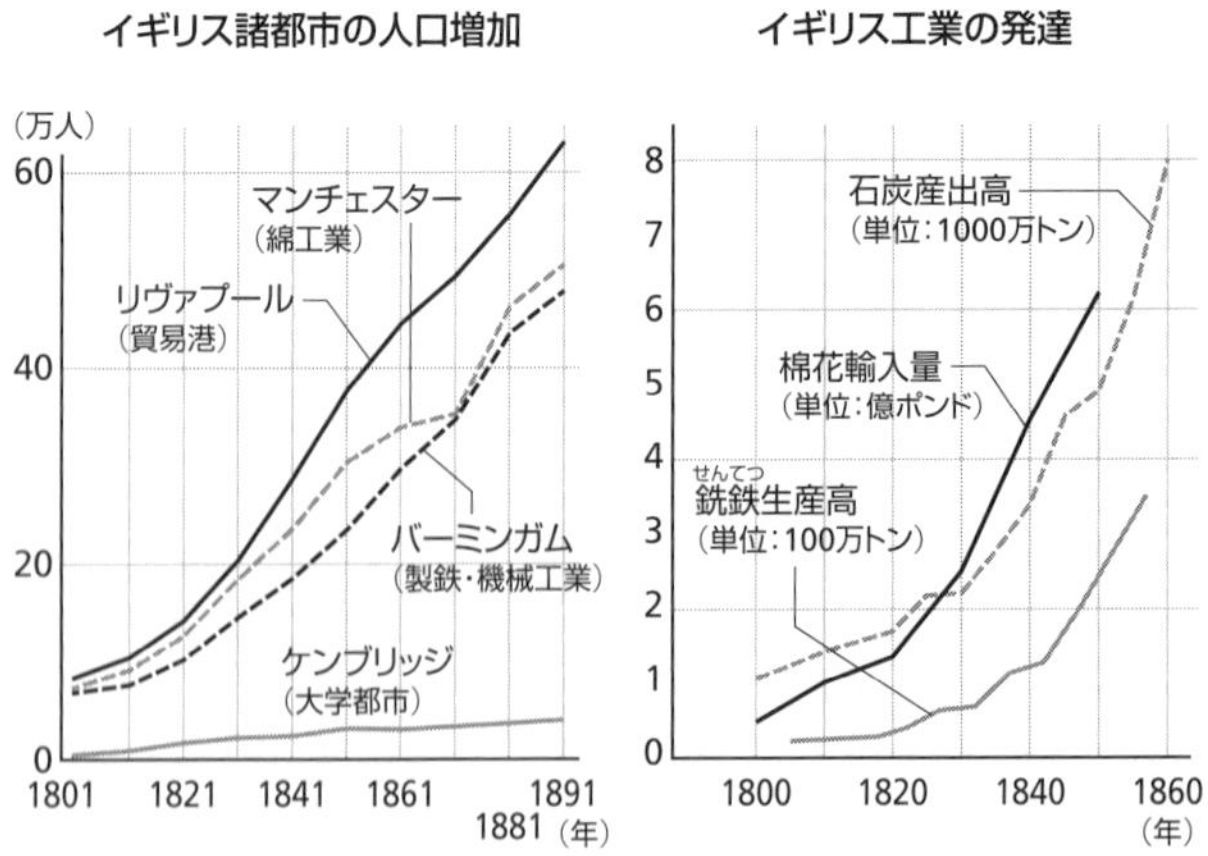

出典:『イギリス歴史統計』　出典:岩波講座『世界歴史』

ギリス全土で工業化が進むのは、ナポレオン戦争終結後の一八一五年頃である。

　つまり、この時期の変化は、緩やかな変化が長年にわたって積み上げられてきた結果であって、「革命」という言葉で言い表されるような、短期間にドラスティックに起きたものではないというのが、最近の一般的な見解なのである。

　では、今後「産業革命」という概念はなくなるのかというと、私はなくならないと思う。

　確かにイギリス一国で見ると「工業化」と言ったほうが実態に近いのだが、産業革命はイギリス一国だけの話ではなく、地球規模で広がる貿易ネットワークの構築と、ヒトの移動という面において、世界中に直接的に大きな影響力を及ぼしたことは間違いないからだ。

そういう意味で、「産業革命」と称されるイギリスの工業化が、世界の経済的なつながりを大きく変えるきっかけになったことは間違いない。

したがって、グローバルヒストリーという文脈から見た場合、依然として「産業革命」という概念は、インドやアジア諸地域への影響、北米への影響、あるいはアフリカの奴隷制の問題といったことを考えると、やはりこれはビッグ・インパクトであり、ドラスティックなチェンジであるということができ、それは「レボリューション／革命」と表現しても過言ではない、大きな転換点に位置づけられるものだといえる。

つまり、一般名詞ではなく、あくまでもこの時期に特有の、世界の大きな転換点になったという意味において、「産業革命」あるいは「イギリス産業革命」と表現していいのではないかということだ。

なぜ中国で産業革命が起きなかったのか

産業革命の話でよく言われるのが、なぜアジアでは産業革命が起きなかったのか、ということだ。

確かに、技術的には中国でも起きる可能性はあった。

では、何が中国における産業革命を妨げたのか。

要因は必ずしもひとつに絞れるものではないが、ここでは大きな要因のひとつとして、中国では人口が集中していた揚子江下流域に大規模な炭鉱、炭田がなかったことを挙げておきたい。

実は、産業革命の時期というのは、石炭が大量に採掘されて、エネルギー源が木炭から石炭に変わる「エネルギー革命」が起きた時期でもある。

「産業革命はエネルギー革命である」とイギリスの歴史人口学者トニー・リグリーは言ったが、木炭から石炭へのエネルギーの転換が非常にうまくいったことを「エネルギー革命」として捉え直そうという議論は今や広く支持されている。

イギリスにおける石炭を利用した工業化は、十八世紀の後半から始まる。これは十八世紀に入った頃からイギリスで木材が不足してくるのと関係している。

イギリスでは、もともと木材は国内にあったものを使用していたのだが、船、特に軍艦建造の需要から森林伐採が進み、不足分をバルト海沿岸地域からの輸入で補っていた。

十八世紀、人口の増加に伴い、エネルギー消費量も増加すると、残っていた数少ない森林資源の伐採がさらに進むことになった。しかし、それでも森林資源の需要で最も大きかったのは、やはり軍艦と商船の建造であった。最初はこの不足を北欧からの輸入で補っていたが、やがて植民地から補充するようになる。具体的にいえば、独立前のアメリカ東部、現在のニューイングランドに良質な木材があったので、ここで船を建造するようになった。

では石炭はいつ頃から使われていたのかというと、イギリスでは十五世紀から不足する木炭の代用品として、暖房と食事を作るときの燃料として使われていた。だが、それを工業製品を作るための燃料として使用するという発想は十八世紀の後半にならないと出てこない。なぜなら、石炭を工業の現場で燃料として効率よく使用するためには、新たな「動力」の出現を待つ必要があったからだ。つまり、蒸気機関の発明である。

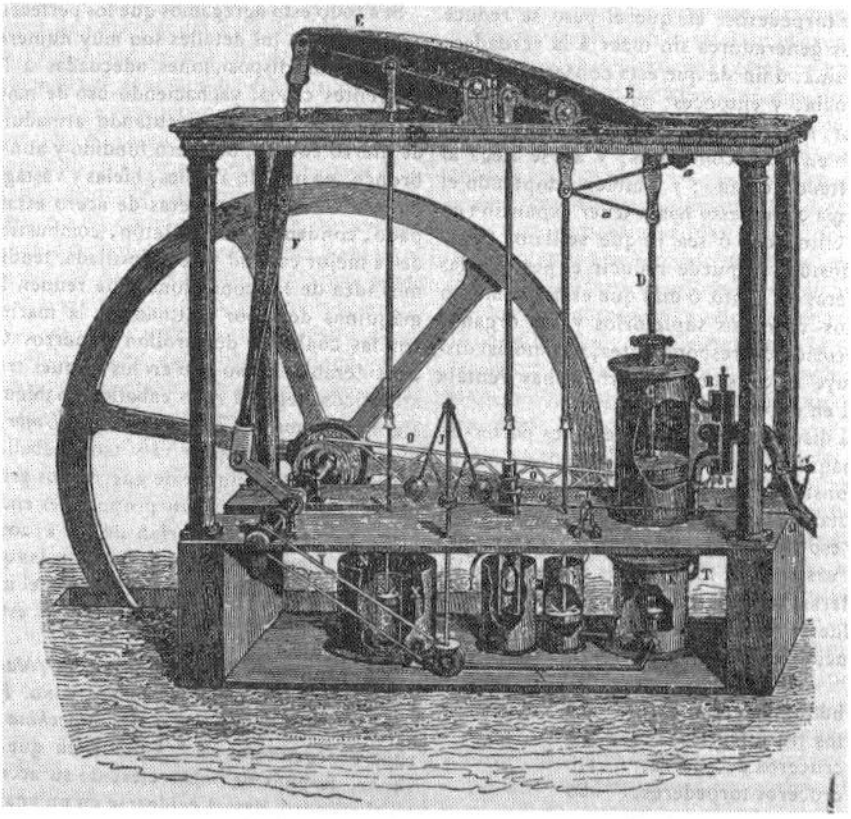

ジェームズ・ワットの蒸気機関。ニューコメン考案の蒸気機関の実用性を高め、イギリスの産業革命を大きく推進させた。

しかし、木炭の不足・価格高騰から、ロンドンにおける家庭の燃料が、かなり早い時期から泥炭や、あまり質の良くない石炭へと変わっていたことは注目に値する。

だが、それを可能にしたのは、ロンドンの立地でもあった。

ロンドンの場合、非常に早い時期からイングランド北東部のニューカッスル（現在のノーサンバーランド州のニューカッスル）から船で石炭を持ってくることが可能だったのだ。ニューカッスルにはタイン川という大きな川があり、中世以前から良質な石炭を産出する石炭鉱床があった。このニューカッスルからバージ（barge／平底の荷舟）に大量の石炭を乗せて、北海の海岸沿いを南下し、テムズ川をさかのぼってロンドンに運び込んだのである。

この「エネルギー供給ルート」を安定的に王権が確保していたことが、十八世紀のイギリス国家にとって大きな幸運につながる。

つまり、イングランドでは、本格的に産業革命が起こる前から、エネルギー危機に直面しかけており、それを突破するために石炭の有効利用が始まっていたのだった。これはやがて石炭より発熱量の高いコークスに替わってくるが、十八世紀の半ば以降、石炭を効率的に使うことができたことで、イギリスでは鉄の生産量が飛躍的に上がり、工業化に拍車がかかっていったのだった。

一方、中国では、ロンドンのような大消費地と生産地を結ぶ「エネルギー供給ルート」が存在しなかった。

中国の炭鉱は華北に多く、大消費地となり得た揚子江下流域とは遠く離れている。しかも、この間を運ぶとすれば大運河で運ぶことになるのだが、大運河での運搬には膨大なコストと、それこそエネルギーを必要とした。

つまり、中国の場合、石炭があってもそれを消費地まで運ぶのにものすごくコストがかかってしまうことになり、それがネックになったといわれている。

一七八〇年以降、イギリスが中国とインドを追い抜く

ニューカッスルからロンドンまで、距離としては四五〇キロメートルと決して近くはないが、帆船で運べたので、エネルギーも人手も最低限のコストで運搬できた。さらに、イギリスでは非常に燃費効率の良い石炭が、地表に近い所に埋まっていたため、採掘が低コストでできたことも大きなメリットであった。

イギリスに次いで工業化を進めていったのが、後のドイツ、そしてオランダの南部やベルギーだが、これらはいずれも産地と消費地が非常に近く活用しやすい状況にあった。

ポメランツは石炭と新大陸が北西ヨーロッパの大きな発展を導いたと言っているが、おそらくそれは間違いないだろう。

実際、このエネルギー革命を機に、ヨーロッパの経済力はだんだんと強くなり、それまで経済力が高かった中国やインドといったアジアを追い越していくことになるのである。

では、いつイギリスの生産性が中国やインドを追い抜いたのかというと、これもなかなか明言するのは難しいのだが、おそらく十八世紀の終わりの二十年間、一七八〇年以降だろう。

ただ、これも「この時点で追い抜いた」と明確に言うのは難しい。

まずエネルギー革命によって、大量生産・大量輸出が可能になる。それによって蒸気船や鉄道が造られるようになる。

さらに、その蒸気機関の燃料源として石炭がフルに使われ、鉄道の敷設距離が伸び、今まで以上に大量のモノが、より遠くにより速く運べるようになるので、また世界の一体化が一段階進んでいくことになる。

このように技術が段階的に発展していくことでヨーロッパが優位になっていくのだから、その最初の転換点になった「蒸気機関／スチームエンジン（steam engine）」の発明というのは、ヨーロッパ経済の発展を考える上で、大きな意味を持っているといえるだろう。

イギリス帝国が求めたのは領土か商業利益か

イギリスはヨーロッパの二流国から、世界帝国へと登り詰めていくわけだが、初めから帝国になることを目指したのか、と問われれば、最初はあまりそうした野望は持っていなかったのではないかと思っている。

海洋国家であるイギリスにとって、決定的に重要だったのは、海を通じた通商であった。

そのため貿易相手をいかに確保するのか、しかも有利な儲かる貿易相手をいかに自分の元に惹きつけるのかということは、昔から考えられていたはずである。

したがって、本来は領土支配を目指すというよりも、良好な関係のもと、あまりお金をかけず十分な利益を得ることができれば、という側面が強かったのではないかと思われる。

イギリスが最初から領土獲得を目的としたと考えられるのは、オーストラリアやニュージーランド、あるいはカナダといった、白人移民が大量に現地に定住してイギリスと同じような国家体制を築いた、いわゆる「白人定住植民地」になっていく場所である。

なぜなら、こうした地域では、最初の段階では貿易相手としてどこまで利潤が得られるのかまだわからない時点で、現地に大量の人間を送り込んでいるからだ。こうした場所では、白人移民を送り込むことで、現地を自然環境も含めて改編して、本国と同じような、あるいはヨーロッパと同じような環境のもとで、新たな活躍の舞台を作ることを目指していた可能性が高い。

つまり、本国社会を海外において、「再生／リクリエイト（recreate）」していく、という意図が白人定住植民地の場合にはあったということだ。

その背景にあるのは、早くは十七世紀初頭の北アイルランドのアルスター植民であり、本格的には十八世紀以降の国内の人口過剰問題であった。

人口の増加は国家にとって必ずしも悪いことではないのだが、国内であまり増え過ぎると、騒動や犯罪などさまざまな社会問題が生じやすくなるため、主に犯罪者や、そうした問題を起こしやすい貧民を中心に海外に送り出していく動きが生まれてくる。その結果、むしろ海外に土地を確保して、そこにそうした人たちをどんどん送り込もうという発想が強くなっていったのである。

したがって、白人が大量に入植した植民地、具体的にはカナダ、オーストラリア、ニュージーランド、南アフリカのケープ、こういった所は、最初から一定の地域を自分たちの領土として確保し、そこを拠点とするという明確な意思があったといえる。

しかしそれ以外の地域は、最初は貿易相手地域であって、そこをわざわざ植民地化して支配しようという発想はむしろ弱かったと思われる。

つまり、「イギリス帝国」の中には、白人が定住していく植民地と、貿易を通じてつながる植民地、そして公式には植民地にはならない貿易相手地域、といった違いがあり、伝統的に強いのはやはり「貿易」だったと考えるべきだろう。

なぜシンガポールが決定的に重要だったのか

十八世紀後半、北米植民地を失ったイギリス帝国は、その軸足を西から東へと変えていくことになるが、そこで重要な意味を持ったのが、一八一九年の、東インド会社の社員であったトマス・ラッフルズによるシンガポールの買収であった。

だが、いきなりシンガポールを獲得したわけではない。これに先立つ一七八六年、イギリス東インド会社はペナン島を獲得している。

西洋から来た船は、インド洋からマラッカ海峡を経て、やがて南シナ海、東シナ海に出て、中国の広州（広東）を目指す。そういう時期においては、マレー半島の西海岸に位置するペナン島は、中国との貿易を開拓していく中継地として重視されていた。

前近代のマラッカ、近代以降のペナン島は、イギリスがマレー半島内陸部に影響力を獲得していく際の拠点としても機能するが、貿易の拠点としてはシンガポールが本格的に展開していくに従い、重要性は失われていった。

ペナン島にしろシンガポールにしろ、中国と貿易をするのに、なぜこの場所に拠点が必要なのかというと、伝統的にマラッカ海峡を挟んで、前近代からこの地域は東側と西側に交易圏が分かれており、そのちょうど真ん中に位置するのが、マラッカ海峡なのである。

したがって、そこに拠点を設けるということは、「ロングディスタンス・トレード／長距離交易」をうまく機能させていく上では必要不可欠なことだったのだ。

マラッカ海峡の入り口辺りが、季節によって風向きが大きく変わるポイントになっていた。そのため、伝統的に東側は中国商人のジャンク船で、西側はアラブやインド商人のダウ船で運ぶという、一種の役割分担ができあがっていた。その後、航海術の発達で、西洋の商人たちは逆風でも遠洋航海が可能になった。

図19　東南アジアへの侵略

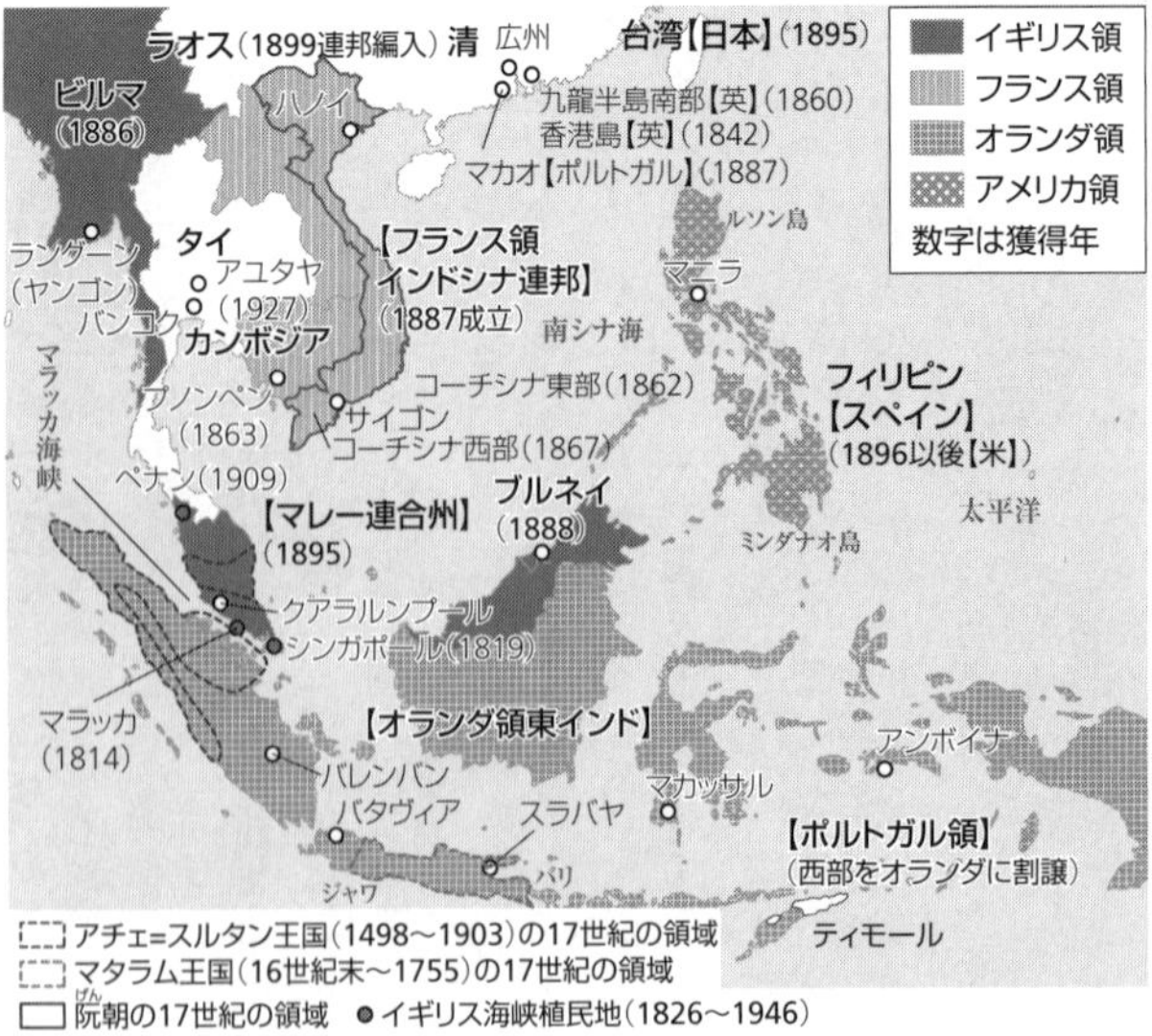

参考:『山川詳説世界史図録(第3版)』(山川出版社)

しかし、産業革命期に蒸気船が発明され、風向きや海流に関係なく年中航海ができるようになったことで、事情は一変した。ただ、そうなったとき新たに問題となったのが、石炭と水の補給地をどこに確保するのか、ということであった。

当時の蒸気船の能力では、インドから中国まで一気に航海することは難しい。そのため蒸気船での航海では、いかに戦略的に給炭地を確保するのかというのが、非常に重要な課題になっていた。

その結果、中国と貿易をするためには、やはりあの地域に給炭地が必要だということで、シンガポールの重要性が増していったのである。

つまり、最初のうちは商人同士の貿易の中継地として必要だったのだが、その後、直接行けるようになると、今度は石炭の補給地として、目的は変わっても、いずれにしてもあの地域に拠点は必要であったということだ。

では、なぜシンガポールが決定的に重要だったのか。

マラッカやペナン島にしても、古くから異なる交易圏の商人が取引を行っていたため、基本的には自由な交易の伝統があった。だが、新興のシンガポールは自由貿易港（フリーポート）なので誰でも利用できる上、関税もかからないフリートレードであったことが大きい。

つまり、シンガポールの港は、オランダ商人も、フランス商人も、日本商人も中国商人も誰でも使うことができたということだ。多くの商人が集まる場所は、大きなビジネスを可能にする。実際、中国商人の多くがシンガポールにやってきていた。

当時の中国、つまり清朝は、海禁政策を緩和しつつあったが、広州（広東）を除いて公式な貿易は行っていない。しかし、「華人」や「華商」と呼ばれる華南の商人たちは、実際にはそうした王朝国家の決まりなど無視して数多く海外に出ていた。

商売に長けた彼らは、東南アジアの物産を本国に持って帰る貿易をしており、シンガポールはその拠点となっていたのだ。

先に述べた、自由貿易港、フリートレードに加え、シンガポールはマレー半島の先端に位置していたことも貿易に適していた。

経済面でも、地政学的にも、シンガポールはペナンよりも、マラッカよりも国際貿易港として優れていたということだ。

そしてもうひとつ、イギリスにとってシンガポールの拠点化が決定的に重要であったのには、対岸に位置するジャワ島が関係している。

オランダは十七世紀からインドネシアに進出しており、当初はオランダ東インド会社を通してこれを支配していた。その後、一七九九年にオランダ東インド会社が廃止されると、オランダはそこを「蘭領東インド」として植民地支配を進めていくことになるのだが、その中心となったのがジャワ島だったのである。こうしたオランダの影響力は、その後も蘭領東インド（現在のインドネシア）を中心に、一九四九年にインドネシアが独立するまで続く。

シンガポールは、そのジャワ島のまさに真ん前、一番近い位置に対峙している。

そのためシンガポール港では、ジャワ島の物産、具体的にいうと砂糖やコーヒーが盛んに取引されていた。つまり、蘭領東インドは、領土としてはオランダ領なのだが、経済的にはシンガポールと緊密に結びついていたのである。

実は、オランダ東インド会社が、ナポレオンのオランダ征服に伴い解散した直後、ジャワ島は一時期イギリス領となっていた時期があるのだ。しかし、イギリスはオランダがオランダ立憲王国として再興した際、これをオランダに返還している。

こうしたことからも、イギリス帝国が必ずしも領土を求めていたわけではないことがわかる。イギリスはアジアにおいては、貿易が主目的であり、そのためにはシンガポールを押さえていれば、それで十分だったということだ。

アジアにあった「自由貿易」の伝統

シンガポールの問題は、アジアにおける自由貿易をどう考えるのか、ということにもつながっている。

一般的な歴史解釈では、アジアで自由貿易が広まったのは、日本の開国も含めて、西洋列強がやってきて自由貿易を押しつけたため嫌々ながら受け入れた、というストーリーになっている。おそらく多くの読者が学んだ教科書にもそう書いてあったと思う。

だが、これは真実の一面を捉えてはいるものの、実は非常に西洋中心的な見方なのではないか、というのがグローバルヒストリーの視点である。

実際、当時のアジアの状況を西洋史の先入観を取り払って見ていくと、そこには別の側面が見えてくる。

なぜなら、近世以降の流れを見ると、国境や帝国の境界線（ボーダー）に関わりなく貿易を行うという自由貿易に極めて近い行為の実践は、西欧よりアジアのほうが早かったといえるからだ。もともとアジアの海にはボーダーがなかった。正確には、海を隔てるということが、為政者がやろうと思ってもできなかった、というのが実態だった。

アジアの海というのは、中国商人やインド商人、アラブ商人や東南アジアの商人、さらには日本商人など、それぞれの地域の現地の商人たちが、入り混じって、交易を展開していたというのが実態だったのだ。

オーストラリアの歴史家アンソニー・リードは、その著書『大航海時代の東南アジア』の中で、アジアのこうした境界を超えた通商は、一四五〇年頃から始まり、十八世紀半ばぐらいまで、約三百年にわたってかなり発展していたとして、「東南アジアの大交易時代」と呼んでいる。

従来この時期の東南アジアは、アンコール朝に代表される「古代帝国」が崩壊した後、ヨーロッパ列強による植民地化が進む前の「衰退した時代」と考えられていた。しかし、リードはそんな東南アジアを、新たに経済の側面から「大交易時代」としてスポットを当てたのである。

この彼の指摘は、かなり的を射たものだろう。

ただし、三百年という指摘は少し長く、実際には十八世紀初頭までで、基本的には銀を通貨として行われていた交易だったと考えている。

　というのも、この時期は、ヨーロッパの銀の流通量が減っていたことから、ヨーロッパとの交易が下火になっていた時期なのである。

　そのヨーロッパ商人が退いた時期に、中国商人が大量に東南アジアに出かけていき、中国商人を中心とした貿易通商ネットワークを構築した時代が誕生する。アンソニー・リードは、これを「華人の世紀」と呼んだ。

　だが、そうしたことが可能だったということは、ヨーロッパの東インド会社や自由商人が出てくる前から、すでにアジアに貿易商人を中心とした交易ネットワークがあったと考えて間違いないだろう。

　しかし、当時は陸を支配していた政権、たとえば日本の江戸幕府や、中国の清朝、その他、ベトナムにしても朝鮮にしても、政府としては基本的に海外との貿易を禁ずる「海禁政策」を取っていたので、公的には大規模な海外との通商はしていない、ということになっている。

　だが思い出してほしい。日本の鎖国時代も、幕府が公に認めた貿易港は長崎の出島だけだったが、その他に、琉球、対馬、松前を加え、実際には「四つの口」が開いていたということが明らかになっている。つまり、鎖国中でもそれなりに海外との貿易関係は続いていたということだ。

中国の場合は、密輸が多いのが特徴だろう。

特に南のほうの商人は、もともと東南アジアに出かけていっていたので、国がいくら統制しようとしても、実際にはコントロールが全く利かない状況が続いていたと見るべきである。

そうなってくると、いわゆる「自由貿易」というのは、西洋の専売特許でもなければ、イギリスが押しつけたものでもないということになる。イギリスが果たした役割は、対外貿易を公的に拒んでいた政府を無理やり武力で脅し、門戸をこじ開けさせた、というだけのことに過ぎない。

実態としては、もともとアジアの海には商人を中心に自由な交易の伝統があり、王朝や国家の政策に関係なくモノはかなり動いていたということだ。

実際、シンガポールの港を一八一九年に開港したとき、そこに大挙してやってきたのは中国商人だった。そして定着するのも中国系の華人が圧倒的多数だった。その数は、シンガポールの人口の八割が華人になったといわれたほどである。

彼ら華人は何のためにシンガポールにやってきたのかといえば、もちろん貿易のためであった。後には、後背地でのゴム・プランテーションの開発や、スズ鉱山の開発などのためにも来るようになるが、この時代は貿易が主目的であったことは間違いない。

日本でも幕末に横浜が開港されたとき、真っ先に来たのは中国商人であった。このとき来た華人たちが定着したことでできたのが横浜のチャイナタウン（中華街）だが、明治維新後に開港された神戸でもやはり多くの華人が来て、チャイナタウンの南京町が生まれている。

彼らがなぜそんなにすぐ出ていけたのか、それはそういう伝統があったからである。

中国商人のパワーは侮れない。むしろこれからのグローバルヒストリーでは、彼らが世界史において果たした役割というものを、もっと重視・研究していくべきだと考えている。

東インド会社の独占貿易から自由貿易へ

イギリスのアジア貿易と聞いて、誰もが真っ先に思い出すのが、東インド会社だろう。

そもそも東インド会社は、一六〇〇年にイギリス本国で作ったモノを海外へ輸出する目的で設立されたのだが、これが全く売れなかったのである。

というのも、イギリスの輸出品は毛織物しかなく、薄手の新毛織物も十七世紀から十八世紀にかけて開発され輸出が試みられるのだが、気候の暑いアジアで毛織物の需要はほとんどなかった。

それでもイギリス東インド会社は、インド大反乱（セポイの反乱）を鎮圧した後の一八五八年まで存続する。

つまり、一六〇〇年から一八五八年まで、約二百五十年間にわたって、独占的な特権会社として続いていくわけだが、その実態は、十七世紀の終わりからすでに、本国からモノを輸出して稼ぐのではなく、逆にアジアの物産を本国に輸入し、それを各地に再輸出することで莫大な収益を上げるという、輸入に特化した特権会社であった。

東インド会社の主要輸入品は、インド産のキャラコをはじめとする綿製品で、十八世紀初頭まで全輸入額の約七〇％を占めていた。しかし、その後は茶の輸入量が増加し、一七六〇年には茶が総輸入額の約四〇％を占めるようになり、アジア貿易の主要輸入品になる。

東インド会社が輸入した茶は、そのほぼすべてが中国の広州（広東）を通じて供給された。そして、この中国との貿易を円滑に進める上で必要不可欠であったのが、「カントリー・トレーダー」と呼ばれるスコットランド系自由商人との協力であった。

アジアでの貿易は、貿易独占権を与えられた東インド会社が、完全に独占していたと思われがちだが、実際には抜け穴が多く存在し、そこでは「自由商人」が事実上、東インド会社に代替して、あるいは東インド会社の個別の社員と提携して、かなり自由に貿易活動を行っていたのである。

当時の貿易で最も重視されたのは、いかに有利な条件で早く茶を押さえられるのかということだったので、その条件を満たすことができる相手であれば、誰とでも取引が行われた。とはいえ、東インド会社の特権を付与された勢力と、そうでない新興の自由商人たちとの間での利

ネイボッブ。特権や賄賂によって富を蓄えたイギリス東インド会社の社員。本国に帰って贅沢な暮らしをした彼らはネイボッブ（Nabob）といわれた。

害の対立もあった。そして、そうした新興の商人たちは、ロンドン・シティの金融利害関係者と結びついていくことで、自分たちに不利な特権の廃止を議会に働きかけていった。

東インド会社に与えられる特許状は基本的に二十年ごとに、議会の審議を経て更新されるのだが、特許が切れる頃になると必ずといっていいほど、東インド会社の貿易独占は「けしからん、彼らばかりがボロ儲けして国富が大きく妨げられている」といった難癖がつけられて論争になっている。

実際そこには、「ネイボッブ」と呼ばれる東インド会社の特権を利用し、私腹を肥やす社員の存在があった。

ネイボッブの全盛期は、一七八〇年頃から一八一三年までの約三十年間。

この間の東インド会社は、独占権は保証されているものの厳格にそれが守られてはおらず、現地の社員にかなりの裁量権が与えられていた。そのため自己の利益を徹底的に追求するネイボップの台頭を許すことになってしまっていた。

このネイボップの全盛期と重なる一七八四年、イギリスの首相ピットは、密輸の防止と関税収入の増収を目指し、本国の茶関税の大幅な引き下げを行った。これにより広州（広東）からの中国茶の輸入量は激増し、対中貿易は赤字に転落してしまう。

その赤字を相殺し、本国からの銀の流出を阻止するために東インド会社が行ったのが、インド産アヘンの中国への密輸だった。もちろんこうした闇取引は、東インド会社が直接行うことはできないので、カントリー・トレーダーを介して行われた。

こうして東インド会社自身が中国から茶を入手しようと思っても、アヘンを密輸しないと採算が取れないので、カントリー・トレーダーにアヘンの密輸を行わせながら、茶を輸入するという状態が続くことになった。つまり、東インド会社とカントリー・トレーダーは相互依存関係になっていったのである。

ネイボップはこうして私服を肥やしていったが、実はこの密輸の過程でカントリー・トレーダーも大儲けをしていた。実際、ジャーディン・マセソン商会やデント商会、スワイヤーなど、この後、東インド会社の貿易独占権が廃止された後、対東アジア貿易の主流を握ることになる商人たちの多くは、こうした密輸貿易でそのビジネスの基盤を築いた人々であった。

ネイボッブに対する批判などもあり、イギリス議会は一八一三年には「東インド」、つまり南アジアでの貿易独占権を解消する。そして、さらにその二十年後の一八三三年には、中国との貿易独占権を撤廃し、東インド会社は貿易会社ではなくなる。

それでも東インド会社そのものは、そこからさらに二十五年後の、一八五八年にインド大反乱が終結するまで存続する。

では、貿易会社ではなくなった東インド会社はその後、何をしていたのかというと、最後まで残った特許に基づき、インド現地の領土支配の代行機関として機能し続けたのである。

このとき東インド会社が持っていた特許とは、ムガル帝国から譲られた現地での徴税権であった。つまり、東インド会社は、この特許のもと、イギリス本国政府に代わって税収を確保し、さらにそれを本国イギリスに送金するという、一種の金融機関の役割を果たしたのだった。

東インド会社に先立つパールシー商人の密輸

イギリス東インド会社がアヘンの密輸に関わっていたことは、広く知られていることだが、実は中国へアヘンを密輸したのは、イギリスが最初ではない。

イギリスがアヘンを密輸する前から、インドのパールシー商人が、西部インドで作られたマールワールアヘンを中国へ輸出し、かなりの収益を上げていたのだ。

つまり、東インド会社が資金繰りに苦しくなったとき、なぜアヘンの密輸に目をつけたのかというと、このパールシー商人がアヘンの密輸で儲けていることを知り、「なるほど、アヘンという手があるか」と思いついた可能性が高いのだ。

オランダやイギリスが進出する前から、アジアの海域には商業交易圏ができており、マラッカ海峡を通してインド商人と中国商人が盛んに取引を行っていたことはすでに触れた。しかし、こうしたインド商人の中で、特に知られているのが、インドのボンベイ（現在のムンバイ）に拠点を置き、非常に早い段階から対中貿易を行っていたパールシー商人であったのだ。

パールシー商人とは、ムガル帝国下の少数派で、イランの拝火教（ゾロアスター教）の一派であるパールシー教の信徒の集まりであった。

ペルシア帝国の中では、もともと大きな教団ではなく、教徒数はせいぜい数万人程度というマイノリティーであった。そのため、いろいろな宗教的迫害を受け、インドのボンベイに移ってこざるを得なかったのである。

おそらくそうでなければ生き残れなかったのだと思うが、彼らは現地の権力者に取り入るのが非常にうまく、ムガル帝国全盛期のときはムガル皇帝に、ムガルが衰退してくるとその後継のマラータ同盟に、そのマラータをイギリスが征服すると、今度はイギリス当局の東インド会社にと、巧みに付き合う相手を乗り換えることで、少数派ながら生き残りに成功してきた。

彼らはもともとインド人ではないので、インドのカースト制度のもとでも例外的な立場に置かれ、トップ階層のバラモンや、その次のクシャトリアといったカースト高位の人々とも付き合うことができた。また、彼らは交易を通じて莫大な収益を上げていたので、生活様式も豊かで、カースト高位の人々と対等に付き合えるだけの富も知識も、能力も持っていた。外見的にはインド人よりヨーロッパ系白人に近い。

そういう意味では、西洋におけるアルメニア商人やユダヤ商人のアジア版ともいえるだろう。ただパールシー商人は、ユダヤ商人と違い、その数が圧倒的に少なかったため、ボンベイ周辺にしかおらず、集団で固まり、彼らが得意とした海洋貿易を中心としたビジネスを行っていた。

こうした一種の特殊なスキルを持った商人集団は、稼いだ金から税金を収めてくれるので、権力者にとっては非常に有意義な存在であったといえる。さらに、パールシー商人は、権威者に対し、常に従順な態度で臨んだため、支配者側にとってはむしろ有益な存在となっていった。だからこそ彼らは今も生き残っているのだろう。

現在インドを代表する財閥のひとつタタ財閥は、パールシー商人の中心的存在である。

第5章　ヘゲモニー国家「イギリス帝国」の繁栄

——なぜ覇権国家となれたのか

「黄金期」直前の闇

十九世紀はイギリス帝国にとって、どのような時代だったのか。

グローバルヒストリーでは、十九世紀も「長い十八世紀」同様、その範囲を少し長めに捉え、イギリス産業革命が起こった一七八〇年頃から、第一次世界大戦（一九一四～一九一八）までの約百四十年で捉えている。

この時期は、一般的にはイギリスが一番輝いていた時期だと考えられている。ひと言でいうなら「ゴールデン・エイジ／黄金期」だったということだ。

こうした認識に異論はない。だが、十九世紀を通して、すべてが順調だったわけではない。したがって、より正確な認識としては、「イギリス帝国が輝き始めて、頂点に登り詰めていった時期」と考えるのがいいだろう。

十九世紀のイギリスは、大きく三つの時期（ターム）に分けることができる。

第一のタームは、十九世紀前半の約五十年間。この時期のイギリス帝国は、まだまだ試行錯誤の段階で、かなり紆余曲折がある。中でも一八四〇年代は、「飢餓の四〇年代／ハングリー・フォーティーズ（hungry forties）」といわれるほど経済状態が悪い。

一七九三年のフランス革命政府による宣戦から始まったフランスとの戦争は、一八一五年にワーテルローの戦いでナポレオン軍が敗北するまで続いた。その後ヨーロッパは、ウィーン体制のもと秩序の再建・維持を目指すが、イギリスは一八二二年に五国同盟から脱退し、次第に独自の道を歩んでいくことになる。

チャーチスト運動。1838年頃〜50年代、イギリスで盛んになった選挙権要求などの都市労働者の運動。

そして、一八三七年にヴィクトリア女王（在位一八三七〜一九〇一）が即位すると、ハノーヴァー公の地位を女性が相続することが認められていなかったため、一七一四年から続いたドイツ・ハノーヴァー公国との同君連合も解消される。

十八歳の若さで即位したヴィクトリア女王の治世の最初の十年間は、「チャーチスト運動」や「穀物法撤廃運動」といった議会外の政治運動が活発化するが、その背景にあったのは、中流階級（ミドルクラス）や労働者階級の積もり積もった不満であった。

この時期は、すでに産業革命から五十年近くが経っていたが、中流・労働者階級の生活水準はまだ十分に上昇しておらず、それに対する対策もまだ十分に打たれていない、という状況だったからだ。

「チャーチスト運動」とは、一八三八年頃から、都市部の労働者階級を中心に活発化していった政治運動で、男子普通選挙、議員の毎年の改選、平等な選挙区など六項目の要求を盛り込んだ「人民憲章／People's Charter」の実現を求めたものである。当時の選挙権には財産制限があり、有権者は総人口のわずか四・五％に過ぎなかった。

一八三九年と一八四二年に大きな盛り上がりを見せたチャーチスト運動は、議会でも審議されるが、ともに否決され、一八五〇年代になると、その勢いは急速に衰えていく。ちなみに、イギリスで男子普通選挙が実現するのは、一九一八年である。

もうひとつの政治運動については、後に詳しく述べるが、大土地所有者（地主・土地貴族）優遇政策である「穀物法」に対する撤廃運動である。こちらは一定の成果があり、一八四六年に穀物法が撤廃されている。

十九世紀前半は、このように何かと問題が多かった時期であった。だが、こうした紆余曲折を乗り越えることで、イギリス帝国は十九世紀後半の繁栄の時代「パクス・ブリタニカ／イギリスの平和」の基盤を確立させていったといえる。そういう意味では、この時期は試行錯誤しつつも、イギリスが世界に揺るぎない影響力を拡張していった時期といえるだろう。

「世界の工場」から「世界の銀行家」へ

第二のタームは、一八五一年のロンドン万国博覧会から一八七三年の「大不況」までの、繁栄の時代である。

この時期のイギリスは、経済的には「世界の工場」として工業生産で優位に立ち、その経済力を盾に世界中で自由貿易ネットワークを構築していった時代である。

国内の農業も高度集約農業の発展により、イギリスにしては珍しく農業繁栄期となり、国外ではクリミア戦争（一八五三〜一八五六）に勝利し、ロシアの南下阻止に成功している。

政治経済面では、一八五七年のインド大反乱を機にインドを直轄支配し、一八四〇〜一八四二年のアヘン戦争によって香港島の割譲などの権益を手に入れた。さらに外交では、外相パーマストンの「砲艦外交」によって、ペルシア、トルコ、シャム（タイ）、日本などを相手に、イギリスにとって有利な通商条約を結んでいる。

そして第三のタームが、一八七三年から第一次世界大戦までの期間である。

この時期は、一八七三年にドイツで始まった経済不況から始まる。

「世界の工場」として未曽有の繁栄を誇ったイギリス経済は、この経済不況によって、一転して約二十年間という長期にわたる不況に陥っていく。

この時期は、ドイツやアメリカといった周辺諸国の工業化が急激に進んだ時期であった。競争に巻き込まれたイギリス工業の国際競争力は低下、また国内では、一八六九年にアメリカ大陸横断鉄道とスエズ運河が開通したことで、安価な農畜産物が大量に輸入されるようになり、農業もその力を失う。国際競争力を持った輸出品は限定され、貿易赤字が急増していく。こうした状況を、従来のイギリス史では「大不況／グレート・ディプレッション（Great Depression）」と称してきた。

だが、十九世紀最後の四半世紀、世界経済のパイ自体が大きく成長していることを見逃してはいけない。つまり、世界経済の母数が大きくなったことでイギリスの存在が小さくなったように見えるが、イギリス単体で見ると、実は経済は成長しているのだ。圧倒的だった世界経済の中におけるイギリスの地位が相対的に低下しただけで、イギリスの実質経済力、あるいはＧＤＰは、この間も成長を続けていたということだ。

そのため最近では、この時期を説明する際、「大不況」ということを強調しないようになってきている。

では、工業も農業も低迷したこの時期に、イギリスは何によって成長したのか。

答えからいえば、「金融・サービス業」である。もっと具体的にいえば、植民地インドからの膨大な貿易黒字の吸い上げと、資本輸出に伴う利子及び配当収益であった。

こうしてイギリスは、十九世紀末に「世界の工場」から「世界の銀行家」、つまり金融・サービス業の中心国へと転換していくのである。

ここから見えてくるのは、イギリス帝国史を考察していくにあたり、もはや本国と植民地というように分けて考えることはできず、公式植民地はもちろん、非公式帝国をも含んだグローバルなスケールで、イギリス帝国の影響力及び経済力を捉えていく必要があるということだ。

そう考えると、この時期のイギリス帝国が金融・サービス業によって経済発展していったのは、ある意味、自然なことといえるかもしれない。なぜなら、そもそも金融・サービス業というのは、グローバルに展開することで成長する事業だからである。

現在のイギリス経済を支えている基幹産業も金融・サービス業だが、そこが大きく力を持って台頭してくるのが、十九世紀最後の四半世紀であったということだ。

なぜ力を持つ国は自由貿易を掲げるのか

十九世紀のイギリス帝国を語る上でカギとなるのが、「自由貿易／フリートレード（free trade)」である。

グローバルヒストリーの視点から十九世紀のイギリス帝国の存在を表現するなら、「自由貿易の原理を掲げ、それを世界中に広げていったヘゲモニー（hegemony）国家」だといえるだろう。もっと短くいうなら、「自由貿易国家／フリートレード・ネイション（free trade nation)」といってもいい。

二十世紀、特に第二次世界大戦以降のヘゲモニー国家の地位はアメリカ合衆国に取って代わられるが、イギリス、アメリカの両ヘゲモニー国家に共通しているのが、グローバルな政治経済秩序のルールとして「自由貿易」が用いられていることなのである。

このことがわかると、アメリカ大統領がドナルド・トランプだったときの、中国・習近平国家主席の発言に込められた意味が見えてきて興味深い。

当時、トランプ大統領は、アメリカ第一主義（アメリカン・ファースト）を掲げ、対中貿易赤字を削減すべく緊急輸入制限（セーフガード）を発動したり、米中首脳会談で自ら商談をまとめようとするなど政治介入した。習近平のほうは「保護主義によって他国を犠牲にして自国の利益を追求すべきではない」（二〇一七年のダボス会議）という立場でグローバル化や自由貿易の重要性を強調し、中国こそが世界で自由貿易を擁護していくという姿勢を示した。

これは何を意味しているのかというと、中国はまだヘゲモニー国家ではないが、世界をリードしていく役割を果たすつもりである、と表明したということなのだ。

この発言が象徴しているように、急激に台頭していく国家の掲げる原理原則が常に自由貿易であることは、十九世紀のイギリスも、二十世紀のアメリカ合衆国も、現在中国が掲げている「一帯一路」政策も含めて、共通している。

なぜ力を持つ国はみな、自由貿易を掲げるのか。

それは、自由貿易において、利益を最大限享受できるのは、そのとき最も経済力を持った国家であるからだ。

われわれは「自由貿易」という言葉から、リベラルで平等なイメージを抱きがちだが、実際はそれほど単純なものではない。

経済学では、それぞれが比較優位のある分野に特化し、それを貿易を通じて自由にやり取りできれば、お互いにウィン・ウィンの関係になれる、という理論が一応は成り立つ。だからこそ自由貿易は大事なのだ、といわれているのだが、実際の歴史を見ると必ずしも理論通りにはいっていないことがわかる。

自由貿易の中にも、「序列/ハイアラーキー（hierarchy）」があり、強制力や不平等性というものが、その原理の中に含まれているということは知っておくべきである。

そして十九世紀の場合、それは、砲艦外交といわれる非常に露骨な形での「自由貿易の押しつけ」として表れている。

だがこれは、二十世紀のアメリカの場合でも、基本的には同じである。

アメリカは一九四五年以降、ブレトン・ウッズ体制、あるいはそのもとでのガット（GATT/関税と貿易に関する一般協定）を中心とした自由貿易体制を積極的に推進していく。だが、その対象となったのは、アジア、アフリカなど終戦を機に独立したばかりの国々であった。まだ自国の経済基盤が固まっていないそうした国々では、当初、保護主義政策を取ろうとするのだが、それはアメリカが推進する自由貿易に反するということで、部分的には例外として認められるものはあっても、基本的には保護主義的なものをできるだけ排除する形で進められていった。

つまり、「自由貿易の原理」は、その時代において最も経済力の強い国家に最も都合の良い、あるいは、その国家が国境を越えた、グローバルな影響力を行使していく上で最も都合の良い論理である、ということを歴史は示しているのだ。

穀物法撤廃と自由貿易への転換点

イギリスが掲げた自由貿易は、いつ完成したといえるのだろうか。

従来の一国史では、一八四六年の穀物法の撤廃をもって自由貿易が実現したというストーリーが語られてきた。

だが、本当にそうなのだろうか。

検証するには、そもそも一八一五年になぜ穀物法が制定されたのか、ということについて知る必要がある。

穀物法は基本的には保護主義に関わるもので、イギリス国内の農業利害を守るための法律であった。何から国内の農業利害を守ろうとしたのかというと、ヨーロッパの安い農作物、具体的には安価な輸入小麦である。

穀物法が制定された一八一五年は、ナポレオン戦争が終結した年である。つまり、戦争が終結したことで、ロシアや東欧のポーランド、また、後のドイツにあたる地域の諸邦から、重要な食品であるパンの素になる小麦が、大量に入ってくるようになったのだ。

そうなると、価額の高いイギリス国内産の小麦は競争に負けて売れなくなってしまう。

国内で小麦を生産しているのは、基本的に大土地所有者であった。大土地所有者は、議会に代表を送ることで政治・社会全般を支配する、ジェントルマンと呼ばれる特権的なエリート層である。

ジェントルマンの豊かな生活を支えていたのは、農地から上がる「地代/レント（rent）」なので、農地の生産品である小麦が売れなくなれば、彼らの経済基盤が脅かされることになる。それは困るというので制定されたのが、一八一五年の穀物法だったのである。

つまり、ジェントルマンの経済的な利益を守るために、海外の安価な小麦の輸入をコントロールしようと制定されたのが穀物法なのだ。

穀物法はその後、穀物の価格の騰落に応じて関税を増減するなど細かな改定が行われているが、それは何を意味したのかというと、ジェントルマンの利害と労働者階級の利害の相克の表れだといえる。

穀物法で国内の農作物を守るため、外国産の小麦に高い関税をかけると、結果的に国内の小麦価格は高くなる。そうすると小麦から作られるパンの価格も当然高くなる。労働者はその高いパンを買わなければならなくなるので、安い賃金では生活できなくなる。そうなると、雇用主も労働力を確保するために賃金を上げざるを得なくなる。労働者の賃金が上がれば、生産コストが上昇し、結果的に製品の価格が上がり、国際競争力が低下してしまう。

このように穀物法によって、結果的に産業資本家（企業家）たちの利益が減るので、彼らはパンの価格を下げるために穀物法の見直しを要求するようになる。穀物法は、結局は特権的な大地主の利害を守るためのものなので、彼らの利害だけ守る法律はアンフェアだ、ということだ。

こうして庶民である労働者階級と、中間のミドルクラスに属する産業資本家（企業家）たちの利害が一致したことで、彼らは一体となって支配者層である大土地所有者を批判するようになった。これが穀物法撤廃運動である。

そんな中、決定的な転機となったのが、一八四五年にアイルランドで起きた「ジャガイモ飢饉」だった。

当時、アイルランドでは、約二〇〇万人分ともいわれる多くの穀物の生産と羊の牧畜が行われていた。しかし、一八〇一年に併合されて連合王国（ユナイテッド・キングダム／United Kingdom）の一部になったとはいえ、事実上の国内植民地で不在地主制が支配的であったため、アイルランドの富は、その大半がイングランドに送られていた。

そのアイルランド人にとって主食であったジャガイモが、天候不順とジャガイモ疫病によって、ほとんど腐ってしまったのだ。この飢饉によって餓死した人の数は一〇〇万人にも及んだ。政府は当初、焼け石に水程度の救済策しか打ち出さなかったが、翌年も飢饉が続いたことで、一八四六年、当時の保守党党首ロバート・ピールは、人道的救済策として海外から安い穀物を輸入するため、穀物法の撤廃を認めたのだった。

従来は、こうした流れによって穀物法が撤廃されたことをもって、ジェントルマン層の利害をミドルクラスの産業資本家層の利害が凌駕したとし、それが最終的にイギリスにおいて自由貿易を定着させる一大転換点になったといわれてきた。

だが、その後のイギリス社会を見ると、現実はそれほど単純ではないことを示している。なぜなら、イギリスの社会構造は、この後もずっとジェントルマン層の支配が続いているからだ。

ジェントルマン支配の存続

では、彼らジェントルマン層による支配はいつまで続いたのか。

これについてはいろいろと論争があるのだが、一九七九年にマーガレット・サッチャーが首相になり、改革を断行するまで続いたと思われる。

イギリスは現在も貴族制度の残る階級社会である。

エリートと庶民では、同じ英語でも使う言葉も違えば発音も違う。エリートは典型的なクィーンズ・イングリッシュを話すが、それは一般庶民の英語とは全然違うものなのだ。これは今も変わらず、良い・悪いは別にして、それがイギリス的な独自性になっている。

さらに、イギリスにはエリート階層特有の教育制度というものがある。

それは、非常に高額な授業料を必要とする私立の「パブリック・スクール／public school」からオクスフォード、ケンブリッジの二大大学、通称「オクスブリッジ」に進むというルートである。

このパブリック・スクールというのは、「パブリック」といっても公立の学校ではなく、政府の補助を受けない「独立学校／インディペンデント・スクール（independent school）」であり、基本的に全寮制の中高一貫教育を行うエリート校である。

こうした伝統的なエリート教育のルートは、今も健在で、各界の指導者を数多く輩出している。事実、保守党の元首相のデーヴィット・キャメロンやボリス・ジョンソンも、こうしたルートに乗ったエリートとして首相に就任している。そういう意味では、現在もなお、イギリスのエリート、とりわけ政治指導者になるルートというのは、伝統的に固定化されているといえる。

イギリスの第七一代首相マーガレット・サッチャー（任期一九七九〜一九九〇）も、オクスフォードを卒業しているので、エリートであることは間違いないのだが、彼女の専攻は化学なので、伝統的なエリートとは少し異なっていた。そんなサッチャーが首相になって徹底的に戦った相手は、彼女が特権階層とみなす大土地貴族出身者、及び爵位を有する貴族家系の出身者と、彼らと連動した富裕層であった。

サッチャーは実力主義（メリトクラシー／meritocracy）の原理を掲げて、イギリス社会のエリート優位の構造を変えていこうとしたのだ。

そういう意味では、イギリスの伝統的なジェントルマン支配は、近世以降ずっとサッチャーが出てくるまで続いていた、と言い切っても過言ではないのだ。

つまり、何が言いたいのかというと、一八四六年に当時のジェントルマン層が下からの圧力に負け、譲歩して穀物法を撤廃し、それによりイギリスは自由貿易にシフトしたという、従来の一国史のストーリーは事実ではないということだ。

だとすると、穀物法の撤廃についても、従来とは異なるストーリーが見えてくる。それは、ジェントルマン層は、下からの圧力に負けて譲歩したのではなく、彼ら自身がそうしたほうがいいと判断したから自由貿易へ舵を切ったということだ。

当時のエリートは、イギリス国家の将来的な経済繁栄にとって、保護貿易から自由貿易への転換が必要であることはわかっていた。問題は舵を切る時期だけだったのである。ならば、ここで譲る形で舵を切ったほうが、ジャガイモ飢饉に対する人道的支援という大義名分もつくし、将来的に自分たちの利益も守られると踏んだ、ということである。

ヨーロッパにおける自由貿易の拡大

穀物法撤廃から三年後の一八四九年、イギリスの自由貿易政策にとって、穀物法撤廃以上に大きな意味を持つ法案が撤廃される。クロムウェル時代の一六五一年に制定された「航海法」の撤廃である。これによりほぼ二世紀にわたってイギリスの重商主義の根幹となって、貿易を規制してきた最後のタガが外れた。

産業革命以降、イギリスの産業資本家たちは、製品を輸出するのに「イギリスの船に限る」という航海法が障害になっているとして、その撤廃を訴えていた。

すでに「モノの流れ」は帝国という枠を超えて動いていた。ならば、いっそ縛りをなくして完全に自由化してしまったほうがイギリス船の活躍の舞台も広がる可能性が高かったからだ。何しろ、当時世界で最も多く船を保有していたのはイギリスだったからだ。

航海法を撤廃すれば、外国商船がイギリス貿易に参入してくるが、同時にイギリスの商船も他国の貿易に参入することが可能になる、ということだ。

だが、イギリスが自由貿易に舵を切ったからといって、他国がすぐにそれを受け入れたわけではない。当時は、まだ保護貿易政策を取る国がほとんどであった。

では、イギリスは自ら掲げた自由貿易の原理を、どのように世界中に広めていったのか。まずはヨーロッパの主権国家の間で、どのような形で広がっていったのかを考えてみよう。

イギリスにとって自由貿易のマーケットとして真っ先に重要になったのは、比較的購買力を持っている近隣のヨーロッパ諸国、及び大西洋の向こうのアメリカ合衆国であった。しかし、大西洋世界に自由貿易を展開していくためには、まずは他のヨーロッパ諸国を説得して、自由貿易の原理を受け入れさせていくことが必要であった。

この課題を克服するためにイギリスが行ったのは、お互いに利益が見込める二国間で、個別に通商条約を結んでいく、ということであった。そうして、さまざまな国と条約を締結していくことで、最終的にイギリスを中心とした「通商条約網」の構築を目指したのだ。

この計画における最初にして最大の課題が、長い間さまざまな形で対立してきたフランスをいかにして抱き込むか、ということであった。

イギリスがフランスと通商条約を結んだのは一八六〇年。このとき、両国の経済力はイギリスのほうがはるかに上だった。

経済的強者が最も大きな利益を得る自由貿易を、なぜフランスは受け入れたのか。

その理由はふたつ。ひとつは時のフランス皇帝ナポレオン三世（在位一八五二～一八七〇）が、イギリスとの関係改善を望んでいたこと。もうひとつは、フランス産業の近代化を推し進めるために自由貿易に舵を切ることが必要だと考えていたからだとされている。

しかし、皇帝がその気でも、議会がこの条約締結に反対を示すことは明らかだった。そこでナポレオン三世は、交渉を秘密裏に進め、皇帝大権を行使する形でイギリスと条約を締結したのだった。

こうして締結された条約は、英仏両国の交渉担当者の名前を取って「コブデン＝シュヴァリエ条約」と呼ばれる。その内容は、お互いに関税率を引き下げるとともに、輸入禁止措置の撤廃など優遇政策を取ることで合意に達した。

最大の難関であったフランスとの条約を締結したことで、その後イギリスは同じような内容の通商条約をヨーロッパ各国と相次いで結んでいく。

その際ポイントとなったのが、「最恵国条項（most-favored-nation clause）」であった。

最恵国条項とは、自国が条約を結んだ相手国が、第三国と結んだ条約に、何か優遇する内容の項目が入っていた場合、第三国と比して不利益を被ることがないように、自動的にその優遇項目が自国にも適用される、というものである。

つまり、条約そのものはそれぞれの国と個別に結ばれるのだが、特定の国だけが利益を得ることがないように、イギリスと通商条約を結んだ国は、みな同じメリットを享受できるようにしたのである。

最恵国条項自体は重商主義の最盛期であった十七世紀後半から存在していたが、この英仏通商条約を機にヨーロッパ諸国で広く採用されることになり、それ以降一気に世界に広がっていくことになる。

イギリスはこうして最恵国条項を効果的に組み込むことで、自由貿易網を拡大することに成功するわけだが、それ以後、条約を結んだ国のすべてが、無条件・自動的に優遇項目を享受できたのかというと、実はそうではなかった。

後にイギリスは中国や日本とも通商条約を結ぶのだが、そのときの最恵国条項は一方的なものので、イギリスだけがメリットを有し、中国・日本といった相手国は恩恵を受けることができないという、極めて不平等なものであった。

この十九世紀半ばのヨーロッパにおける最恵国条項には、そうした不平等はない。だが、不平等ではないが故に、相手国が条約締結を拒んだのも事実である。

つまり、イギリスは、最恵国条項という「平等」の名のもとに、自国が最も利益を得られる自由貿易を推し進めたともいえるのだ。

だが自由貿易に舵を切ったイギリスも、一貫して自由貿易政策を取っていたわけではない。事実、一八四〇年代までは、イギリスの関税率は高く、依然として保護主義的な政策を取っている。

その典型が、東インド会社が輸入するインドの綿織物に対する高い保護関税で、これは明らかに、安価で非常に人気の高いインドの綿織物から、国内産業を保護するためのものであった。しかし、工業化が進み、国内産業を保護する必要がなくなると見るや、イギリスは一貫して自由貿易政策の原理原則を掲げるようになる。

十九世紀半ばに圧倒的な経済力を持つまで、あるいは一八四〇年代に政策転換が起こるまでは、依然として関税のバリアーを持ち続けることで国内の産業を守りつつ、外に向かっては自由貿易の原理を声高に主張していたということだ。

つまり、自由貿易を唱えるイギリスそのものが、そこに至るまでの過程においては、保護貿易の論理と自由貿易の論理を内と外で使い分けるという「二面的なプロセス」を持っていたということは指摘しておくべきだろう。

世界を変えた「スエズ運河」と「アメリカ大陸横断鉄道」

穀物法が施行されていたときは、これが撤廃されたらロシアや東欧産の安い小麦が大量に流入し、イギリスの農業は価格競争に負けてダメになる、と考える人が多かった。ところが予想に反し、穀物法撤廃後の約二十年間、イギリス農業は生産性がものすごく伸び、黄金時代といわれるほどの好況を見せることになる。

なぜそうなったのかというと、これは今の日本政府の政策にも通じるものなのだが、国が農業支援のやり方を転換したからだった。

日本政府は米の自由化を推進するにあたり、巨額の補助金を出している。政府としてはその補助金で農業インフラを整備し、農業振興及び国際競争力の強化を目指したのである。

イギリスも、それまでは穀物法、つまり関税によって国内生産を守ってきたのを、穀物法を撤廃するにあたり、農業の基盤整備に資金を投入することで守ることにしたのだ。具体的にいうと、イギリスの農地は水はけの悪い土地が多かったので、土壌改良を国が積極的に支援したのである。さらに農業における機械の導入も積極的に行われた。その結果、イギリスでは「高度集約農業／ハイ・ファーミング（high farming）」が実現した。

日本の場合は、あまり成功しているとは言いがたい面もあるのだが、このときのイギリスではこうした支援が功を奏し、生産効率が飛躍的に良くなり、穀物法時代よりむしろ農業は活性化したのだった。

しかし、この良い時期はあまり長くは続かなかった。

転換点となったのは、一八六九年のスエズ運河とアメリカ大陸横断鉄道の開通だった。これによって、インドからはスエズ運河を通って、アメリカでは西部の穀倉地帯から大陸横断鉄道を経て東海岸に、そこからは船で、それぞれ安い小麦が大量にイギリスに入ってくるようになってしまったのだ。

入ってくるようになったのは、穀物だけではない。オーストラリアからは羊毛や食肉、インド産の茶・ジュート・植物油などが、イギリスに流れ込んでくるようになった。

さらに、この頃からロシアでも、後のシベリア鉄道につながるような鉄道建設が進んだことで、それまで未開拓だった地域の開拓が進み、安いコストで生産可能となった作物が大量に市場に出てくるようになっていく。

こうしてさまざまな場所から、船と鉄道のネットワークを通じて大量のモノがイギリスに入ってくるようになったことで、イギリスの貿易収支は赤字が急増してしまう。

そういう意味でいうと、イギリスで自由貿易が本格化したのは、穀物法及び航海法が撤廃された時点というよりも、欧米における通商条約網が完成し、さらにスエズ運河やアメリカ大陸

図20　イギリスの国際収支と資本輸出(1816〜1913年)

(各5ヵ年平均。単位：百万ポンド)

年	貿易収支	諸業務収益	貿易・諸業務収益等小計	海外投資収益	経常収支	各5ヵ年最終年次における海外債権残高
1816〜20	-10.6	18.8	5.5	1.7	7.2	46.1
1821〜25	-7.8	16.4	6.1	4.2	10.3	97.8
1826〜30	-14.8	15.4	-2.0	4.6	2.6	110.7
1831〜35	-12.5	17.0	1.0	5.4	6.4	142.6
1836〜40	-23.0	21.6	-5.4	8.0	2.6	155.7
1841〜45	-19.3	22.4	-1.6	7.5	5.9	185.2
1846〜50	-25.8	27.1	-4.8	9.5	4.7	208.7
1851〜55	-32.7	36.5	-3.7	11.7	8.0	248.6
1856〜60	-33.7	51.0	9.7	16.5	26.2	379.7
1861〜65	-59.0	67.0	0.2	21.8	22.0	489.8
1866〜70	-65.1	84.1	9.7	30.8	40.5	692.3
1871〜75	-64.0	100.2	24.6	50.0	74.6	1,065.1
1876〜80	-123.7	101.2	-31.5	56.3	24.9	1,189.4
1881〜85	-99.5	107.2	-3.2	64.8	61.6	1,497.2
1886〜90	-89.1	103.6	3.4	84.2	87.6	1,935.1
1891〜95	-133.8	101.8	-41.9	94.0	52.0	2,195.3
1896〜1900	-158.9	109.7	-59.9	100.2	40.3	2,396.9
1901〜05	-176.9	125.8	-63.9	112.9	49.0	2,642.1
1906〜10	-143.8	155.9	-5.6	151.4	145.8	3,371.3
1911〜13	-139.7	180.0	18.2	187.9	206.1	3,989.6

出典：『自由貿易帝国主義』(毛利健三、東京大学出版会、1978年、329頁)

図21　イギリスの国際収支と資本輸出

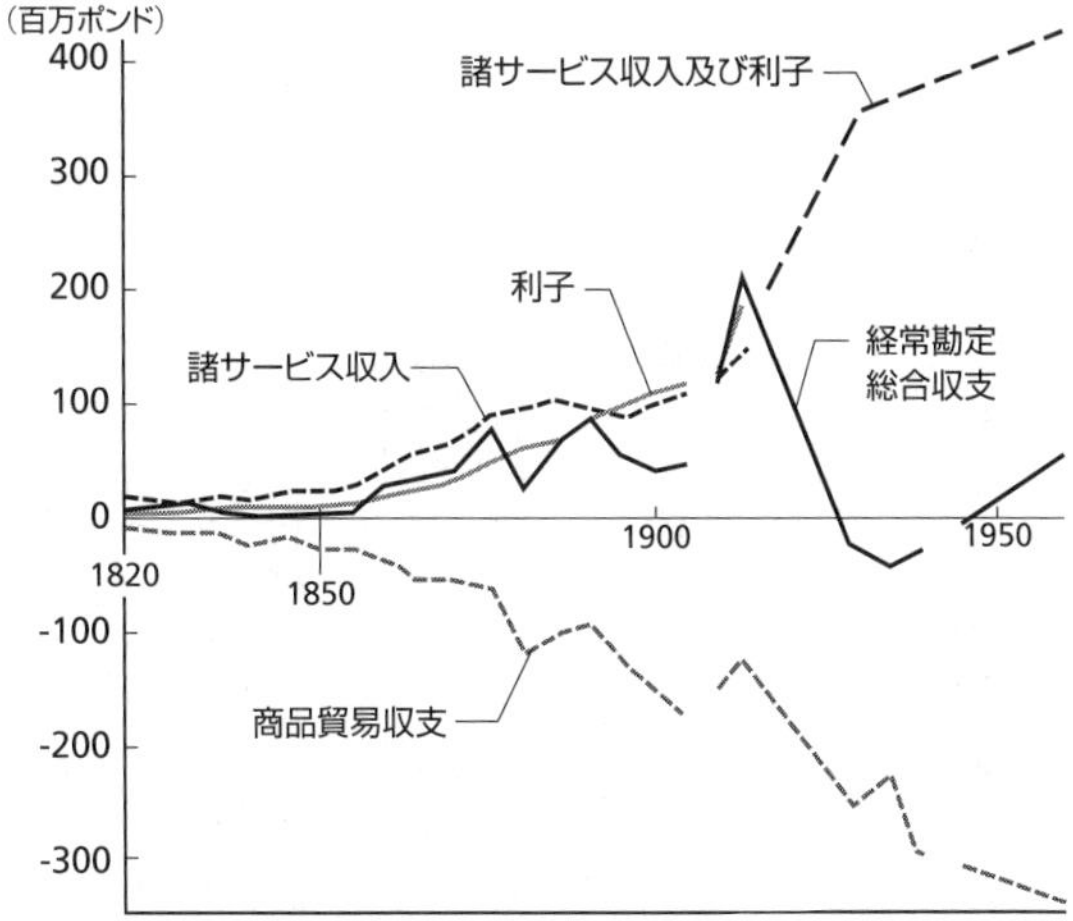

横断鉄道といった国際的な物流のインフラが整備され、それらが本格的に機能するようになった一八七〇年代以降と考えたほうが実態に即しているといえるだろう。

実際一八七〇年代初頭以降、イギリスの活性化していた農業は、壊滅的な不況に陥っている。地代の滞納、不払い、借地農経営者の破産が相次ぎ、土地所有者の地代収入も低下した。だが、政府は第一次産業である農業への支援はほとんど行わなかった。つまり、食料は安定的に輸入が見込めると判断し、国内農業を切り捨てたのである。

ちなみに、その後イギリスの農業は、第二次世界大戦後に部分的に復活し、今に至っている。これは、第二次世界大戦の総力戦の中、海外から食料が入ってこなくなったことで、改めて国内での農業振興の必要性が問われたからだった。とはいえ、イギリスは今もそれほど農業が盛んだとは言いがたい。日本ほどではないが、イギリスも食料の多くを輸入に依存しているからだ。

何を経済の支柱に変換したのか

では、農業を切り捨てたイギリスは、その後は何を国の経済を支える柱としたのか。普通に考えるなら、産業革命以来の製造業、つまり工業だろう。

産業革命によって世界最初の工業化に成功し、「世界の工場」といわれたイギリスだが、実はこのときすでに国際競争力は低下して、イギリス製品の輸出量は下降線をたどっていた。それでも一八七〇年代の初頭ぐらいまでは、ある程度の国際競争力は保持していたが、それも一八七〇年代に入り、ドイツやフランスなど、ヨーロッパ内に次々と競争相手が台頭し、さらにアメリカが大規模な工業化に乗り出すと、国内工業の競争力は低下の一途をたどることになる。

さらに一八七〇年代以降は、科学技術の進歩により、「第二次産業革命」と呼ばれる石油資源や電力を利用した重化学工業が盛んになるのだが、イギリスはこの分野が決定的に弱く、明らかな後退を余儀なくされる。

なぜ弱いのかというと、イギリスの伝統的なエリート教育の中心は人文学で、歴史、哲学、神学、文学や法学、さらに、自然科学とニュートン以来の数学や物理学も含まれていたのだが、化学・工学系の教育は入っていなかったからだ。

もちろん現在は、オクスフォードでもケンブリッジでも、化学・工学系の研究が行われているが、十九世紀の段階ではそこは非常に脆弱であった。というのも、当時のエリート教育では、そうした分野はエリートにはあまりふさわしい学問ではない、という価値観があったからである。

その結果、優秀な人材がその分野には極端に少なく、そのことがイギリスの第二次産業革命の遅れにつながることになったのだった。そして、気づいたときにはドイツやアメリカがはるか先に行ってしまっていた、というわけだ。

十九世紀の後半になると、それまである程度、経済を支えていた綿織物などの軽工業も、国際競争力を失ってしまう。すると、もはやこの業界に未来がないと見た国家は、今度は工業も切り捨ててしまう。

では、農業も工業も切り捨てたイギリスの国富は、何が支えていったのか。

それは、十八世紀の段階から力を持ち続けていたロンドンのシティを中心とした金融・サービス業であった。

実はイギリスは十九世紀の前半のみならず、「世界の工場」といわれた時期も含めて、ずっと増大し続ける貿易赤字を抱えていた。帝国経済は、そうした赤字を、海運料、貿易商社の手数料、保険サービス料、利子・配当収入といった「貿易外黒字」で補う国際収支構造が定着していたのだ。したがって、いわゆる「大不況」は、貿易黒字が赤字に転換したのではなく、もともと赤字だった、その赤字が急増したということなのだ。

当初、貿易外収支で最も大きな割合を占めていたのは、海運料収入であったが、一八七〇年代半ば頃から停滞し始め、それに代わって伸びていったのが、ロンドンのシティを中心とした金融・サービス業が生み出す利子・配当収入であった。

シティそのものは、ロンドンに中心を据えてはいるが、そのビジネスは必ずしも帝国の枠にこだわるものではない。そういう意味では、金融・サービス業というのは、まさにグローバルに展開しているビジネスなので、世界が広ければ広いほど、あるいは国境というボーダーがなければないほど儲かる構造になっていた。

当時はイギリスの通貨であるポンド（スターリング）が基軸通貨だったこともあり、イギリスは、この最も伸びしろの見込める金融・サービス業で、帝国全体の繁栄を支えていくことにしたのである。

実際、利子・配当収入はその後も急速に伸び続け、二十世紀の初めには、それだけで貿易赤字のすべてを埋め合わせられるまでに成長している。金融・サービス部門の収益の急激な増加の背景にあるのは、海外諸地域に対するイギリスの「資本輸出」、つまり海外投資の急増だった。

投資先は、オーストラリア、カナダなどの自治植民地や、非公式植民地といえるアルゼンチンなどの第一次生産品生産国とアメリカ合衆国、そして、一八五八年の直轄支配によって公式に帝国の一部となったインドであった。

投資の対象は、現地の公共事業や鉄道建設のために現地政府が発行した債券と鉄道会社の証券といった証券投資が中心であった。

こうして増え続けたイギリスの海外投資の総額は、一八七五年には一〇億ポンドを超え、二十世紀初頭には三〇億ポンドにも達している。

つまり、十九世紀におけるイギリスを中心としたグローバル化の進展は、非ヨーロッパ世界における「公式帝国」と「非公式帝国」の拡張に支えられていたといえるのだ。こうした金融・サービス業に軸足を置く政策の基本ラインは、イギリス国内で政権政党が変わっても大きくは変化することはなかった。

当時のイギリスは、保守党と自由党の二大政党制がほぼ完成していた。

自由党は後に労働党に変わっていくことからも明らかなように、労働者階級の利害と結びついている。そのため、労働者の雇用を確保する目的から製造業を重視する傾向がある。

対して保守党は、金融がベースになっているので、雇用よりも、より儲けの多く出る道を選ぶ傾向がある。金融で大きな利益が出るなら、ある程度、製造業が犠牲になってもかまわない、ということだ。

しかし自由党が政権を握った場合でも、客観的に見て製造業が国際競争力を失ってきているという認識は共有しているため、そうした中でどうやってイギリスの影響力を保っていくのかという「国富」全体を考えたとき、もはや金融・サービス業しか選択肢は残っていないのだから、そこへのシフトを覆すことはない。

このように次々と産業を切り捨てていくところは、非常にドライなように思われるが、実はこうした国富を考えた、ある意味で冷徹な政治的計算ができることこそが、イギリスという国の強かさの所以《ゆえん》でもあるのだ。

公式・非公式帝国を超えたヘゲモニー国家

十九世紀におけるイギリスを中心としたグローバル化の進展は、非ヨーロッパ世界における「公式帝国」と「非公式帝国」の拡張に支えられていたと述べた。ここで「非公式帝国」という言葉に疑問を感じられた方もいるかもしれないので、「イギリス帝国」という概念について少し触れておこう。

従来のイギリス帝国史は、拡大版の一国史だといえる。

なぜなら従来の「イギリス帝国」の範囲は、国民国家プラス公式植民地に限られているからだ。

公式植民地とは、白人が定住したカナダ、オーストラリア、ニュージーランドに代表される自治領に加え、有色人種を武力でコントロールしたインド、及び現在のシンガポール・マレーシアにあたる海峡植民地や、西アフリカのナイジェリアなどの地域である。

こうした地域は、正式な「イギリス領」として、イギリスの世界地図の上では赤く塗られていた。この赤く塗られた範囲が「公式帝国」である。

しかし、現実には公式の領土ではないが、事実上イギリス帝国の影響下に置かれていた地域も存在していた。具体的にいえば、中国や現在の中東に位置したオスマン帝国、さらにはスペイン・ポルトガルの植民地から脱したラテンアメリカ諸国などだ。こうした地域を「非公式帝国／インフォーマル・エンパイア（informal empire）」という。

したがって、イギリス帝国を考える場合、公式帝国に非公式帝国をも加えた存在として捉えると、その範囲は従来より拡大され、影響力もより大きなものとして捉え直す必要が出てくる。

では、何をもって「イギリスの影響下にあった」とするのかというと、これはやはり経済を中心に、イギリスが決めたルールに従わざるを得ない状態、といえるだろう。

形式の上では独立国だが、実態としては、経済政策や財政政策といった面で、イギリスの意向に従わざるを得ない状況に置かれた国ということだ。そうした地域は主に非ヨーロッパ地域であり、その典型がアヘン戦争以降、だんだんとイギリスの影響下に置かれていった中国・清朝であった。

清朝は、第一次アヘン戦争（一八四〇～一八四二）の講和条約である南京条約において、イギリスに香港島を割譲、さらに広州、厦門、福州、寧波、上海の五港を開港し、さらに賠償金や戦費など合計で二一〇〇万ドルを支払った。だが、その翌年には、さらに虎門寨《こもんさい》追加条約として、領事裁判権（治外法権）、開港場での借地権、そしてイギリスの一方的な最恵国待遇まで認めさせられている。

アヘン戦争以降、清朝国内、特に広州（広東）地域で外国人排斥運動が激しさを増していた中、起きたのがアロー号事件（一八五六）であった。

円明園。北京郊外に造られた皇帝の離宮。アロー戦争の際、イギリス・フランス両軍によって破壊された。

イギリスはこの事件を口実に、フランスとともにアロー戦争（第二次アヘン戦争／一八五七〜一八五八）を起こし、天津条約で内地旅行の自由、長江の開放、開港地の拡大、キリスト教布教の自由などを認めさせた。しかし、この天津条約は、条約の批准書交換の際、上陸してきたイギリス人に対し、発砲事件が起きたことで再び武力衝突に発展。一八六〇年に英仏連合軍が首都北京を脅かし、皇帝の離宮「円明園」を破壊、清朝政府を屈服させる形で、天津条約に加え、九龍半島南部の割譲、天津の開港、中国人の海外渡航の解禁などを含む「北京条約」が締結された。

形としては、中国領土の一体性と北京の中央政府の政治的権威を温存した条約締結ではあったが、イギリスの一連の砲艦外交によって、清朝が、少なくとも経済的にはイギリスの非公式帝国に組み込まれたことは間違いないといえるだろう。

ただ、非公式帝国という概念は、その性質上どうしても曖昧性を伴うことは否めない。そのため概念として非公式帝国という言葉を用いることに対しては、批判的な見解が多いことも事実である。

たとえば、中国はともかく、日本の場合は非公式帝国に組み込まれたといえるのか。あるいは、他のヨーロッパ諸国の中にも、一見したところイギリスと対等にやり取りしているように見えるスウェーデンやデンマークといった北欧諸国の場合はどうか。北欧諸国の場合は、さすがに非公式帝国とは言いがたいが、そういう所であっても、経済的にはある程度、イギリスが設定したルールに従って行動するというパターンは散見される。

そう考えると、この時期のイギリス帝国は、どのようなものとして定義するのがふさわしいのか。

私は、公式・非公式の帝国を超えた、地球的な規模での影響力を行使した国家、と考えざるを得ないのではないか、と思っている。そして、それこそが「ヘゲモニー（hegemony）国家」だと考えている。

そういう意味では、十九世紀というのは、イギリスのルールで世界が動いていた時代だといえるだろう。

しかし、このようにいうと、批判はもちろん、はっきりとそれは違うと否定されることも多い。フランス史やドイツ史など、他のヨーロッパ史を研究している人たちからすれば、他のヨーロッパ諸国はイギリスと対等に外交関係を結んでいたし、政治的にはむしろフランスのほうが影響力を行使していたといえるのではないか、イギリスだけが突出していたというのは、非常に一面的な見方だというのだ。

確かに、政治的にはそうした一面もあるかもしれないが、イギリスには、グローバルな経済力と軍事力に加え、もうひとつ重要な影響力を示したものがある。

それは、英語を中心とした文化的な影響力だ。

その典型が、キリスト教ミッショナリー（海外伝道教会）の活動である。

海外におけるイギリス系の伝道教会の活動が本格化するのは、一八四〇年代以降で、自由貿易の展開と連動している。アロー戦争後の天津条約で中国におけるキリスト教の布教の自由を認めさせたのもそのひとつだが、イギリス系ミッショナリーは帝国の境界にとらわれず世界各地で宣教活動を行っている。

そして、十九世紀末になると、伝道教会は活動の一環として、世界各地で英語教育や医療活動にも力を注ぎ、現地の人々の生活にまで影響を及ぼすようになっている。特に伝道教会が設立したミッション・スクールや高等教育機関は、現地社会で「植民地エリート」を輩出する母体となっていった。

こうした植民地エリートたちは、教育によって議会制民主主義や自由主義的な個人主義といった西洋的価値観を受け入れたことで、やがて公式・非公式の帝国の枠を超えて、親英的な「協力者階層」として活動していくことになる。

そういった意味で、イギリス系海外伝道教会の活動は、ヘゲモニー国家イギリスの文化的影響力を行使する母体となったといえるのである。

このように経済力、軍事力に加え、文化的影響力ということまで考えていくと、対等の外交を行っていたヨーロッパの国であっても、世界に与えた影響力の大きさは、イギリスとはやはり大きな格差があったといえると私は考えている。

カナダの自立に絡んでいたアイルランド系移民

イギリスの文化的影響の拡大ということでは、イギリス的な制度を海外に移植する形で新たな社会を形作った「ドミニオン（Dominion）」という存在も大きい。

イギリスの植民地というと、武力、あるいは交渉によって獲得した領土で、有色人種社会を白人である少数のイギリス人が支配したというイメージが強い。具体的にはインド、シンガポール、香港、アフリカのナイジェリアやケニアなどの地域だ。

だが植民地の中には、白人が多く移住したことで、白人を中心とした社会が構成された地域もある。具体的には、アメリカ、カナダ、オーストラリア、ニュージーランド、南アフリカといった地域である。

アメリカは、本国イギリスとの独立戦争を経て独立国家となっていったが、カナダなどその他の地域は「ドミニオン」といわれる、アメリカとは違った道を進んでいくことになる。

一八六七年、カナダは「カナダ連邦」として自立する。

イギリスの植民地であったカナダは、これにより独自の議会と自治権を有する中央政府を持った国家となるのだが、国家元首としてはイギリス国王を戴き、外交・国防・通貨なども本国イギリスの統治下に置かれるという、実質的には半独立国家ともいえる形の自立であった。

このように、イギリスの公式植民地の中で、本国から自治権が与えられた地域のことを「ドミニオン/白人自治領」という。

ドミニオンの発足は一八六七年のカナダに始まり、その後、一九〇一年のオーストラリア連邦、一九〇七年のニュージーランド連邦、一九一〇年の南アフリカ連邦と続いていく。そして、植民地の代表を集めた植民地会議(Colonial Conference)も、こうしたドミニオンの発足に伴い、一九〇七年には「帝国会議(Imperial Conference)」に改称。この帝国会議が、現在の「コモンウェルス（Commonwealth）」へとつながっていくのである。

ドミニオンの性格を決定づけたのは、カナダの自立だが、ここで重要なのは、カナダがアメリカのような大統領制ではなく、イギリス独自の議院内閣制を継承していったことだ。これがカナダの独自性であるとともに、イギリス帝国の独自性でもあるといえるだろう。

イギリス型の議会制民主主義は、帝国という枠に限定されたものではなく、その後の世界にグローバルに展開されていく。そうしたことを考えても、この時期のカナダ連邦の結成は、非常に重要な事件であったといえるだろう。

では、なぜこの時期に、イギリスはカナダをドミニオンという形で自立させたのだろう。

実は当時、アメリカ合衆国にカナダを吸収しようとする動きがあり、それへの対抗策だったと見られているのだ。

アメリカのカナダ併合の動きを刺激したひとつの要因が、「フェニアン・ブラザーフッド（Fenian Brotherhood）」というアイルランド系の秘密結社であった。

この団体の名称となっている「フェニアン」とは、古代アイルランド神話の戦士団に由来する名称で、そのことからもわかるように、この組織はアイルランド本土に本部を持つ、アイルランド独立運動を支援する組織である。

なぜ、アイルランド独立支援組織がアメリカのカナダ併合の動きにつながるのかというと、きっかけは一八四五〜一八四六年のアイルランドのジャガイモ飢饉にある。先に、ジャガイモ飢饉の際、約一〇〇万人の餓死者が出たと述べたが、そのときアイルランドでの生活を悲観した人々約二〇〇万人がアメリカやカナダに移住していたのである。

そうしたアイルランド系移民は、自分たちをイギリス帝国の被害者だと思っていたため、本国イギリスを憎み、事実上、国内植民地となっているアイルランドの独立を、アメリカという帝国外の地から支援したのである。ちなみにこうした活動は、後のＩＲＡ（Irish Republican Army／アイルランド共和国軍）の紛争にもつながっていく。

アメリカ南北戦争（一八六一〜一八六五）の直後、フェニアン・ブラザーフッドは、勝手に義勇兵を募り、カナダの五大湖の近辺に攻め込み、その一部を一時占拠するという状況が生じた。彼らの計画は、カナダを拠点として征服した上で、そこからアイルランドの解放運動に乗り出す、という大胆なものであった。

当時のアメリカは、南北戦争直後でリンカーンが暗殺されるなど、アメリカ政府自体が安定に欠けた時期であったが、さすがに政府も慌てて抑えにかかり、もちろんカナダ側も、民兵を総動員して防衛を固めたため、彼らの計画は失敗に終わる。

これがひとつのきっかけとなり、一八六七年のカナダ連邦の結成につながったのである。

今までバラバラの飛び地のような形で諸植民地を並列統治していたのを、ひとつの国家としてまとめていく必要があると考えたということだ。実際、それ以降カナダ連邦は、一八八一年から一八八五年まで、約五年の歳月をかけて東部カナダと西部カナダのブリティッシュ・コロンビア州をつなぐ大陸横断鉄道「カナダ太平洋鉄道／Canadian Pacific Railway」を建設し、大陸横断国家を完成させている。

知られざる「グレート・ゲーム」

では、十九世紀において、世界はイギリスの一人勝ちだったのだろうか。

もし十九世紀のイギリス帝国と比較できるだけの力を有していた国を挙げるとすれば、それはロシア帝国だろう。

イギリス帝国が海洋帝国であるのに対し、ロシア帝国は陸の帝国であった。

そして、十九世紀後半から二十世紀初頭にかけて、陸の帝国ロシアと海洋帝国イギリスはせめぎ合うことになるのだが、これを「グレート・ゲーム（Great Game）」という。

「グレート・ゲーム」という言葉は、第二次世界大戦後の、アメリカ合衆国とソ連の冷戦構造に対して用いられることが多いのだが、それはいわば「新グレート・ゲーム」とでもいうべきものであって、本来は十九世紀におけるイギリス帝国とロシア帝国の対立を表す概念であった。

だが、このグレート・ゲームといわれるイギリスとロシアの対立構造は、世界史の教科書でもほとんど取り上げられていない。

なぜ着目されないのかというと、おそらくヨーロッパ史の中でロシア史のポジションが低いからだろう。事実、世界史におけるロシア史の記述は、一九一七年のロシア革命以降は急激に多くなるのだが、それ以前のロシア史はあまり取り上げられていない。

しかし、現実世界におけるロシアの存在はとても大きく、ウィーン体制の中でもロシアはヨーロッパの強国として、非常に重要な一角を占めていたのは事実である。にもかかわらず、ヨーロッパの近代史におけるロシアの存在は非常に薄いのだ。

そういう意味では、ロシアがもたらした影響については、現在のウクライナ戦争の歴史的背景も踏まえて、これからのグローバルヒストリーの中で再検討されていくべき課題だといえる。

実際、十九世紀後半のイギリス帝国の拡大、特に公式帝国の拡大にとって、ロシア帝国が大きな脅威を与えるほどの対抗勢力であったことは間違いない。それだけ当時のロシアは、急激な勢いで膨張していた。

当時のロシアは、「バルカン半島」と「中央アジア」、そして「極東アジア」という三つの方面において拡大しており、そのすべてでイギリス帝国とぶつかっていた。

従来、こうしたロシアの拡大は、「ロシアの南下政策」という切り口で語られてきたが、三方面バラバラに語られており、その中で最も多く語られているのは、オスマン帝国支配下にあったバルカン半島への影響力の拡大である。

黒海から地中海への通路を求めるロシア帝国は、一八五三年、正教徒保護を口実にオスマン帝国に宣戦布告した。これがクリミア戦争（一八五三〜一八五六）である。しかし、アジアへの通路としてこの地域を重視していたイギリスとフランスがオスマン帝国を支援、ここで敗北したロシアは、南下の矛先を中央アジア、今のカザフスタン、ウズベキスタン、タジキスタンに転換することになる。これらの中でも特にロシアが力を注いだのがアフガニスタンであった。

というのも、アフガニスタンの先にはカイバル峠があり、カイバル峠から向こうはイギリスが支配しているヒンドスタン平原だったからだ。つまり、ロシアにとっては、アフガニスタンを手中に収めれば、イギリスに圧力をかけることができたのだ。

このアフガニスタンからカイバル峠を経てインドに至るルートは、アレクサンダー大王の東方遠征を筆頭に、古代以来、インドの征服を目指す者が度々通ってきた、まさに「王道」であった。実際、ムガル帝国を創設したバーブルもこのルートでインドに入ってきている。

十九世紀のイギリス帝国にとって英領インドは、「帝国経済の生命線」といっても過言ではないぐらい非常に重要な地域であった。そこにロシアがカイバル峠を越えて侵入してくる可能性があったということだ。

実際はそうはならなかったわけだが、当時ロシアは、現在の中央アジア、ウズベキスタンやタジキスタンまでは影響力を拡張しつつあった。そこに存在していたイスラームの三ハン国（ブハラ、ヒヴァ、コーカンド）を併合しているのだから、イギリスの軍人、及び投資家たちが、こうしたロシアの動きに対し、大きな脅威を感じていたことは事実である。

さらにロシアは、極東アジアでも清朝とせめぎ合いを繰り広げている。清朝がアロー戦争と太平天国の乱（一八五一～一八六四）に苦しんでいるのに乗じ、ロシアは武力行使によって黒竜江以北と沿海州を獲得し（アイグン条約／一八五八年）、ウラジオストークに軍港を建設している。

そして、日本にも江戸時代後期にはロシア船がアジア進出を狙い、やってくるようになる。少し先の話だが、一九〇四年の日露戦争勃発も、こうしたロシアの極東における南下政策の流れの中で起きたことだということは見逃してはいけない。つまり日露戦争は、グローバルに展開する、イギリス帝国とロシア帝国のグレート・ゲームの一環だったということだ。

日本がイギリスと同盟国になったのは一九〇二年（日英同盟）。なぜイギリスが「光栄ある孤立」といわれた外交姿勢を放棄して日本と同盟を結んだのか。

それは、イギリス単独では難しい、極東アジアにおけるロシアの南下阻止を、ともに危機感を抱く日本と組むことで成し遂げるためであった。

そして、対ロシア戦争に日本が勝利したことで、ロシアの南下を抑え込むことになったのだから、そういう意味では、日露戦争はグレート・ゲームの最終段階のせめぎ合いだったということができるのである。

現在は、こうしたグレート・ゲームに着目したストーリーで、十九世紀のユーラシア情勢について書いた本はほとんどない。そういう意味では、これもまたグローバルヒストリーのこれからの研究課題のひとつといえるだろう。

第6章　イギリス帝国の帝国経営

——自由貿易か保護貿易か

安上がりの植民地「白人自治植民地」

前章で十九世紀のイギリス帝国を考える際、公式帝国だけではなく、非公式帝国も視野に入れて見ていくことの必要性に言及した。

だが、公式帝国といってもそれは一様ではない。先に触れた通り、白人が定住し、白人社会が構成されたカナダ、オーストラリア、ニュージーランドは自治権が与えられ、植民地ではあるが、自立した「自治領」として帝国の一部を担うこととなる。

自治領では独自の政府を持つことが許され、自治が行われたが、かつての北米植民地、アメリカ合衆国のように独立を果たしたわけではない。あくまでもイギリス帝国内の植民地という立場であった。前章でカナダ連邦について「独立」ではなく「自立」という言葉を用いたのはこのためである。

では、自治・自立とは具体的にどのような状態なのかというと、外交や軍事といった「外」に関わることは本国イギリスが権限を持ち、国内の土地や社会、教育、社会政策といった「内」に関わる部分は、全部現地の政府に任せるということである。

現地政府に任せるということは、口出ししない代わりに、かかる経費はすべて自前で賄う、ということでもある。

植民地を維持していくためには、本国からの経費の持ち出しが避けられない。

これは本国イギリスにとって大きな負担であり、事実一八五〇年代から一八八〇年代にかけて、イギリス国内では植民地の膨張がイギリスの財政負担を増大させているとして、植民地不要論が盛んに唱えられていた。

しかし、自由主義経済を推し進めるイギリスにとって、市場としても原料供給地としても植民地は必要不可欠のものであった。

そこで経費を削減しつつ植民地を維持する方法として、自治領への転換が進められたのである。現地のことを現地に任せることで、植民地の維持にかかる経費を大幅に削減することができるからだ。

一八六七年のカナダ連邦の自立が成功したことで、イギリスは、一九〇一年にはオーストラリア、一九〇七年にはニュージーランドとニューファンドランド、さらに一九一〇年には南アフリカ連邦と、同じく白人入植者によって社会が構成された地域を自治領へと転換させていった。

現地政府ができ、自治が進むと本国との一体感が失われるのではないか、と思われがちだが、植民地における白人社会は、支配者層ではあっても、数という意味では圧倒的に少数派だったため、彼らとしても本国とのつながりを維持したいという気持ちが強く、独立へと向かうこと

参考：クリストファー・ベイリ編、中村英勝・石井摩耶子・藤井信行訳
『イギリス帝国歴史地図』(東京書籍、1994年)

図22　イギリス帝国（1918〜42年）

はなかった。

白人人口が少ない中で現地の開発・発展を進めていくためには、さらなる移民が必要であったということも、本国との紐帯《ちゅうたい》が失われなかった理由のひとつである。

事実、オーストラリアは十九世紀後半になるとアジア系の移民も大量に受け入れるようになるが、初期の移民は、そのほとんどがイギリス本国の白人であった。現地社会は、そうした本国からの移民を労働力として受け入れながら、国内の開発を進めていったのである。

本国からの移民が増えれば、そうした人々を介した本国との人的な交流も増える。ヒトの移動に伴う本国との緊密なつながりが、帝国としての一体感を維持したということである。

さらに、現地社会が本国とのつながりの維持を望んだ理由が、もうひとつある。

それは、先住民との衝突であった。カナダでもオーストラリアでも、白人が入植する前から現地で生活していた先住民たちは、土地を追われたり虐殺されたりしたことで入植者との衝突が各地で生じていた。中でも十九世紀半ばにニュージーランドで土地の売却をめぐって起きた先住民マオリ族との戦い（一八六〇〜一八七二）は壮絶を極めた。

また、十九世紀初頭からイギリスの支配下にあった南アフリカのケープ植民地では、先住民だけでなく、イギリス人入植以前に入植していたオランダ系白人「ボーア人」とも衝突することになった。

自治領で数に劣る白人社会が、領土を拡大していくためには、こうした先住民との衝突を経て、彼らを圧迫しなければならず、そのためには本国との連携が必要だったのである。

こうした白人自治植民地との相互の連携を強めるとともに、本国イギリスのプレゼンスをさらに高めていくことを目的に、一八八七年にスタートしたのが、「植民地会議／コロニアル・コンファレンス（Colonial Conference）」である。

植民地会議という名称だが、対象とされたのはあくまでも白人の自治植民地（カナダ、オーストラリア、ニュージーランド、南アフリカのケープ植民地、ナタール）に限られており、インドなど非白人社会の植民地は参加していない。

この後、一九〇七年に植民地会議は「帝国会議／インペリアル・コンファレンス（Imperial Conference）」に改称されるのだが、これに伴い、白人自治植民地（自治領）の名称も正式に「ドミニオン／Dominion」が用いられるようになる。

帝国会議も、当初はあくまでもイギリス本国の意向を反映する会議の場として機能していたが、一九一一年にカナダとオーストラリアが独自に海軍を創設するなど、自治領が次第にその自立性を高めていくに伴い、その発言権が認められるようになった。自治領の意向がある程度反映される相互協議の場へと変わっていく。

それに伴い、名称も、「帝国会議」に変わっていったということだ。

異民族支配型植民地「英領インド」

では、もうひとつのタイプの植民地、インドのように基本的に全く異なる人種（非白人）を、武力によって征服した、いわゆる「征服植民地」はどのように治めていったのか。

有色人種を武力でコントロールしたインド、及び現在のシンガポール・マレーシアにあたる海峡植民地や、東アフリカのナイジェリアなどでは、自治は認められなかった。

インドの植民地化は、イギリス東インド会社が一七六五年にベンガル地方で地税徴収権を獲得したことで、貿易会社から行政機関へと変化していく過程で進んでいった。統治は、イギリス政府のインド監督局の指導を受けながら、東インド会社の取締役会が行った。

インド現地の行政は、イギリス本国から派遣された「インド総督」をトップに、同じく本国から派遣された定員一二〇〇人弱の高級官僚集団「インド高等文官（Indian Civil Service／ＩＣＳ）」が担った。このＩＣＳの採用には、競争試験制度が導入（一八五三年）されたが、その高給と威信に惹かれ、オクスブリッジやパブリックスクールの卒業生が競って受験した。

現地の暴動や反乱に対抗したり、治安を維持したりするには軍事力が必要だが、その軍事力にしても、イギリス本国から派遣された人数はあまり多くない。インド大反乱以降は増えているが、それでも二〇万人程度であった。

だが、十九世紀においても、インドは人口約三億人という巨大な植民地である。それをわずか一二〇〇人弱の官僚と二〇万人程度の軍隊でどのように治めたのか。

普通に考えれば、不可能である。

この不可能を可能にしたのは、イギリス支配を受け入れたインド人たちの存在であった。

一八七七年にヴィクトリア女王を皇帝としたインド帝国となった段階から、イギリス支配のもとで自分たちの利害が守られたり、拡張したりすることができたインド人たちはかなりいたと考えられる。

事実、相当数のインド人が、イギリス官僚の配下や、イギリス軍の傭兵としてその統治に協力している。

もちろん協力した者たちがいた一方で、イギリス支配に反抗する者も多くいた。

そして、協力した者の中にも、イギリス支配に不満を抱き、抵抗するようになる者もいた。

その典型がインド人傭兵が中心となって起こした一八五七〜五八年のインド大反乱である。

イギリスはそれをかろうじて抑え込んだが、翌一八五八年には東インド会社を廃止してインドを国王直轄の植民地としたのだった。そしてイギリス統治は、一九四七年に独立するまで、さらに九十年間も続くのである。

この九十年の間に、英領インド自身も経済を一定程度発展させ、プレゼンスを高めていくのだが、その間はどのようにしてイギリスはインドを支配していたのか。

これに関しては、説明が非常に難しい。なぜなら、そこをあまり明確にしてしまうと、「帝国支配」というものを正当化しているように受け取られかねないからだ。

それは本意ではないが、客観的に見ても、いわゆる帝国支配のもとで、それを本意とするかどうかは別として、やはりその支配に協力する人は数多くいたのである。そう考えなければ、イギリス支配がなぜあんなにも長く続いたのかということは理解しがたい。

事実、数は限られてはいるが、帝国支配のもと、それまでカースト制度のもとで非常に虐げられていた人たちの中に、地位が改善されて社会的上昇を遂げた人も現れている。

つまり、イギリス支配が長く続いたのは、いわゆる「協力者」、英語でいうと「コラボレーター(collaborator)」と呼ばれる人たちの果たした役割を、西洋の帝国支配の展開において一定程度考える必要があるのだ。

ただし、こうしたことはたとえ事実であっても、従来の研究では一種のタブー、触れてはいけないこととして、あまり論じられてこなかった。

なぜなら、植民地が政治的独立を果たしたとき、いかに厳しい植民地支配・搾取を跳ね返してきたのかということが、独立を語る際のストーリーとして用いられたからである。

もちろん、こうしたストーリーが主流であったことは間違いないし、それを否定した政治的独立、脱植民地化ということは考えられない。だが、帝国の植民地経営において、現地の「協力者」が大きな役割を果たしていたこともまた事実なのである。

植民地の独立運動を指導したエリートたち

十九世紀後半から二十世紀前半にかけての約百年間の植民地の実情を考えるとき、現地の人々には支配に対して、やはり一定程度の対応性があったのは事実といえる。

そして、そうした帝国支配に対応・容認していった人たちの中から、親英的な人々、「英語教育を受けたエリート」が登場していったのだった。

マハトマ・ガンディー。「インドの父」と呼ばれる社会運動家。インド独立運動を展開した。

インドの独立運動を指導したマハトマ・ガンディーも、もともとは英語教育を受けたエリートで、非常に親英的な人物であった。

ガンディーは、一八八八年九月から一八九一年六月までの約三年間、ロンドンのインナー・テンプル法学院で学び、法廷弁護士の資格を取得している。

当時のイギリスでは、高度な専門知識を必要とする法廷弁護士は、ジェントルマンに準じる職業として社会的に高く評価されていた。そのため、植民地出身の英語教育を受けたエリートにとって、法廷弁護士の資格を取ることは、立身出世するための重要な手段とされていたのだ。

ガンディーは当初、帝国の存在を非常にポジティブに評価していた。

法廷弁護士の資格を取った後、ガンディーはインド系商人の権利擁護のために南アフリカのナタールに渡って活躍するのだが、このとき彼は、ナタール自治政府や後の南アフリカ連邦（一九一〇年成立）政府の人種差別政策を、「帝国臣民」の理論を盾に「非イギリス的／un-British」な政策であると強く批判している。

しかしそんなガンディーも、ある時点から、イギリスに裏切られたという意識を持つようになり、インド・ナショナリズムの指導者へと転じていく。

その転機となったのは、第一次世界大戦後の人種主義の高まりのもと、イギリスが手のひらを返したかのように、有色人種に対する弾圧政策へと舵を切ったことであった。それ以降ガンディーは、徹底した抵抗運動家へと変わっていく。

こうした英語教育を受けたエリートの転換は、ガンディーの他にも見られる。

たとえば、戦後シンガポールの初代首相になったリー・クアンユーである。彼はケンブリッジ大学を首席で卒業したエリート中のエリートだった。だから彼もイギリス的な良さは十分にわかっていた。しかしそんな彼も、一九五〇年代からイギリスに対する抵抗運動を指導するようになり、一九六五年にシンガポール共和国の初代首相に就任したのだった。英語教育を受けたエリートたちの中から、独立運動の指導者が出てきたのには、西洋の高等教育によって培われた自尊意識が彼らの思想の根底にあったことが関係しているのは事実だろう。

とはいえ、これは別に植民地支配を正当化するという意味ではない。

当初、イギリスの良い面の恩恵を受け、親英的だった彼らが、英語教育によって身につけた知識と西洋的な人権思想によって、西洋の悪しき面である人種主義に抵抗するようになった。こうしたことからわかるのは、当時の現地社会でエリートと呼ばれていた人たちは、「アンビバレント(ambivalent)/二律背反」的な部分を抱えていたということだ。

少々回りくどい言い方になったかもしれないが、私が言いたいのは、これからの時代は、植民地支配の実情を、タブーとして言及を避けるのではなく、事実として踏まえた上で、十九世紀後半の帝国主義時代から二十世紀前半の約百年間を、世界史の中でどのように位置づけていけばいいのかということを、考えていく必要があるのではないか、ということである。

帝国臣民に平等に与えられた権利

英語教育を受けたエリートが登場するのには、当時の「イギリス帝国臣民／British imperial subjects」に与えられた「権利」が大きく関係している。

若き日のガンディーが、イギリス本国で学び、法廷弁護士の資格を取得し、南アフリカのタールで法廷弁護士として活躍した。その後にインド・ナショナリズムの指導者として活動できたのも、すべてこの帝国臣民としての権利を行使できたからであった。

この帝国臣民に与えられた権利とは何か。

それは、イギリス公式帝国の住民であれば、人種や肌の色に関係なく、本国を含め帝国各地を自由に移動し、居住・労働することが保証されるというものである。しかも、この権利は、法制上の慣例によって、本国政府が帝国の威信にかけて保証してきたものであった。

こうした移動と居住の自由は、同時代の他の国の植民地はもちろん、国民国家にも見られない「特典」であった。

では、なぜ移動できることがそれほど重要なのか。

それは、この場合の移動が事実上の移民を意味するからである。

移民の中には、一時的に年季労働者として働きに行く、ということも含まれた。つまり、収入を増やしたいという目標を持ったとき、最も高い所得が得られるような職業・雇用の場が保証されているところに、移動することが可能だった、ということを意味する。事実、そうしてより豊かな生活を実現していった人々がたくさんいたのである。

インド商人もそのひとつである。インド商人の中には、そうして蓄えた富で土地や資産を購入し、さらに豊かになっていった者も多い。

そうして富を持つようになった者は、次に帝国臣民の権利として、インド人だからという理由で土地所有を制限されるのはおかしいと主張するようになり、土地を所有して現地社会に定着すると、さらに帝国臣民として政治的な権利も認められるべきである、というように次々と権利を主張するようになっていった。

ガンディーが南アフリカのナタールで法廷弁護士として活躍したと述べたが、まさに彼がナタールで行っていたのが、帝国臣民の理論を逆手に取った、ナタール自治政府に対しての、現地のインド系商人の権利擁護だったのである。

さて、ここで疑問に感じられるのが、「帝国臣民」とは何か、私たちが知る「国籍」とはどう違うのか、ということだろう。

帝国臣民という概念は、十八世紀から一貫して使用されてきたイギリス帝国特有のもので、私たちがよく知る「国籍／nationality」とは異なるものである。

では、帝国臣民とは何を意味するのかというと、ごく簡単にいえば、「国王陛下の臣民である」ということであった。したがって、イギリスが君主制であったということも、実はこの権利が持つ「フェア（公平・公正）」な特性と大きく関係している。

なぜなら、帝国臣民であるということは、国王（当時でいえば、ヴィクトリア女王）の臣民である、ということになるので、その点において差別されるいわれはなく、平等である、という主張が成立するからだ。

もちろん、イギリスは君主制といっても、あくまでも議会のもとでの君主制である。それでも、名目上は、等しくヴィクトリア女王の臣民であることに変わりはない。そこを認めなければ帝国支配は成り立たないし、同時に、それを認めることがイギリスのプライドでもあった。

ここでいう「プライド」とは、自分たちは帝国臣民に平等にこうした権利を認めている、という自負心といってもいい。

現実はともかく、帝国臣民は平等の権利を有すというのが建前なので、インド人であっても、イギリス本国に渡って、高等教育を受けることも、高等な医療を受けることも基本的には可能であった。

オクスフォードやケンブリッジといったエリート校であっても、選抜試験をパスすれば入学することができた。現実には、選抜の過程のさまざまな「クライテリア（criteria）／判断基準」で落とされる人が大半なのだが、資格としては問題なく受験できるし、入学する資格も有していた。

実際、当時国民にこうした権利を平等に認めている国はまだなかった。フランスもできていないし、ロシアは平等どころかいまだに農奴制が残っていた。そうした他の国と比べて、自分たちイギリスは、帝国臣民という概念を普遍的に適応するだけの寛容さ、そして度量の広さを持っている、というプライドである。

これは、当時世界最大の版図を誇ったイギリス帝国のプライドの表れだったが、実はこうした平等性を重視するところは今もあまり変わっていない。

たとえば、第二次世界大戦後の一九四八年、イギリスは、「国民保健サービス（National Health Service：ＮＨＳ）」を導入する。当時労働力不足だったイギリスは、本国に労働力として多くのヒトを入国させているのだが、そういう人たちであっても、イギリス本国に入国した人々は、すべてＮＨＳの利用対象者になり得た。

現在も、たとえ難民であっても、正式な手続きを経て認定された人は、イギリスの社会福祉政策の対象者として、さまざまな恩恵を受けることができるのである。

インド人エリート層の中から生まれた帝国統治批判

帝国臣民という概念の定着によって、植民地の人々は次第に政治的な権利を主張するようになっていった。

イギリス植民地政府は、植民地にもコロニアル（colonial）な議会制度を持ち込んでいたので、そうした中に自分たちも入って発言する権利を与えられるのが当然の権利だ、という論理になっていったということだ。

そうした流れの中、一八八五年にボンベイ（現在のムンバイ）で第一回「インド国民会議／Indian National Congress」が開催された。

国民会議の創設を指導したのは、イギリス人官僚、アラン・オクタヴィアン・ヒューム。彼はインドにおけるイギリスの人種差別的行政に憤りを感じ、インド人として初めてイギリス庶民院議員となったダーダーバーイー・ナオロージーらとともに、インド人の不満を吸収するための穏健的な議論の場として、この会議を設立したのだった。

国民会議では、インドの名士七二人が集められ、インド総督の諮問に答えるという形で意見を述べさせるという形式が取られた。しかし、実際そこに集められた名士は、いずれもイギリス支配に非常に親和的な人々、つまり、インドの人々の権利を主張するというより、むしろイギリス支配を積極的に支えていこうという意識を持った人たちばかりであった。

その多くは英語が理解できる現地のミドルクラス（新しく育ってきたエリート層）であった。彼らは肌の色は違っても、英語教育を受けているため、ものの考え方や発想がイギリス人に近かったからである。ヒュームは、そういう人々と協力していくことが、今後の植民地支配を穏健的に進めていく上で重要であると考えたのだった。

インド国民会議は、そうした英語教育を受けたエリート層を取り込む目的でスタートした。そのため当初は、そうした親英・穏健派の人たちが集まっていたので、イギリス統治を批判することもなく、むしろ彼らに協力していく方向で話し合いが進んだ。

しかし、一八九〇年代になると、そうした中にも現状に対して批判的な見解を持つ人たちが出てくるようになる。そのきっかけといえる出来事はいくつかあるのだが、ひとつは飢饉だった。十九世紀後半、とりわけ一八九〇年代にインドでは大きな飢饉が何回も起こった。

そうしたときに当時の植民地当局は十分な対応をしなかった。もっとはっきりいえば、もともと彼らには現地の人々を救済する意図がなかったのである。その結果、少なく見積もっても数十万人の人が命を落とすという深刻な被害が生じた。

そうした現状を目にしたエリートの中から、こういう状況を放置しているイギリス統治に対する疑念が高まっていったのである。

というのも、そうした状況下でもインドで働いているイギリス人官僚には多額の給与が支払われていたし、「本国費」と称して、鉄道建設などインフラ整備に投資された資金に対する利子配当金として毎年莫大な金額がイギリス本国に送金されていたからである。

自分たちを助けようとしない上、インドからどんどん富が流出している。そうした批判がエリート層に生まれてくるのは当然の帰結といえた。

そもそも国民会議に集まっていた穏健派の人たちが統治に協力していたのは、彼らにある程度の見返りがあったからである。しかし、見返りがあるといっても、そこにはやはり差別があった。

たとえば、同じ官僚任用試験を受けて採用されたとしても、どれほど優秀な人材であっても、インド人がトップまで行くことは決してなかった。そこには厳然とした「差別の構造」が存在していたのである。

なぜイギリス人ばかりが豊かさを保証されるのか。なぜわれわれの資産がイギリス本国に毎年自動的に送られるのか。これは収奪なのではないか。

そうしたさまざまな疑問を抱く人が増え、その声が大きくなっていったことで、それまでは単なる協賛機関に過ぎなかったインド国民会議（年一回開催）が、現状を批判する大会へと性格を変えていった。急進派と呼ばれる人の数が増えていき、さらに現状批判は激しくなっていったのである。

急進派というのは、現状を続けることはこれ以上はとても認められないという人たちである。こうして急進派が多数を占めるようになっていったことで、国民会議は、まずは広範な自治を求め、やがては独立を求める、という動きに変わっていった。

これが一八九〇年代の後半からの世紀転換期のインドの状況である。

こうなると、国民会議を作ったヒュームなどからしてみると、裏切られたような思いになったことだろう。

では、こうした動きに対するイギリスの対応はどうだったのかというと、実は地域によって全然違っていた。なぜなら、インドは伝統的に「分割統治／ディバイド・アンド・ルール(divide and rule)」が行われていたからである。

帝国統治というのは、かつてのローマ帝国の時代からそうなのだが、分割統治で行われるのが一種の鉄則となっていた。分割統治とは、帝国内すべての地域で同じ待遇を与えるのではなく、一部地域だけを優遇することで、お互いに反抗し合う地域を対立させ、そのバランスの上で支配を維持していく、という統治方法である。これは古今東西を問わず、「帝国」で広く採用されていた統治方法である。

インドでは、イギリスの支配下に入る前から、この分割統治が行われていた。

当時のインドには、英語教育を受けた新エリートたちに対し、できれば彼らを排除したいと思う、インド社会の伝統的エリート層がいた。マハラジャなどはその典型である。

かつての藩王国の「偉大な王／マハラジャ」も、イギリス帝国のもとでは地方の領主のような存在になっていたが、こうした藩王国がインド全体に二五〇ぐらい存在していた。

特に東部のベンガル地方では、ザミンダーリー制という大土地所有制が長く続いていたため、大土地所有者が多く存在していた。こうした大土地所有者は、イギリス支配が確立する前から、地域社会において大きな力を持っていた。つまり、インド社会内部における有力者ということだ。

イギリスはそうした大土地所有者たちを意図的に取り立て優遇している。なぜなら、彼らの支持を取りつけておけば、当面の統治は安定するからだ。

だが、インドの大土地所有制は、厳格なカースト制に支えられたものであったため、彼らを優遇したことが、イギリス支配のもとで新たに「カースト制」が作り出されていく結果になった。というのは、もともとカーストに基づく職種区分はあったのだが、それを分割統治の政策のひとつとして、厳格な区分として社会的に規定していったのは、実はイギリスだったからである。

チェンバレン・キャンペーンの真の狙い

十九世紀末、インドと同じぐらい、いや、ある意味インド以上にイギリスにとって重要な意味を持ったのが、南アフリカの植民地であった。

一八九五年の総選挙で大勝した保守党は、自由統一党と合体し、新たに「統一党／Unionist Party」を結党した。帝国の統一・連合を掲げた統一党で、新たに「植民地大臣コロニアル・セクレタリー（Colonial Secretary）」に就任したのはジョゼフ・チェンバレンであった。

イギリスの内閣における植民地大臣の格は決して高くない。

ジョゼフ・チェンバレン。自由統一党を結成したイギリスの政治家。

トップが首相、ナンバーツー、ナンバースリーはそのときによって入れ替わるが、大蔵大臣か外務大臣だろう。では、植民地大臣はどのぐらいの位置づけなのかというと、大体ナンバーテン、といったところだろう。

だがチェンバレンは、このとき自ら進んでこの「格下」の植民地大臣のポジションに就いた。なぜなら、彼にとって植民地大臣の職に就くことが、自らの主張を実現する上で最も都合が良かったからだ。

では、チェンバレンの主張というのは何か。

彼の主張はいくつかあるのだが、そのひとつはイギリス帝国をさらに拡大していくことであった。これはすなわち、植民地を拡大するということなのだが、彼が拡大の対象としたのは、植民地会議に集まってくるような「白人自治領」であった。中でも彼はカナダを重視し、カナダとの連携でイギリスの影響力をさらに拡張していくことを考えていた。

海外に展開している白人自治領と本国の紐帯を強めることによって、アメリカやロシアといった広大な領土を持ち、なおかつ帝国主義世界で台頭してきたところに対抗することが重要であると、チェンバレンは考えたのである。

これは、国益のためでもあったが、同時にチェンバレン個人の利害のためでもあった。チェンバレンは、当時のエリートとしては珍しく製造業の出身であった。

彼の父親は靴製造を営む実業家で、彼自身は父が出資していたバーミンガムのネジ製造会社を営んでいた。今でいうと金属工業だが、イギリスにおけるこの分野の中心地がバーミンガムであった。彼はそのバーミンガムで成功し、一八七四年にバーミンガム市長になり、その二年後にバーミンガム選挙区から庶民院議員選挙に出馬し当選、国政へと進んだ人物である。

そういう意味では、チェンバレンは地域のエリートではあるが、土地貴族ではないので、真正のエリートではない。

彼の本業であった金属工業の分野は、当時第二次産業革命に成功したドイツの製品に押され、かなり厳しい状況に置かれていた。そうした中で、自分の経済基盤を強化していくため、彼は自由貿易主義ではなくて保護貿易主義の立場を取ったのだった。

イギリスは一八四九年に航海法を撤廃して以降、自由貿易を堅持することを国是としてきた。ドイツやアメリカが高率の保護関税を課して自国の製造業を守る中、イギリスだけが自由貿易体制を一貫して維持してきたのである。

ネジ製造業のような金属工業の分野では、ドイツとまともに戦ってもイギリスに勝ち目はない。ならば、保護関税を導入せざるを得ないだろう、ということだ。

当時、こうしたことを考えたのは、チェンバレンだけではなかった。

いわゆる「大不況」期の前半、一八八〇年代頃から、イギリスでは保護貿易への転換を求める声があちこちで上がり始めていたのだ。

自由貿易か保護貿易か、この貿易政策をめぐる対立が、一八九九年の南アフリカ戦争の勃発によって激化したことを受け、チェンバレンは自由貿易政策の変更を求める政治キャンペーンを展開した。

一九〇三年五月十五日のバーミンガムでの演説で、チェンバレンが提案した構想は、次のようなものであった。

①外国産の食料に関税を課し、植民地産の食料は関税を免除する。互恵措置として、自治領は本国の工業製品関税を低率とする。

②国内産業を保護するため、外国の工業製品に輸入関税を課す。ただし、原棉などの工業原料の自由輸入は継続する。
③外国産食料への課税の代償として、茶関税を引き下げ、砂糖・コーヒーの関税を撤廃する。

この提案の特徴は、関税改革をイギリス帝国の連合と結びつけた点にある。つまり、イギリス本国と白人自治領（ドミニオン）の間での関税を優遇することで、帝国規模での自給体制の実現を目指したのである。

チェンバレンと彼の支持者たちは関税改革同盟を結成し、「関税改革で全員雇用を！」をスローガンに、労働者階級を保護主義に転換させるべく、幅広い運動を展開した。

表向きは国益のため、労働者のため、として行われたキャンペーンだが、もちろんその背後には、国際競争力を失った地元バーミンガムの金属工業の利害が、もっとはっきりいうなら、彼自身の利害があったのである。

イギリスがしかけた「南アフリカ戦争」

貿易政策における対立が激化する転機となった南アフリカ戦争とは、どのようなものだったのか。

実はこの戦争は、単に貿易政策だけでなく、イギリス帝国の在り方をも大きく変えていくことになった戦争だといえる。ある意味、この戦争はイギリスにとってのベトナム戦争のようなものといっても過言ではないかもしれない。それほど大きな意味を持つ帝国主義戦争なのだ。戦争が起きたのは一八九九年。以前は「第二次ボーア戦争」という名称が用いられていたが、現在は「南アフリカ戦争」という呼称が一般的である。

当時、イギリスの帝国政策にとって、南アフリカは二重の意味で重要性を持っていた。

ひとつはヨーロッパ列強によるアフリカ分割競争が激化する中で、イギリスが喜望峰を経由する南回りのルート「エンパイア・ルート（Empire Route／帝国連絡路）」の安全を確保するために、アフリカ大陸縦断政策を実現させる必要があったこと。そのためには、軍事・外交上の戦略拠点としてケープ植民地が重要な意味を持っていた。

もうひとつは、国際金本位制を支える金の供給源としてのトランスヴァール共和国である。十九世紀の終わりに、トランスヴァールで良質の金鉱山が発見されるのだが、その前にここではダイヤモンドが見つかっている。

そのダイヤモンドの採掘に成功し、大儲けをしたのが、一八七〇年にイギリスから南アフリカに渡ったセシル・ローズであった。彼はダイヤモンドで巨富を手にした後、さらにトランスヴァールで発見された金鉱も独占し、さらにその富を増やした。セシル・ローズは一八九〇年

図23　ヨーロッパによるアフリカの植民地化

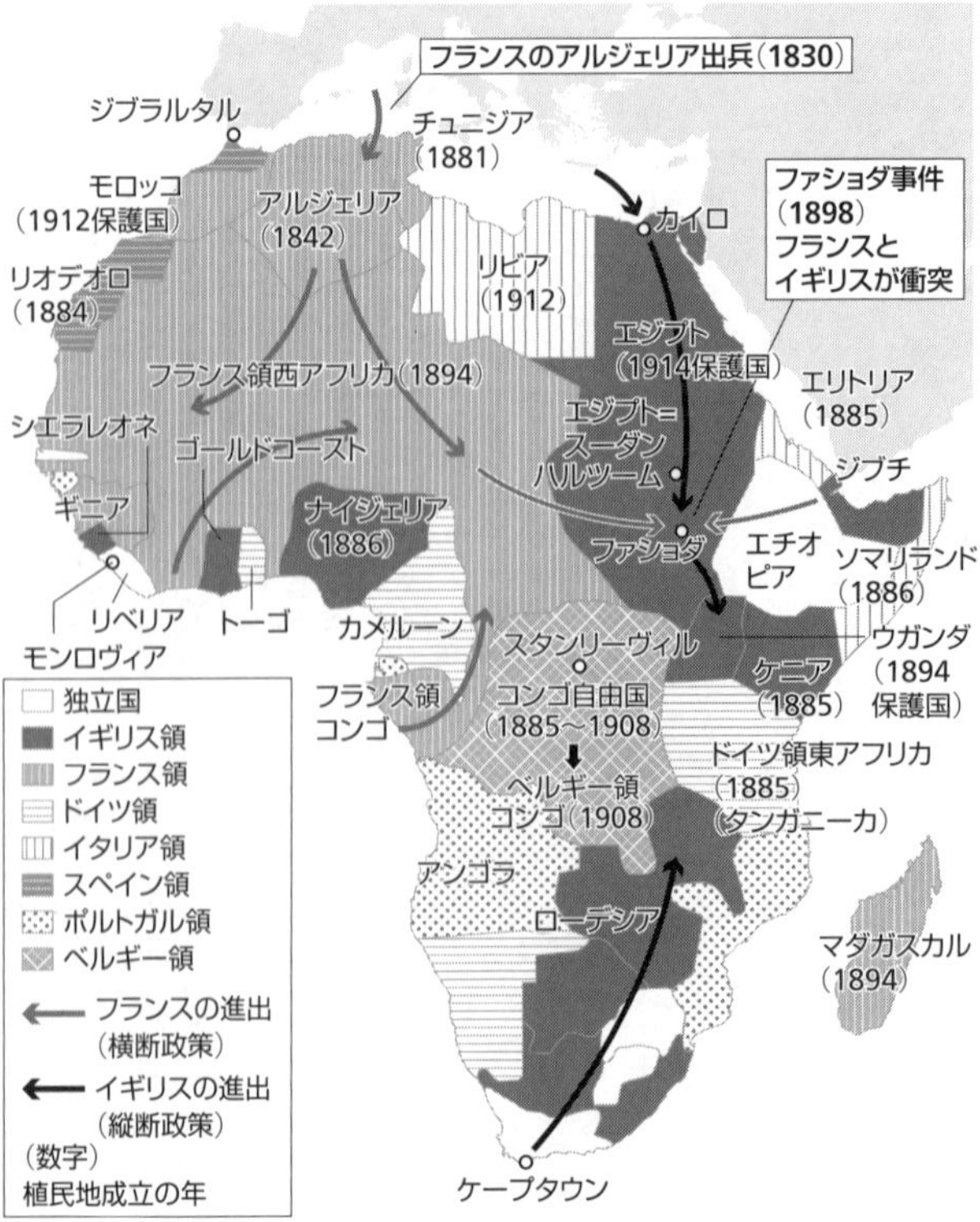

●南アフリカ戦争関係図

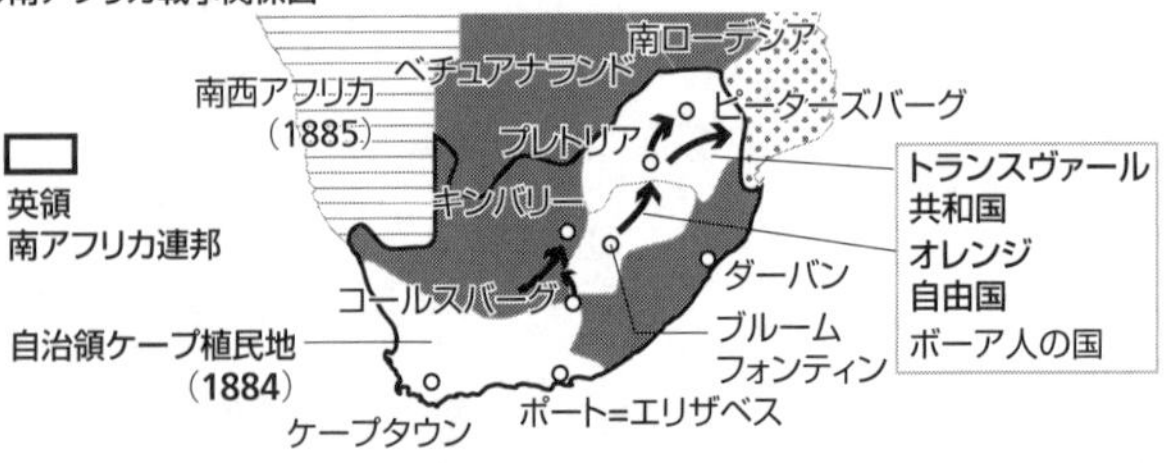

に自治領ケープ植民地の首相に就任するが、それを可能にしたのも、こうして得た富をベースに力を行使したからであった。

ダイヤモンドは彼にもイギリスにも富をもたらしたが、さらに大きな富をもたらしたのが金鉱山であった。

金鉱山の開発による富は、当時のトランスヴァール共和国とオレンジ自由国に流れ込んだが、ここで問題となったのは、トランスヴァール共和国とオレンジ自由国というのは、もともとオランダからの移民が作った国だった、ということである。

南アフリカにイギリス人より先に定着した白人は、オランダ人であった。オランダ東インド会社によるアジア貿易の拠点になっていたのが、南アフリカのケープ植民地だったからである。そこに後から割って入り、ナポレオン戦争のときにイギリスがケープを占領したのだった。

同じ白人であっても、先に定住していたオランダ系移民は「ボーア人」と呼ばれ、話す言葉も違っていた。ちなみにボーア人という呼称はイギリス側の呼び名で、彼らは自らを「アフリカーンズ」、つまり、アフリカ生まれの白人と称した。

先に定着していたボーア人からすれば、後から入ってきたイギリス系の移民が、内陸部にどんどん入り込み、自分たちが持っていたさまざまな利権を奪い取っていった、ということになる。その典型が、金鉱山の開発であった。

当然、ボーア人にとっては不満が募る。

金が貴重なのは今も昔も同じだが、当時は、世界の基軸通貨体制が「金本位制」で動いていたため、金の供給を押さえることが、世界経済において決定的に重要だった。

当時の基軸通貨はイギリスのポンドである。ということは、ポンド自体が金に連動する兌換《だかん》紙幣であるということだ。これは、わかりやすくいえば、ポンドをイングランド銀行に持っていけば、一定の量の金塊と交換できることが保証されていたということである。

とはいえ、世界に通用しているポンドは膨大な量になるので、その兌換がすべて可能なだけの金塊をイギリスが保有していたかというと、実際には持っていなかった。そのためイギリスは、金の保有量を絶えず増やしていく必要に迫られていたのである。

そうしないと、もしも一斉にポンドを金に換えろという要求が来て、それに対応できなければ、ポンドの国際的信用が地に落ちてしまうからだ。そういった事態は絶対に避けなければならない。

だからこそイギリスとしては、なんとしても世界最大の金の産出国である南アフリカを直接支配する必要があったのである。

ボーア人が支配するトランスヴァール共和国は、形の上では独立国ということになっていたが、一八八六年に金鉱が発見されて以降、イギリス系移民が数多く流入しており、一八八九年に設立された特許会社である南アフリカ会社を中心に、イギリスの経済的な影響力が拡大していた。

そうした中、セシル・ローズは、イギリス資本からの独立を目指すトランスヴァール大統領クリューガーに対抗して、イギリス帝国の利益の確保に努めていた。

一方、同じ頃イギリス本国では、植民地大臣のチェンバレンが、ケープ植民地を中心とするカナダ連邦型の自治領として「英領南アフリカ連邦」を創設することを考えていた。

ローズとチェンバレンは、示し合わせて、一八九五年十二月にクリューガー政権を倒すために、「ジェームソン侵入事件」を起こす。

これは、ローズが支配する南アフリカ会社の行政官ジェームソンが、会社に所属する五百余人の騎馬警官隊を引き連れてトランスヴァールに不法侵入するという事件である。彼らはこれによって、クリューガー政権に不満を抱くイギリス系住人の蜂起を促し、クーデターによる現地政権の打倒を目指したのだが、準備不足で失敗に終わる。

セシル・ローズ。イギリスの南アフリカ植民地経営者・政治家。

この失敗によって、世論の批判を受けたローズはケープ植民地の首相を辞任している。

だが、彼の後任としてチェンバレンが南アフリカ高等弁務官に任命したアルフレッド・ミルナーも、ボーア人の反発を招く行動を取ったため、現地での緊張感はさらに高まっていった。

危機感を強めたクリューガーは、同じくイギリスの勢力拡大に危機感を抱いていたオレンジ自由国と軍事同盟を結び、一八九九年十月、イギリスに宣戦布告し南アフリカ戦争は勃発した。

一連の流れを見ればわかるように、南アフリカ戦争は、宣戦布告をしたのはボーア人側だが、イギリスからの圧力に対する反発として起こった戦争であることは明らかだった。

つまり、南アフリカ戦争は、実質的には「イギリスがしかけた戦争」だったということだ。

イギリスが自らしかけた戦争で苦戦した理由

「しかけた」という事実からもわかるように、チェンバレンとしては、こんな戦争は短期間で勝てると思っていた。だが、チェンバレンの思惑は外れ、戦争は二年半の長きに及んだ。最終的にはイギリスが勝利を収めたわけだが、後半はゲリラ戦になり、イギリスはその鎮圧に苦しめられ、最後は無理やり引き分けに持ち込んだ、といったほうが事実に近い。

イギリスが苦戦した最大の理由は、ボーア人側がマシンガン（機関銃）や大砲といった最新兵器をドイツから購入していたからであった。

実は当時、ドイツも南部アフリカを狙って、アフリカに進出していたのだが、ボーア人とドイツ人は比較的仲が良く、ドイツは最新の工業国だったこともあり、最新鋭の兵器をボーア人側に大量に売却していたのだ。しかし、イギリスはそうした事実を事前には把握できておらず、実際に戦闘が始まってから、厳しい現実を突きつけられることになったのである。

だが、問題はそれだけではなかった。最初に直面した問題は兵力の不足だった。当初、イギリス本国から派遣された陸軍兵士は五万人。

だが、こうした正規軍だけでは足らず、志願兵の募集を余儀なくされた。

当時イギリスは、自国及び自民族を優越的とみなす熱狂的な愛国主義（ジンゴイズム／jingoism）が高まっていたこともあり、予備役や志願兵を含む多くの兵士がこれに応じ、約一〇万人が戦線に投入された。

しかし、これでもまだ足らないということになり、さらに、オーストラリア、ニュージーランド、カナダといった自治領からの援軍も戦線に派遣された。

これは帝国の危機を訴えたキャンペーンに応じたもので、「母国を助けに行こう」という思いを持つ志願兵が数多く応募した。

本来ならここでイギリス帝国最強の軍隊といわれるインド軍を投入するところなのだが、この戦争にインド軍は投入されていない。

南アフリカ戦争。南アフリカの支配をめぐってイギリス人とボーア人の間で行われた。

インド軍が投入されなかった背景にあるのは「人種の問題」、もっとはっきりいうなら「レイシズム(racism)／人種主義」であった。

南アフリカ戦争というのは、基本的に「白人同士の戦い」である。

白人同士がいがみ合って戦っている戦争に、有色人種であるインド兵を投入したらどうなるか。インド兵は百戦錬磨の最精鋭兵なので、勝利する可能性は極めて高い。だがそれでは、有色人が白人同士の戦争に勝利を収めたことになってしまう。有色人種よりも白人のほうが人種として優秀であると考える白人にとって、それは絶対に作りたくない実績だった。だから、イギリスはあえて、この戦争にインド軍を投入しなかったのである。

自ら持てる最強の軍を封印したことで、イギリスはこの戦争では最後まで苦戦を強いられることになった。

これによって、それまで軍事的にものすごく強力だと思われていたイギリス帝国だが、実は大したことない、という風潮が世界に広まることになった。

事実、ボーア人相手の植民地戦争に、イギリスは四五万人もの兵力を費やしたにもかかわらず、終結まで二年半もの歳月を要している。他にもこの戦争では、イギリス本国軍の指揮・動員・兵站《へいたん》などさまざまな欠陥も明るみに出た。

さらにイギリスにとって痛手となったのが、イギリス軍が戦争の後半に行ったゲリラ掃討戦における数々の残虐行為が、世界に知られてしまったことであった。

イギリスは、ゲリラ軍掃討を名目に、ボーア人の農村を焼き払ったり、投降してきた子供や女性を含むボーア人を強制収容所に入れたりと、非戦闘員に対してかなり残酷な扱いをしている。

こうした非人道的な行為は、当時の国際的な世論、とりわけドイツやフランスなど、もともとイギリスの帝国主義に対抗していたヨーロッパ諸国の強い非難を招いた。

他の諸国も、この戦争はイギリスが正統な理由なくして引き起こした戦争であるということがわかっていたので、国際世論の非難も厳しく、南アフリカ戦争後のイギリスは、国際社会において孤立を余儀なくされていったのである。

南アフリカ戦争後の財政難

南アフリカ戦争でかろうじて勝利を収めたイギリスだが、膨大な財政赤字を抱え、国家財政の危機に陥ってしまう。

しかも、問題は単に戦争によって生じた赤字だけではなかった。

南アフリカ戦争を長期化させた最大の要因であるドイツを仮想敵国とした場合、それに勝つためには軍備の大幅な増強が必要だということも、今後の課題として浮上したからだ。戦争で背負った膨大な赤字に加え、今後の軍備増強に必要な軍事費を、どのような財源でカバーしていくのか。

他にも、南アフリカ戦争によって浮き上がった問題があった。

それは現代的にいえば、国内での「社会政策」の必要性である。

南アフリカ戦争の際、正規軍だけでは兵力が不足したイギリスは、国内で志願兵を募集したことはすでに触れた。

このとき、多くの国民、特に労働者階級を中心に応募者が殺到したのだが、検査をしてみると兵士として必要な体力を持っている者は、志願者の半数ほどしかいなかったのだ。

なぜかというと、労働者階級の多くは、食生活は貧しく、居住環境にも恵まれておらず、身体的にいくつかのハンディを抱えている人や、栄養不良の人も数多くいたからだ。

これはイギリス政府にとって、かなり衝撃的な事実だった。

当時国内では、ヴィクトリア女王の在位六十周年を祝う「ダイヤモンド・ジュビリー」といわれる式典が行われ、華やかなお祝いムードが強調されていた。その一方で、国民の多くが貧困に苦しみ、栄養不足であるという暗い側面を突きつけられることになったからだ。

帝国を維持し、他国と競争しながら発展していくためには、戦争は避けられない。だが、この状況を放っておけば、将来戦争を遂行したくても、兵士のリクルートにさえ困る状況になる。政府はそうした危機感を、切実なものとして感じたということだ。

こうした状況を改善するためには、労働者階級、中でも「下層」といわれる人たちを対象とした社会福祉に政策として取り組んでいく必要があった。

つまり、今まで全く無視してきた下層の人たちにも恩恵が及ぶような、さまざまな「社会福祉制度」を設けなければならない、ということだ。

そのひとつとして、急務とされたのが「教育」であった。

イギリスの初等教育は、一八七〇年にやっと始まってはいたが、まだ不完全なもので義務制にはなっていなかった。一八九一年にようやく（公立）初等教育の無償化が実現した。

また、労働者が就労中に怪我をした場合の傷害保険や障害年金、そういった制度も整えていく必要があった。さらに、労働者が将来年を取って働けなくなったときに、生活するための資金としての老齢年金も制度として構築される必要があった。

こうした制度は、それまで全くなかったからだ。

こうしたものに目を向けざるを得なくなったのは、先ほどの下層階級の身体的問題もそうなのだが、イギリスが仮想敵国とした競争相手のドイツが、すでにそうしたところにかなり力を入れ、社会政策をどんどん推し進めていたことも大きかった。このままではドイツとの競争に負ける。そうした危機感がイギリスの社会政策を後押ししたのである。

こうしてイギリスは、戦争による赤字とさらなる軍事費の増加に加え、国内の社会政策にも、さらに資金が必要となった。

これらの費用は、「大砲とバター／guns and butter」と称された。軍備増強費は「大砲」、労働者への福祉政策は「バター」ということだ。大砲とバター、どちらも帝国主義を貫くには必要不可欠なものだが、どちらも膨大な経費がかかる。

イギリスが政治、経済、社会、帝国内での諸問題など、さまざまな問題に直面していた一九〇一年一月、ヴィクトリア女王が亡くなる。二十世紀の幕開けとともに象徴を失ったイギリス帝国は、新たな国王エドワード七世（在位一九〇一～一九一〇）のもと政策転換を迫られることになったのだった。

このまま増え続ける財政規模をどのようにして支えるのか。増税をいかにして実現するのか。

関税を中心とする間接税を増やすのか、あるいは、地税や所得税などの直接税に頼るのか。これはすなわち、このまま自由貿易を続けるのか、それとも保護貿易に切り替えるのかの選択を迫るものでもあった。

この問いに対する提案として出てきたのが、先に触れた一九〇三年のバーミンガムでの演説に始まる「チェンバレン・キャンペーン」であった。

しかし、結果からいうと、チェンバレンの主張は、その有効性が疑われ、国民に受け入れられなかった。大土地所有者（地主・土地貴族）はイギリス農業への保護効果を疑い、製造業者は自治領側の特恵関税の効果を疑問視するとともに、保護貿易の必要性をめぐり分裂してしまったのだ。さらに、労働者階級は、関税によるパンの値上がりを恐れ、食料の自由輸入体制の維持を支持した。

だが、チェンバレン・キャンペーンが失敗した最大の要因は、本国とインドの間の自由貿易を基軸とした、「貿易黒字の獲得」と「貿易外収支」が、帝国の国際収支の均衡をもたらしていたことだった（二六五頁の図20・21を参照）。つまり、自由貿易体制の維持が、ポンドの円滑な世界循環を支えている以上、自由貿易をやめることは大きな危険を孕《はら》んでいた。

そんな折、海外投資の急増に支えられ景気が回復、シティの金融資本家や、金融・サービス業の優位が確立されたことで、チェンバレンの主張は退けられることとなったのである。

切り札としての「国王大権」

では、チェンバレンの主張が退けられた後、イギリスはどのようにして資金を確保したのか。

ひと言でいえば、国内政策を大きく変えることで対応したのだった。

具体的にいうと、それまで税制面で優遇されていた大土地所有者に対し、土地の特別課税を導入し地税を増やすという政策を取ったのだ。

それまでも地税はあったが、その税率は非常に軽いものだった。その税率を引き上げるとともに、特別課税をかけたのだが、中でも大きかったのが、土地に関する相続税率の引き上げだった。つまり、大土地所有者が代替わりするときの、土地の相続税を狙い撃ちにして多大な税金を取り立てたのである。

もちろんこれには大きな抵抗があったが、二回の総選挙を経て、一九一〇年に押し切る形で成立させている。

この政策を通すためのキャンペーンの中心になったのが、後に第一次世界大戦のときにイギリスの首相になるロイド・ジョージであった。

ロイド・ジョージは、ウェールズ出身の下層中産階級の出身であったことから、労働者階級の利害をよくわかっていた。彼自身はイングランドのマンチェスターの生まれだったが、幼くして父を亡くしたため、ウェールズに住む母方の伯父の元で成長した。長じてからは弁護士として弱者のために活動し、一八九〇年に庶民院議員になったという経歴を持つ、どちらかというと傍流の政治家であった。

そんな彼は、特権的ジェントルマン階層（大土地所有者）の優遇策を意図的に攻撃して、自分の政治的基盤を固めると同時に支持を集めた。そういう意味では、早い段階でのいわゆるポピュリズム（populism）を巧みに採用した政治家だといえるだろう。

一九〇八年に成立したアスキス自由党内閣で蔵相に就任したロイド・ジョージは、財政改革の他にもさまざまな改革を推し進めた。一九〇八年には「炭鉱夫八時間労働法」と、南アフリカ戦争後大きな懸念となっていた「老齢年金法」、翌年には「職業紹介所設置法」を成立させている。

しかし、土地に関する特別課税を含む財政法案は保守派の土地貴族層の強い反対を受け通らず、二回の総選挙を経て、庶民院をなんとか通したものの、土地貴族の牙城ともいえる貴族院は根強く抵抗を続け、なかなか法案を成立させられなかった。

ロイド・ジョージ。イギリス自由党の政治家・首相。

法案を通すためには、貴族院の拒否権を廃止するしかない。

そこでアスキス内閣は、庶民院で三会期連続して可決された場合、貴族院の反対があっても法律として制定されるという規定を含む議会法案を提出した。

議会が紛糾する一九一〇年五月、エドワード七世が亡くなり、新たにジョージ五世（在位一九一〇～一九三六）が即位。

このとき、ロイド・ジョージと当時の自由党内閣が貴族院の牙城を崩す「切り札」にしたのが、国王の力「国王大権」であった。

イギリスには、国王の任命によって貴族になる「一代貴族／life peerage」というものがある。この任命権限を「国王大権」といい、この権限は立憲君主制になった後も、現在に至るまでイギリス国王はずっと持ち続けている。記憶に新しいところでは、二〇一八年に元ビートルズのメンバーであるリンゴ・スターにナイトの爵位が与えられたが、これも国王大権に基づき授与された一代貴族である。

普通、イギリス国王は十八世紀に議会制民主主義が定着して以降は、政治には口出ししないのが原則だが、国王大権だけは残っているので、実際にはそれを使って貴族院に圧力をかけるということができた。

なぜ国王大権の行使が貴族院への圧力になるのかというと、貴族の数を増やすことができるからだ。土地貴族にしてみると、身分もはっきりしないような者たちが急に数百人規模で貴族になったら、自分たちの価値が低下してしまう。彼らは特権階級なので、それは困るということで、妥協せざるを得なくなるのだ。

このとき、実際には国王大権は行使されていないが、それを脅しに使い、「そんなに抵抗するのなら、国王陛下にお願いして新貴族を大量に作ってもらいます」という圧力をかけて説得したのだった。

これによって貴族院も妥協せざるを得なくなり、議会法案が通り、結果的に大土地所有者への特別課税が制定されたのである。

このようにいうと、国王の権利である国王大権を、内閣が脅しに使うことができたのか、という疑問を持たれるかもしれないが、結論からいうと可能であった。

これは時の国王ジョージ五世が、内閣やロイド・ジョージを支持していたからということではない。国王はいわゆる庶民院で多数派を持っている首相あるいは有力者が頼みに来たときには、基本的にそれに対してノーとは言わないのが定石だったからだ。

そういう意味では、国王大権といえども、議会制民主主義の原則が貫徹していたということがいえるだろう。

「光栄ある孤立」の終わり・日英同盟

イギリスは十九世紀の間、一貫してどこの国とも同盟せず、単独で外交軍事政策を取ってきた。これは「光栄ある孤立／スプレンディッド・アイソレーション(splendid isolation)」といわれた。

だが、南アフリカ戦争後、これが通用しなくなっていく。

当時のイギリスにとっての最大の懸念は、ユーラシア大陸におけるロシアの南下政策であった。前章で触れた「グレート・ゲーム」の展開である。

その「グレート・ゲーム」の東端（極東）であった東アジア地域でイギリスの権益を守るためには、ロシアの侵出を防がなければならない。だが、南アフリカ戦争の長期化で、イギリスには東アジアに力を注ぐだけの余裕は残っていなかった。

東アジアにおけるイギリスの権益を守るには、どこかと同盟関係を結ぶ必要がある。

しかも、独立国であって、政治外交的にもイギリスに味方してくれるような強力な同盟国が必要だった。そうして探し出したのが、同じくロシアの南下に危機感を抱いていた日本であった。

こうしてイギリスと日本は、一九〇二年に日英同盟を締結する。

日英同盟の締結によって、イギリスは東アジア（極東）での日本との軍事的協力が可能になり、アジア太平洋海域における海軍力を補強することが可能になった。一方で、日本はロンドンのシティ金融市場で巨額の外債を発行することで、日露戦争（一九〇四〜一九〇五）の増大する戦費を調達するとともに、戦後のさらなる工業化の推進及び、中国市場への経済的進出が可能になったのだった。

日露戦争が勃発したとき、実は日本もロシアもかなり財政的には厳しい状態にあった。

当時日銀副総裁だった高橋是清は、戦費調達のための外債の起債を要請するため、アメリカとイギリスへ赴いた。先に訪れたアメリカでは、事情を説明したものの、当時アメリカが自国の産業発展のために外貨を必要としていたこともあり受け入れられず、続くロンドンへは悲壮な覚悟で赴いたという。

高橋是清。明治から昭和期にかけての銀行家、財政家、政治家（国立国会図書館蔵）。

当時イギリスでも、日本が大国ロシアに勝てるとは思われておらず、かなり条件は厳しかったものの、目標額の半分強の約五〇〇〇万ポンドの調達に成功する。

では、残りの五〇〇〇万ポンドはどうしたのか。これは当時たまたまイギリスに滞在していたアメリカの銀行家ジェイコブ・シフが引き受けてくれたのである。理由は、彼がアメリカのユダヤ人協会会長だったことが大きく関係していた。

実はロシアでは、一八八一年のアレクサンドル二世の暗殺をユダヤ人の犯行によるものと決めつけ、一万五〇〇〇人ものユダヤ人が虐殺されて以降、「ポグロム（ロシア語で破壊の意）」という組織的なユダヤ人迫害が続いていたのである。

日露戦争では、ロシアも戦費調達に苦しみ、ロンドン・シティに外債の起債を申し入れたが、このポグロムに対する反発から、ユダヤ系金融資本家は、ロシアがどんなに良い条件を提示しても受け入れを拒否している。

こうして金融戦で日本が勝利したことも、日露戦争で日本が勝利した要因のひとつだが、もうひとつ大きかったのが、日英同盟を結んでいたことで、日本の戦艦「三笠」に代表されるイギリス製の世界最新鋭の軍艦を調達できたことだった。

第二次世界大戦になると軍事力に占める空軍力がものをいうようになるが、第一次世界大戦までは、戦争の帰趨《きすう》を決するのは、海軍の戦力であった。そういう意味では、南アフリカ戦争によってイギリス陸軍の弱体化が露呈したというのは間違いではないのだが、海軍力に関しては、イギリス海軍がいまだ世界最強を維持していたのである。

このように、日英どちらにもメリットがあった日英同盟の締結だが、そうした直接的なメリット以上に、イギリスの伝統的な孤立外交政策がこれを機に大きく変わっていくという「転換点」として、大きな意味を持っていたといえる。

というのも、イギリスはこれを機に、二年後の一九〇四年には英仏協商を、さらに一九〇七年には、それまで敵対していたロシアとも英露協商を結び、英仏露の「三国協商」を構成するまでに至っているからだ。

この急激な変化の背景にあるのは、新たな仮想敵国「ドイツ」の存在であった。

では、ドイツはいつからこんなにも恐れられる存在になったのか。

ドイツが国民国家として統一されるのは、一八七一年と遅い。それまでの領邦国家は、プロイセン王国の国王ヴィルヘルム一世を皇帝に戴き、ドイツ帝国を完成させた。これが一八七一年である。

軍事力の統一がなされたのはこのときだが、経済力では、すでに一八四〇年代からドイツ関税同盟が作られており、領邦国家が相互に協力して、経済的には事実上一体化が進んでいた。

この間、プロイセン王国の首相としてドイツの統一を指導したのが、「鉄血宰相」の異名で知られるオットー・フォン・ビスマルクであった。

ドイツの存在感は、彼が主導した十九世紀後半の「ビスマルク体制」によって築かれたといってもいいだろう。

第一次世界大戦と変化するイギリスの思惑

第一次世界大戦（一九一四〜一九一八）については、すでに多くの人がさまざまな角度から考察しているが、イギリスにとって、第一次世界大戦はどのような戦争だったのかというと、「帝国防衛の戦い」といっていいだろう。

第一次世界大戦は、一般的には「帝国主義戦争」と位置づけられているわけだが、当時のイギリスはすでに広大な植民地を保有しており、それ以上の拡大を目指す必要はなかった。したがって、イギリスにとってこの戦争は、後から迫ってきて、領土拡張主義政策を取るドイツ帝国やオーストリア＝ハンガリー二重帝国に、帝国を侵食されるのをいかに防ぐのか、という防衛戦争ということになる。

問題は、その「防衛戦争」という性格が、途中で変化していったことである。

なぜ性格が変化したのか。そこに深く関わっているのが、先の土地課税の問題で登場したロイド・ジョージである。

開戦の翌年、一九一五年に自由党・保守党・労働党連立によるアスキス挙国一致内閣が成立すると、ロイド・ジョージは新設された軍需大臣に就任。軍需産業への政府介入の強化に努めるようになっていく。

翌一九一六年に陸軍大臣に就任した彼は、さらに挙国一致内閣の首相に推挙され、戦争を指導するようになっていった。

その頃からイギリスの方針は少しずつ変わっていき、それまでの防衛を主とする戦い方から、むしろドイツの植民地を奪取するという方向に進んでいく。

第一次世界大戦では、オスマン帝国がドイツ側について参戦してくるのだが、オスマン帝国はこれまでイギリスが非公式帝国として、その経済力を通して影響力を行使してきた地域である。

そこでイギリスは、当時オスマン帝国内で起きていた、独立を目指すアラブ人による民族運動を積極的に支援する政策を取るようになる。このとき、イギリスとアラブ人とのパイプ役として活躍したのが、映画『アラビアのロレンス』で有名になったイギリス人将校トマス・エドワード・ロレンスであった。

つまり、オスマン帝国領の中でもアラブ人が多くいて、後にイラクやパレスティナとなる地域を、事実上イギリスの支配地域として取り込むことで、イギリスの影響力を拡張していこうとしたのである。

こうして、もともとは帝国防衛というディフェンスを目的とした戦いが、ある時点から帝国拡張の絶好の機会であるという捉え方に変化していったのである。

イギリスが中東での勢力拡大を狙った目的は、オスマン帝国が中東に持っていた石油の権益であった。

第一次世界大戦が始まる前から、石油は海軍の艦船を動かすためのディーゼル機関の燃料として重要性が増していた。そのため、将来的にも石油資源を押さえることが戦争の帰趨を決するという認識をロイド・ジョージは持っていたのだろう。

中東の石油資源を押さえるためには、それまでのような経済力による非公式の支配よりも、公式帝国か、それに限りなく近い保護国として直接支配下に置いたほうがはるかに有利なのは間違いない。そう考えると、この戦争は石油資源をイギリスが確保する絶好のチャンスなのではないか、と、発想が変化していったのだろう。

ドイツとイギリスの勢力争いの場は、中東だけではない。

当時ドイツは自国の商船隊を介して、ブラジルなどラテンアメリカ諸国と、非常に強力な貿易関係を構築していた。

しかしラテンアメリカ諸国は、もともとイギリスが力を持っていた非公式帝国でもあった。そこにドイツが影響力を伸ばしているというのも、イギリスにとって脅威であったことは間違いない。

こうした脅威に対抗するためには、防御だけでなく、積極的に権益を獲得していくことが重要だとロイド・ジョージは考えたのだろう。

第7章　帝国の衰退

――新たな「コモンウェルス」体制へ

戦時協力とナショナリズムの高まり

二十世紀のイギリス帝国には、大きくふたつの変化が見られる。

ひとつは、公式帝国の再編と解体。もうひとつは世界におけるイギリスの影響力の縮小である。

十九世紀末からナショナリズムの高まりが見え始めた白人植民地は、白人自治領「ドミニオン」へと変化し、帝国の中で自立を進めた。さらに二十世紀になると、第五回帝国会議で本国がドミニオンに防衛費の負担を求めたことを機に、カナダとオーストラリアは独自の海軍の創設を主張し、これが認められている。

こうしたドミニオンの自立をさらに推し進め、旧来の「帝国」とは異なる新たな体制「コモンウェルス」へと再編していくきっかけとなったのが、第一次世界大戦の勃発と、帝国内の戦時協力だった。

一九一四年八月四日、イギリス国王ジョージ五世（在位一九一〇～一九三六）は、ドイツに対して宣戦布告した。これは、帝国諸地域の植民地政府や住民の意思にかかわらず、イギリス帝国全体を代表しての宣戦を意味していた。

親ドイツ的なアフリカーナを抱える南アフリカを除くドミニオンは、即座に本国政府の決定に同意し、軍隊の派遣に着手している。カナダからは四五万八〇〇〇人が、オーストラリアからは三三万一〇〇〇人が、ニュージーランドからは一一万二〇〇〇人がそれぞれ送られた。また、当初は参戦に慎重な態度を取っていた南アフリカも、最終的には七万六〇〇〇人を派遣している。だが、最大の兵を派遣したのは、英領インドだった。

大戦勃発当初のインド軍の兵員数は、戦闘要員が一五万五〇〇〇人、非戦闘員が四万五〇〇〇人、合計約二〇万人しかいなかったが、開戦とともにそのほとんどが戦地に派遣されている。その後も戦線の拡大とともに多くのインド人が集められ、最終的には約一〇九万六〇〇〇人のインド人が海外に派兵されている。

十九世紀の南アフリカ戦争のときには、インド兵を白人同士の戦線へ投入することが躊躇されたが、第一次世界大戦では、そうした人種的偏見よりもインド軍の戦闘能力の高さが重視されたため、インド兵はヨーロッパ西部戦線にも送られている。植民地では支配者であったイギリス人兵士と対等の立場で戦闘に参加したことは、ヨーロッパ戦線に派兵されたインド人兵士に自信と誇りをもたらし、同時にナショナリズムの高揚にもつながった。

このように、ドミニオン及び英領インドから順調に戦時協力が得られる中、本国のお膝元であるアイルランドでは反戦派の急進的共和主義者による武装蜂起「イースター蜂起」が起きている。

イースター蜂起が起きたのは、戦時中の一九一六年四月。蜂起自体は一週間で鎮圧されたが、イギリス政府が蜂起を指導した一五名全員を処刑するという過酷な処置を取ったことで、アイルランドの一般大衆の反英感情に火をつけ、結果的にアイルランドのナショナリズムを高めることになった。そして、一九一八年十二月の総選挙で圧勝したシン・フェイン党は、本国のウェストミンスター議会への出席を拒否し、ダブリンにアイルランド共和国議会を開設し独立を宣言したのである。

しかし、アイルランドの独立を本国が素直に許すはずはなく、両者の間で独立戦争が展開された。そして一九二一年十二月、緊迫した交渉の結果、両国が妥協する形で「アイルランド条約」が締結された。

この条約は、当時イギリスの首相だったロイド・ジョージが考案したといわれるものだが、その内容は、アイルランドをプロテスタントの多い北部六州と、カトリックの多い南部二六州に二分割し、北部はイギリスの自治領として残し、南部は「アイルランド自由国／Irish Free State」というドミニオンとして形式的ではあるが独立を認めるというものであった。

一方、戦後の自治を期待して大規模な戦時協力に応じたインドでは、第一次世界大戦後の一九一九年に新たに「インド統治法」が制定されたが、その内容は地方の州政府に部分的な自治が認められただけで、インド政庁には、引き続き本国のインド総督やインド高官文官が残されるという「両頭政治」であった。

それでも、戦時協力への見返りとして、法制上は植民地でありながら、インド政庁に関税自主権が委譲されたことは画期的なことであった。

しかし、同時にイギリスは、一九一九年に制定したローラット法に基づき、インドの民族運動に対し抑圧を強めてもいる。そして、こうしたイギリスの圧力は、却ってインドの抗議運動を加速させることにつながった。南アフリカから帰国したガンディーが非協力運動を始めたのもちょうどこの頃のことである。

民族自決の原理が帝国支配を揺るがす

第一次世界大戦後、イギリス帝国における最大の変化は、「ナショナリズム」に対する意識の変化だろう。

その大きなきっかけとなったのは、第一次世界大戦中の一九一八年に、アメリカの大統領のウィルソンが出した講和のための原則「ウィルソンの十四か条」であった。

これによって世界全体は、リベラルなナショナリズム、もっとはっきりいうと、それぞれの民族は自らの運命を自ら決すべきである、とする「民族自決の原理／セルフ・ディターミネーション（self-determination）」が広範に広がり、それを支持する動きが出てくることになる。

「ウィルソンの十四か条」は、一九一九年のパリ講和会議でも議題として取り上げられ、そこでの議論に基づいて創設されたのが「国際連盟」であった。国際連盟が創設されたこと自体が、民族自決の原理を世界が事実上認めた証だといっていい。

ただし、この時点では、民族自決の原理は、アジア・アフリカ地域には適用されていない。この原理が適用されたのは、ヨーロッパの中で力の弱い民族、具体的にいえば、ドイツの侵略の対象になったベルギーやバルカン諸国及びオスマン帝国支配下の民族、オーストリア＝ハンガリー帝国に今まで組み込まれ、支配されていたポーランド、ハンガリー、ブルガリアといった地域に対して自立を認めようというのが、この時点での民族自決の原理であった。

民族自決の原理が正当な要求として認められたということは、別の見方をすると、第一次世界大戦以降は、非常に露骨な帝国主義支配ということがやりにくくなったということでもある。

とはいえ、すぐに意識が切り替わったわけではない。イギリスや日本は、第一次世界大戦後も以前と同じやり方を続けている。

しかし、人種差別意識や人種的な階層秩序（ハイアラーキー）を前提にした、支配する側と支配される側という垂直的な区分のもと植民地支配を続けていくことが非常にやりにくくなったことも事実である。

支配される側から、自分たちも自立したいという声が上がり、独立とまではいかなくても、自治権は与えてほしいという声が上がる。実際、インドの民族主義者は、自分たちにもカナダと同程度の自治権を与えてくれと要求するようになるのだが、イギリスはこれを公的には断れない状況に追い込まれていく。そういう状況が世界全体で生まれてくるのが、第一次世界大戦以前と以後との決定的な違いである。

民族自決の原理が広まりを見せた要因として、ウィルソンに代表されるアメリカの外交政策が大きな役割を果たしたのは事実だが、もうひとつ、一九一七年のロシア革命も大きく影響している。

ロシアでは、一九一七年のロシア革命を経て、一九二二年に世界初の共産主義政権「ソヴィエト社会主義共和国連邦（ソ連）」が誕生する。

ロシア革命でレーニンは、「平和についての布告」を発表し、その中で、無併合、植民地主義反対、秘密外交撤廃を掲げた。これに対し、連合国側は面と向かって批判・否定するということが論理として非常に難しかったため、ウィルソンは「十四か条」の中に民族自決の原理を加えたといわれている。

実際には、この時点での「民族自決の原理」は、その後骨抜きになっていくのだが、それでも、民族自決という原理が、ひとつの理想として定着するきっかけとなったのが第一次世界大戦であったことは間違いない。

事実、これによって、イギリス帝国の構造自体も変化を余儀なくされている。

どういうことかというと、十九世紀的な支配の仕方、つまり、アジアは遅れているのだから、彼らが成長してくるまでは「シビライジング・ミッション（civilizing mission）／文明化の使命」に従って、彼らを保護してやる必要がある、というイギリスがそれまで言っていた論理の正当性が問われることになったのだ。

インド国民会議においても、英語教育を受けたエリートの中から、自治権や最終的な独立を主張する人たちが現れ始め、イギリス本国が、彼らの要求に対し、立場上「ノー」と言いにくくなっていったのもこのためである。

第一次世界大戦後のイギリス帝国がそれ以前と決定的に違うのは、力を持ってきたナショナリスト、いわゆる民族主義者たちをいかに納得させるのか、悪い言葉でいうと、いかにして彼らを抱き込んでいくのか、あるいは彼らと妥協策を探って、いかに帝国支配を続けていくのか、ということが非常に重要な課題になった、ということであった。

今までのような、軍事力や警察力を前面に出して武力で押さえつけるというやり方ができなくなったことが、決定的な違いだということである。これは同時に、イギリス本国にとっては、もっとうまい支配の仕方、もっと巧妙な、反発をあまり招かないような、それでいて自分たちの利益が引き続き確保できるような体制を、システムとしていかに作っていくのか、ということが大きな課題になったということでもある。

ではイギリスは、この今までとは根本的に異なる発想を必要とする課題に対して、どのような対応を取っていったのか。ポイントとなるのは、この時点での民族主義者の中心はどこにあるのか、ということであった。

答えは明白で「アジア」であった。さらに詳しくいうなら、英領インドの国民会議派であり、中国の民族集団であった。

二〇二一年に中国共産党は結党百周年を迎えたことは記憶に新しい。つまり、中国共産党が結成されたのは一九二一年で、それは一九一九年から始まった五・四運動の過程のことだったということだ。この中国共産党の結成に代表されるように、アジアにおいて、グローバルな植民地支配、帝国支配に抵抗する人たちが姿を現してくるのが一九二〇年代であった。

インドでガンディーを中心に、植民地支配に対する批判の勢いが急激に力を持ってくるのも、やはり一九二〇年であった。

したがって第一次世界大戦直後の一九二〇年代が、アジアにおけるナショナリズム運動の大きな転換点になっているといえる。アジアと限定したのは、この時点ではアフリカではまだこうした動きは見られていないからだ。ナショナリズムは、アジアで先行して変化が生じたといえる。

二層構造の「帝国＝コモンウェルス体制」

こうした状況の変化を踏まえると、イギリス帝国にとって白人自治領「ドミニオン」と協力してイギリスのグローバルな影響力を維持していくことは、非常に重要であった。ドミニオンは、統治にあまり費用がかからない上、イギリスに非常に協力的であった。そういう意味でも、イギリスにとってドミニオンは、重要なパートナーだったといえる。

ドミニオン諸国は、戦時協力の代償として、戦後のヴェルサイユ講和会議への参加が認められ、講和条約においても独自の調印権が与えられた。

戦後新たに発足した国際連盟や国際労働機関（ＩＬＯ）といった国際機関でも、ドミニオンの代表権が認められた。これらはイギリスを「後見人」とした、変則的な形であったが、ドミニオン諸国が事実上の独立国として、国際社会に認められたことを意味している。

だが、ドミニオンが事実上の独立国家になっていったことは、必ずしもイギリス帝国の弱体化を意味するものではない。

確かに、こうした動きは、一九一一年の帝国会議で目指していた本国との「対等化」が実質化していったものだが、オーストラリアやカナダが自立したからといって、イギリスに敵対する勢力になるのかというと、それは絶対にあり得なかったからだ。なぜなら、両者の間には人的なつながりがずっと続いており、文化の面でも非常に強力な本国志向が見られたからだ。

さらに、第一次世界大戦において、ドイツの植民地を占領した三つのドミニオンは、戦後、南アフリカ連邦が南西アフリカ（現ナミビア）を、オーストラリアがニューギニアとビスマルク諸島を、ニュージーランドが西サモアを、それぞれ国際連盟から委任統治領として任されている。

このときイギリス本国も、中東の旧オスマン帝国（パレスティナ、トランス＝ヨルダン、イラク）と、アフリカの旧ドイツ領（タンガニーカ、カメルーン）の委任統治を任されている。ただし、先にも触れたように、この時点では民族自決の原理は、非ヨーロッパ地域には適用されなかったので、委任統治領の実態は、旧来の植民地と変わらなかった。そして、こうした委任統治領が加わったことで、イギリス帝国の公式版図は、一九二〇年代初頭に史上最大となったのである。

そうした中、一九二六年の帝国会議で、南アフリカとアイルランドが、主権国家として自国の独立性を強く主張し、もしもその確認が得られないなら、帝国から離脱すると示唆した。帝国会議はこれに関し討議を重ね、本国とドミニオンの地位が対等であることを認める「バルフォア報告書」を提出。そして同時に、本国と対等の地位にあるドミニオン諸国が「イギリス連邦」という「共同体（Commonwealth）」を作ることが提言された。

この提言は、一九三〇年の帝国会議において承認され、一九三一年十二月に「ウェストミンスター憲章／Statute of Westminster」として再確認された。

これによってイギリス公式帝国は、国政上は、本国と対等の地位にある英領コモンウェルス(The British Commonwealth of Nations)の特権的な一員としてのドミニオン諸国と、従来通りの従属的な植民地が併存する「帝国＝コモンウェルス体制」に移行したのである。

このあたりから、イギリス帝国は二層構造が明確化していく。

ひとつは自治権を与えられた白人自治領「ドミニオン」諸国。これらは本国と対等の立場が認められ、議論できる事実上の独立国家である。

もうひとつは、インドやアフリカのナイジェリアやケニアといった有色人種を支配しているいわゆる「従属領」である。伝統的な上下関係が非常にはっきりした植民地といってもいいだろう。「帝国＝コモンウェルス体制」は、こうしたふたつの要素で構成された。

したがってドミニオンの事実上の独立は、イギリスにとっては、むしろ非常に強力な味方となる国家が増えていくという、ポジティブな面のほうが大きかったといえる。

ドミニオンは独立国家になっても、イギリスは自分たちの宗主国であるという意識は持ち続けていたからだ。

第一次世界大戦から、第二次世界大戦までの戦間期における最大の出来事は、やはり一九二九年の「世界恐慌」だろう。

一般的な通史では、一九一四年から一九一八年にかけての第一次世界大戦がヨーロッパの没落を招き、イギリス帝国体制の変容のきっかけになったという位置づけになっている。

だが、世界を大きく変えた影響力という点においては、第一次世界大戦よりも、むしろ一九二九年十月にアメリカで始まった「世界恐慌／グレート・ディプレッション（The Great Depression）」のほうがインパクトは大きいといえる。

世界恐慌は、グローバルヒストリーにおいても、一大ターニング・ポイントになった出来事である。なぜなら、世界の経済システムにおいて、アメリカが圧倒的な力を持つに至ったことが明確になるのが、この一九二九年の世界恐慌以降だからである。

それだけではない。もうひとつの大きな変化として、世界恐慌は、いわゆる非ヨーロッパ地域でのナショナリズムの活発化を誘発したといえる。

ナショナリズムについては、すでに述べたように、一九二〇年代もかなり大きな動きがあった。だが、一九三〇年代に経済的な不況に直面したことで、独立と同時に経済不況をどのように克服するのか、という模索が進められ、それがアジアだけでなく、アフリカ諸地域においてもさまざまな改革の動きへとつながっていったのである。こうした「経済的なナショナリズム」とでもいうべき動きが、この世界恐慌以降、大きく始まっていったのである。

さらに、世界恐慌がもたらしたもうひとつの大きな変化は、「脱植民地化」である。

一般的には、脱植民地化の流れは、第二次世界大戦後に本格的に展開されていったといわれている。それはある意味正しいのだが、脱植民地化を求める声が高まり始めるのは、実は一九三〇年代なのである。

とりわけアジアにおいては顕著であった。その背景にあるのは、世界恐慌によってもたらされた経済苦境であることは間違いない。つまり、世界恐慌が、脱植民地化の流れを加速化させるきっかけになったということだ。

世界恐慌のポイントは、世界経済の中心になりかけていたアメリカのニューヨークから始まった、というところにある。

第一次世界大戦の時点で、すでにアメリカの軍事力は突出していた。協商国・連合国が勝利できたのも、アメリカの参戦のおかげであったことは間違いない。

ただし経済力においては、アメリカはイギリスと同等か、あるいはまだ少しイギリスのほうが上回っていた。とはいえ、第一次世界大戦の戦費調達において、アメリカの資金が非常に重要な役割を果たしたことは事実である。したがって、第一次世界大戦を遂行する過程で、アメリカの経済力が、急激に強まっていったことは間違いない。

とりわけ軍需物資の生産、「モノ」作りという点でアメリカの製造業は圧倒的な力を持っていた。その物量は、その後、一九二〇年代のアメリカ黄金時代につながるもので、そこまで来るとイギリスはもう敵わなかった。

それでもイギリスが力をある程度保持できたのは、貨幣、つまり世界の基軸通貨としてのポンド（スターリング）の力であった。アメリカの米ドルも非常に大きな力を持ってきてはいたが、まだポンドに代わって世界の基軸通貨になるだけの力は持っていなかった。

そうした中で起きたのが、世界恐慌だったのである。

きっかけは、一九二九年十月二十四日にニューヨーク証券取引所で起きた株価の暴落だった。恐慌の原因は、農作物や工業製品の過剰生産や、アメリカの保護貿易による国際貿易の低迷、行き過ぎた投機熱など、さまざまな要因が複雑に絡み合っていた。そのため恐慌状態は長期にわたり、工業は低迷し、約六〇〇〇の銀行を含む多くの企業が倒産した。その結果、失業者は、一九三二年には一二〇〇万人を超えた。

こうしたアメリカ経済の破綻は、世界中に深刻な影響を及ぼし、世界恐慌へと拡大した。アメリカの恐慌の影響を受けなかったのは、唯一世界経済から独立して計画経済を進めていたソ連だけであった。

先述のように当時イギリス帝国は、それほど衰退していたわけではないが、工業生産（製造業）においてはアメリカのほうが上回り、金融面においても米ドルの影響力が急速に高まっていた。そのアメリカの金融界が投資資金を西ヨーロッパ諸国、とりわけドイツから引き上げたことで、イギリス帝国も恐慌に巻き込まれていった。

ウィン・ウィンの関係だった戦間期の日英貿易

アメリカで生じた恐慌が波及してくるまでの時間には、地域差がある。

イギリスの場合、深刻さが増してきたのは、一九三一年以降であった。その深刻な状況を打開するためにイギリスは、一九三一年九月に国際金本位制から離脱している。さらに、翌一九三二年の夏には、カナダのオタワで開催した帝国経済会議で「スターリング・ブロック（スターリング圏ともいわれる）」の形成に踏み切った。

これは一種の保護関税制度で、帝国特恵体制、あるいはオタワ体制（Ottawa System）ともいわれ、一般的には、イギリス版のブロック経済システムであると考えられてきた。

そして、これによってイギリス帝国は、本国と植民地（基本的には自治植民地が中心だがその中にはインドも入る）の経済的な連携に基づく非常に排他性の高いブロック経済システムに変わっていった、と考えられてきた。

こうした一般的にいわれてきた通説は、間違いではない。

だが、オタワ体制、あるいはスターリング・ブロックというのは、実は至る所にかなり大きな「穴」が開いており、その穴を通じていろいろなモノが依然として流通していたため、ブロック経済とはいっても、実際には海外のモノが帝国内に入ってくることは可能な状態だったのである。

つまり、一般的に考えられていたような、完全に域外国をシャットアウトするブロック経済ではなく、かなり融通無碍《ゆうずうむげ》な、柔軟性を持った緩やかな経済的なまとまりであったと考えたほうが実態には近い。

世界恐慌の影響は、発生国であるアメリカが一番ひどく、その次が過大な賠償金を課せられていた敗戦国ドイツであった。それに比べれば、イギリスはまだましだといえた。

それでも世界恐慌からの立ち直りが最も早かったのは、イギリスではない。最も早く立ち直った国は、実は日本であった。

日本の高橋是清の財政政策が、最初に効果を表したからだ。

通常は、世界恐慌からの立ち直りというと、アメリカのニューディール政策の効果が強調される。

ニューディール政策とは、一九三三年に大統領に就任したフランクリン・ローズヴェルトが導入した政策で、国家が経済に積極的に介入し、それによって景気回復を目指すというものである。具体的には、農民を救済するために農産物の価格を引き上げ、失業者を救済するために連邦政府が公共事業に投資するというものであった。

内容を見ればわかる通り、これは結果的には、イギリスのケインズが提唱していた、政府が経済に介入することで有効需要の創出を目指す「ケインズ政策」とほぼ同じものであった。

そして、この「ケインズ政策」を世界に先駆けて導入したのが、日本だったのである。

日本は、アメリカのニューディールよりも早い、一九三一年から一九三二年の段階ですでに経済を回復させている。

これほど早く効果が表れたのは、ケインズ政策と同時に、日本が、円の意図的な切り下げを行ったからであった。この通貨（為替レート）の切り下げを、先手を打つ形で行ったのが非常に大きな効果をもたらしたのである。

さらに日本は、先ほど触れたスターリング・ブロックの「穴」とも大きく関係している。

基本的に日本は、一九二一から一九二二年のワシントン会議で日英同盟を撤廃して以降、イギリスとは正式の同盟関係にはなく、経済的にもイギリスと特殊な関係を結んでいるわけではない。だから日本は一九三二年に導入された帝国特恵体制の枠外の国だといえる。

ところが、この時期に、その日本が作ったモノ、中でも工業製品（消費財）のイギリス帝国諸国への輸出が増えているのだ。

図24　1928～38年主要仕向地別日本綿織物輸出量

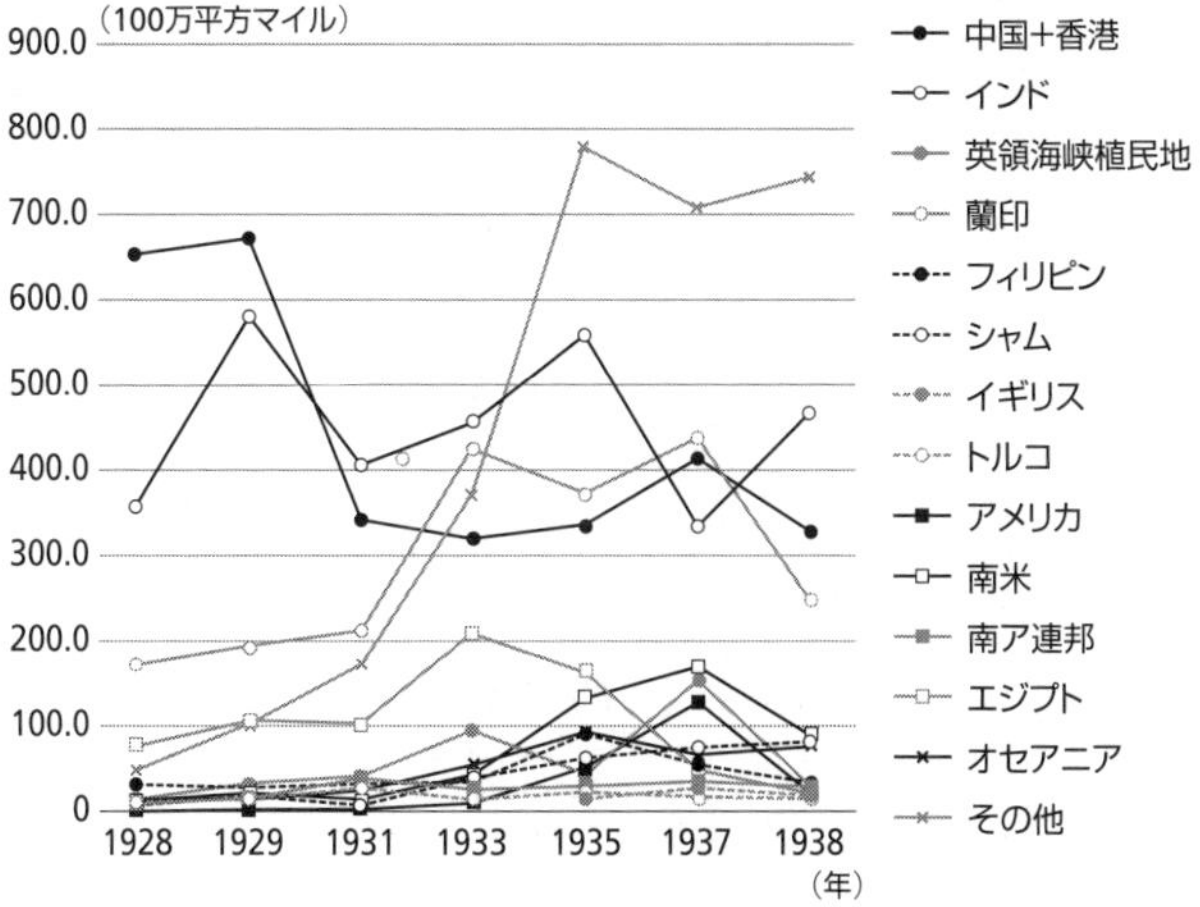

図25　日本の綿種別輸入高

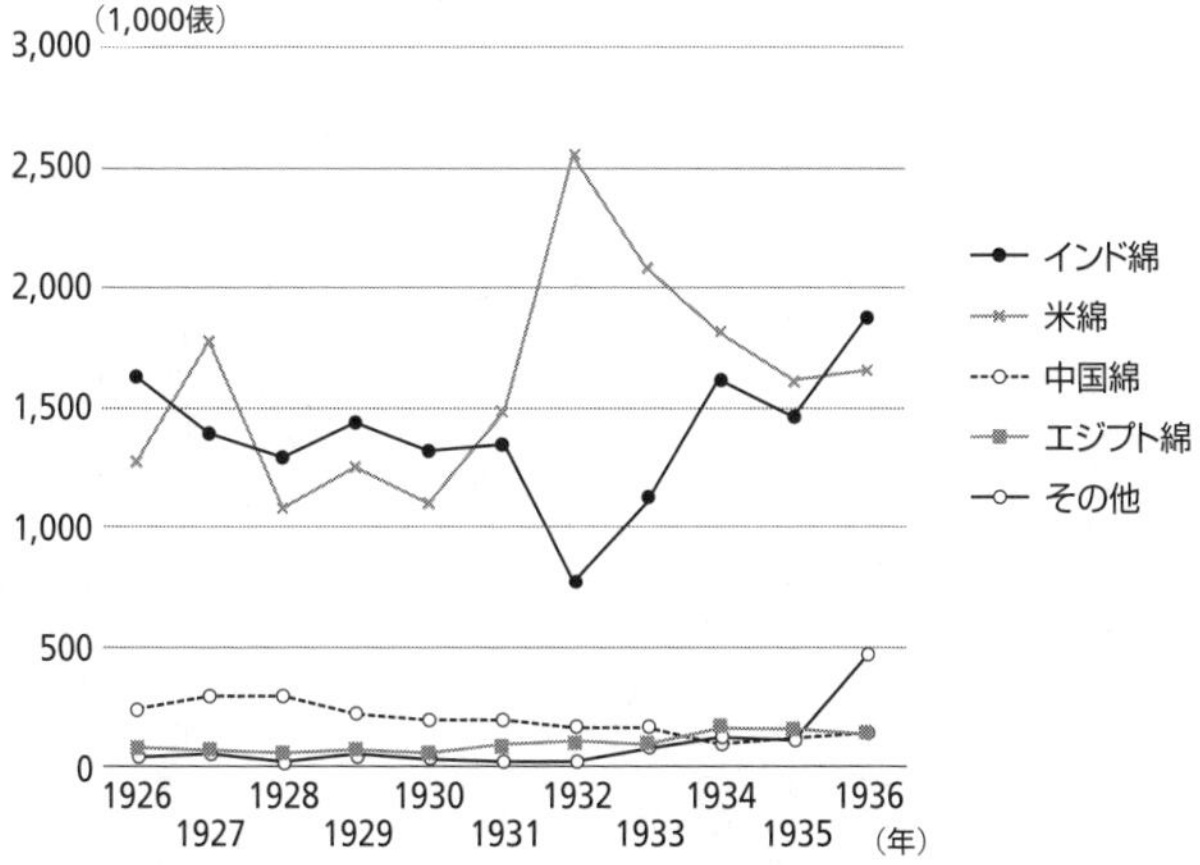

その最大の輸出先は、英領インドであった。

では、その工業製品とは具体的に何なのか。それは、大阪で作られた綿布や綿布を加工したメリヤス製品、つまり庶民が買えるような安い衣料品であった。そうした日常的な生活必需品としての雑貨が、日本の大阪や神戸から英領インド及び東南アジアに大量に輸出されているのだ。

もしも本当にスターリング・ブロックによって、保護貿易体制がガッチリ固まっていたのであれば、日本製品は入っていけないはずである。だが、現実には大量に輸出されている。

この現実は、どのように考えられているのかというと、一般的には、先ほども触れた為替の問題（円の切り下げ）が理由として挙げられている。

高橋是清のもと、この時期の円はポンドに対して最大で四五％も切り下がっている。この極端な円安によって、海外で日本の輸出品価格は大きく下落することになる。その結果、たとえ関税率が引き上げられても、関税分を相殺してもあまりある効果があり、日本の輸出が大きく伸びた、というのだ。

だが実際には、日本の製品は、大幅な為替の切り下げ効果が出る前から、イギリスが最も重要視している植民地であるインドに向けて大量に輸出されていた。これは英領インドだけではない。白人自治領であるオーストラリアやカナダといった英領ドミニオンに対しても日本製品の輸出は続いているのだ。

ここで重要なのが、日本は一方的に輸出だけしていたわけではない、ということだ。日本は工業化を進めていく上で不可欠な工業原料（第一次産品）を、イギリス帝国内から大量に輸入していた。海峡植民地（現在のシンガポール・マレーシア）からは鉄鉱石を、カナダからはパルプを、オーストラリアからは羊毛を、中でも最も重要だったのが、インドから大量に輸入していた棉花（原棉）であった。

こうした状況は、第二次世界大戦が勃発するまで続いている。なぜなら、こうした日本と英領インドの貿易、インド側の貿易黒字の獲得（日本からすれば貿易赤字）は、本国イギリスが、インドから「本国費」という名目で吸い上げる資金（カネ）の財源として必要不可欠なものであったからだ。イギリスにとって、基軸通貨であるポンド貨（スターリング）の国際的価値と信用を維持するには、日本のポンド貨依存が重要であり、他方、日本の工業化にはインド原棉が不可欠であった。

わかりやすくいえば、戦間期の日本とイギリスの関係は、少なくとも経済的にはウィン・ウィンの関係だったということだ。そして、このことからわかるのは、日本とイギリスが戦火を交える理由はなかったということだ。

しかし、従来の外交史家は、一九三〇年代の半ばから日本が行ってきた経済外交が失敗した

図26　1930年代のアジア国際経済秩序についての概観

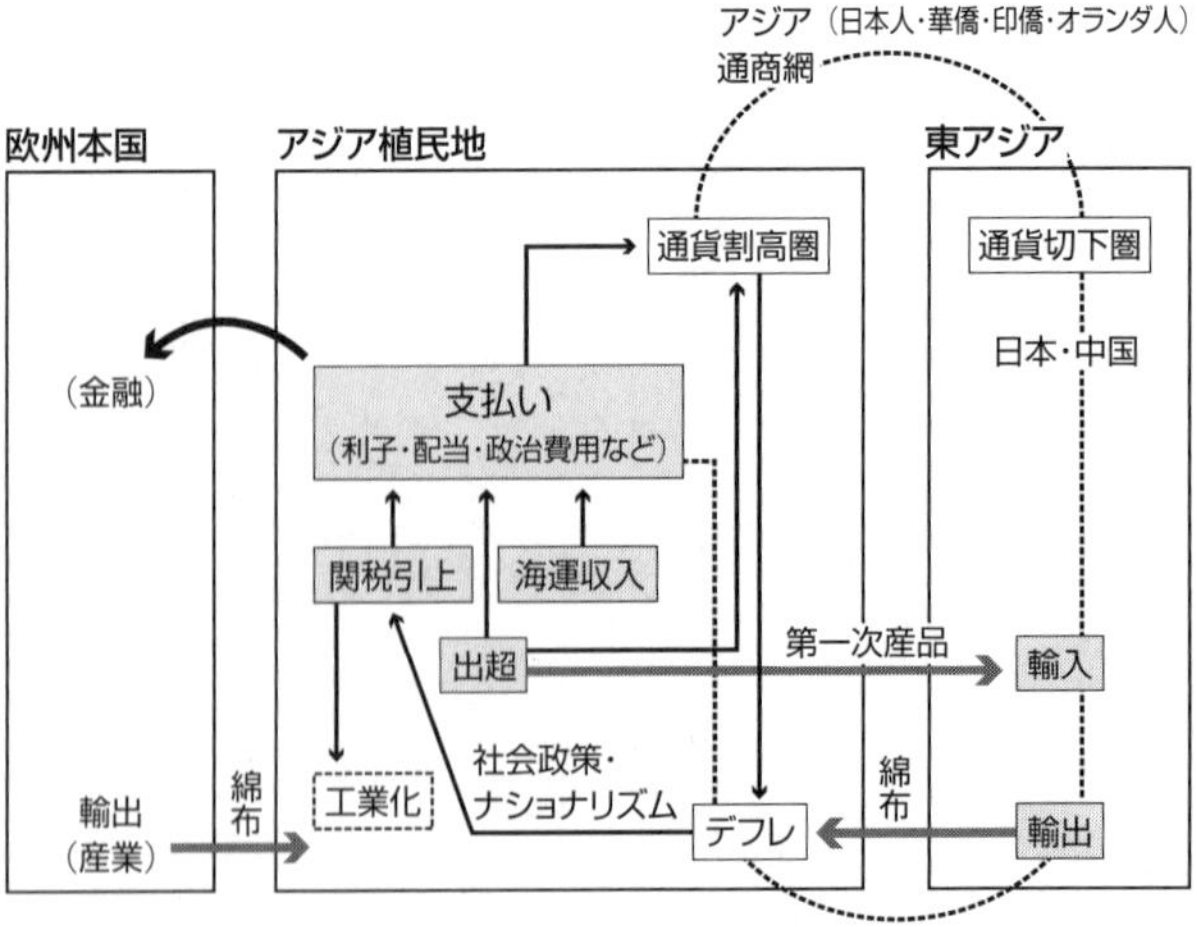

ことが第二次世界大戦勃発の誘因となった、という結論を出している。

　こうした従来の解釈は、本当に正しいのだろうか。この考察は根本のところが間違っていると思われる。

　従来の説では、日本は経済外交に失敗した、としているが、少なくとも高橋是清が、一九三六年二月の二・二六事件で暗殺されるまでは、彼の敷いた路線で日本の外交はかなりうまくいっていたと考えてよい。

　ただし、高橋是清にも問題点がないわけではない。

　高橋是清による政策によって、膨大な赤字国債が発行された。その増えた政府の資金の大半が、軍備増強に向けられてしまっていることだ。これは、高橋が軍部の圧力に抗い得なかった結果だといえる。

だがその高橋も、このままでは国家財政が破綻するという直前になって、やっと、軍備の削減を打ち出している。だが結果的には、このことが軍部の反発を招き、最終的に高橋は暗殺されるという悲劇につながったのである。

なぜチェンバレン内閣は宥和政策を行ったのか

日本で二・二六事件が起きた翌年の一九三七年、イギリスではネヴィル・チェンバレンが首相に就任している。彼は当時、軍備増強と領土の拡大を進めるナチス・ドイツに対し宥和《ゆうわ》政策を取ったことで知られる人物である。

その後の歴史を知る私たちは、なぜナチス・ドイツに対して宥和政策を取ったのか、と思うかもしれないが、これも当時においては、イギリス帝国を守るための決断であったことは間違いない。

当時、チェンバレンが最も重要視していたのは、イギリス帝国の体制をいかに維持していくのか、ということであった。彼が一番恐れていたのは、世界におけるイギリスの優位をアメリカが侵食してくることであった。

事実、アメリカは、帝国の諸地域のマーケットにおいて輸出を拡大していた。こうしたアメ

ネヴィル・チェンバレン。イギリス保守党の首相。

リカの経済的な進出を通して、イギリス帝国の優位が脅かされていくことを彼は恐れていたのだ。

それに加え、アメリカとややこしい外交交渉をするぐらいなら、ドイツのヒトラーのほうが、まだ交渉の余地がある、とチェンバレンは思ったのだろう。

当時のドイツは、東ヨーロッパへの影響力拡張を目指していたため、帝国の経済圏に進出してきているアメリカよりはまだ話ができる、ということだ。

それに加え、彼自身が、アメリカとの競争を強く意識する立場にあったことも、彼の判断に影響した可能性は大きい。

チェンバレンは、十九世紀末に南アフリカ戦争を進めたジョゼフ・チェンバレンの次男であった。彼の異母兄のオースチン・チェンバレンも政治家で、一九二〇年代の終わりに外相を務めているが、チェンバレン家というのは、すでに述べたようにもともとバーミンガムの工業資本家なのだ。この時代には、それもかなり薄まっていたとはいえ、彼の頭に産業利害の保護が存在していたことは間違いない。

これらが、彼がナチス・ドイツに対し、「宥和政策／アピーズメント・ポリシー（appeasement policy）」を取った重要な理由であった。

結果からいうと、この政策は間違っていたわけだが、この時期のイギリスが、ドイツに対抗するための再軍備を進めるのではなく、宥和政策を選んだ理由はもうひとつある。

それは、イギリスの財政基盤が、大恐慌以降弱体化しており、そもそも急激な軍備拡張政策をするだけの資金的な余裕がイギリスになかった、ということだ。

このとき恐慌の被害が最も大きかったアメリカのローズヴェルト政権は、すでに極端な赤字財政に舵を切っていた。そして、ケンブリッジ大学のケインズは、経済を立て直すためにはイギリスもそうすべきである、と主張していた。

しかし、「政府主導で膨大な赤字予算を組み、それで経済復興政策を行えば必ずうまくいく」というケインズの言葉を、当時蔵相だったチェンバレンは、どうしても受け入れることができなかった。

なぜなら、大幅な財政赤字を出してしまえば、ポンドの国際的な信用が落ちる危険性があったからだ。

ポンドの価値の維持は、当時のイギリスにとって最も重要なものであった。

世界の基軸通貨として、米ドルを上回る形で位置づけられていたポンドの国際的信用を守ることこそが、イギリス経済を支えていく上での最重要課題だったといっても過言ではない。

そのため、あえてポンドの価値を落としてまで軍備を増強すべきなのかと考えたとき、チェンバレンの答えは「ノー」だったのである。

もちろんチェンバレンは、軍備増強の必要性そのものを否定していたわけではない。ただ、軍備を増強するにしても、できるだけスローペースで行うことを、具体的にいえば、財政赤字を出さない「均衡財政政策」を堅持し、ポンドの国際的価値・信用力を維持しつつ行うことを目指したのである。

ナチス・ドイツと最終的に対決するにしても、できるだけ時間を稼ぎたい、ということだ。宥和政策は、その時間を稼ぐための妥協策だったといってもいい。

後にこうしたチェンバレンの政策は、間違っていたと非難されることになるわけだが、同時代の人々の多くが、彼の政策を支持していたことは事実である。

たとえば、開戦の一年前、一九三八年九月にチェンバレンは、悪評高いミュンヘン協定をヒトラー、ムッソリーニらと結んでいるが、そのとき国民は「ああ、これで戦争は回避された。よくぞ外交で解決してくれた」と、チェンバレンの帰国を喝采で迎えているのだ。

これは、イギリスの世論が、ヒトラーに脅威を感じながらも、できることならば戦争は避けたいと考えていたことを示している。つまり、国内世論的には、チェンバレンはかなり支持されており、こうした戦争回避を望む世論は、第二次世界大戦の勃発直前まで続いていたのである。

これは親米とか親ドイツといった問題ではなく、第一次世界大戦で国民に厭戦《えんせん》気分が根強かったことが大きい。さらに、再軍備も進んでいないない現状で、戦争はできないという意識もあった。

だが、こうしたイギリスの時間稼ぎは、長くは通用しなかった。

そのとき、首相となったのが、ウィンストン・チャーチルであった。親米派のチャーチルは、ヒトラーのナチス・ドイツとは絶対手を結ばないという固い信念のもと、アメリカの力を借りて帝国を防衛することを決断する。

ナチス・ドイツに対抗し、その上でイギリスが生き残るには、もともと同じアングロ・サクソンであるアメリカの助けを借りるしかない、とチャーチルは考えたのだ。

ウィンストン・チャーチル。イギリス保守党の首相。

第8章 したたかに生き残るイギリス
——金融立国の道へ

アメリカの戦時協力とその代償

第二次世界大戦末期の一九四四年七月、アメリカのニューハンプシャー州、ブレトン・ウッズで、連合国四四カ国の通貨担当者が一堂に会する国際会議「連合国通貨金融会議」が開催された。

この会議において締結されたのが、「ブレトン・ウッズ協定」である。

その内容は、アメリカのドルを基軸とした固定相場制を導入することで、金兌換によって信用が裏打ちされた米ドルと連合各国の通貨との交換比率を一定に保ち、世界恐慌以後の乱れた世界経済を安定させることを目的とする、というものであった。

これにより、世界経済の基軸通貨は、完全に米ドルへと移行することになり、それ以後のイギリス帝国の課題は、アメリカ中心の「パクス・アメリカーナ」の中で、いかにその影響力を残していくのか、ということになっていった。

このブレトン・ウッズ体制は、一九七一年八月にアメリカのニクソン大統領がドルの金兌換停止を打ち出し、ドルの実質的切り下げを行ったことによるドル危機、「ニクソン・ショック」まで二十七年間も続く。そういう意味では、現代史における、大きな転換点だったといえるだろう。

もちろん、ブレトン・ウッズ体制になったからといって、すぐにイギリスの影響力が失われたわけではない。イギリスの影響力は、少なくとも一九六〇年代ぐらいまでは続く。ただし、一九五〇年代、一九六〇年代と、脱植民地化が急速に進んでいったこともあり、それはあくまでも「アメリカの庇護のもとで」のものであった。

大西洋上会談。1941年8月、アメリカ大統領ローズヴェルトとイギリス首相チャーチルが大西洋上の艦船で行った会談。

　では、イギリスはいつから、この「アメリカの庇護のもと」に入ったのだろうか。

　それはブレトン・ウッズ体制よりも前、一九四一年八月に、イギリスの首相チャーチルとアメリカ大統領ローズヴェルトが大西洋上で会談、合意した「大西洋憲章(Atlantic Charter)」あたりからと見ていいだろう。

　このときすでに第二次世界大戦は始まっていたが、アメリカはまだ参戦していない。アメリカが参戦するのは、この会談の約四ヶ月後に起きた真珠湾攻撃以後のことである。それなのにアメリカは、この時点ですでに軍事的にイギリスを支援すると明確に約束している。

このとき約束した支援が形となるのは、同年十月に承認された、対英一〇億ドル相当の「レンドリース（Lend-Lease）」である。その後もイギリスのアメリカへの軍事的・経済的依存は続き、最終的にアメリカからの戦時借款は二七〇億ドルという巨額に及んだ。この巨額の資金調達ができなければ、イギリスが財政的に戦争を継続できなかったことは間違いない。

だが、こうした巨額の援助は、当然のこととして代償を伴った。

その代償とは、アメリカが推進する反植民地主義への同意である。事実、一九四一年の英米首脳会談で合意した大西洋憲章には、あらゆる国民に対する民族自決が明記されている。そのためチャーチルは、庶民院で演説した際、大西洋憲章はインドやビルマ（現ミャンマー）などイギリス帝国の諸地域には適用されない、と弁明している。

それだけではない、アメリカはレンドリースの条件として、イギリス帝国の特恵体制を戦後は解体し、自由貿易を導入することを要求した。

戦争前半のイギリスの帝国防衛は非常に厳しく、特に一九四二年二月のシンガポール陥落は、チャーチルに「帝国史上最も壊滅的で最悪の屈辱」と言わしめるほどの痛手であった。なぜなら、これによってアジアにおけるイギリスの権威は失墜し、さらにビルマを攻略した日本軍がオーストラリア北端のダーウィンを空爆したことで、オーストラリアとニュージーランドも、国防・安全保障面でアメリカに依存せざるを得なくなっていったからだ。

インド軍の戦争協力でできた大きな「ツケ」

アメリカの支援がなければ、イギリスが第二次世界大戦を戦い抜くことはできなかった。だが、戦時下のイギリスを支えたのは、アメリカだけではなかった。もうひとつ、戦時下のイギリスを支えたのが、帝国内で最大の戦争協力を行った英領インドであった。

一九三九年から一九四六年までに、海外に派兵されたインド軍及びインド人労働者の数は二一五万人。同じ時期のドミニオン諸国からの戦時動員を見ると、カナダが七八万人、オーストラリアが六八万人、ニュージーランドが一五万七〇〇〇人、南アフリカが一四万人である。こうした数字と比べると、インドからの動員がいかに大きなものであったかわかるだろう。

もちろん、ドミニオン諸国と英領インドでは、単純に人数だけで比較はできない。なぜなら経費負担の面において、両者には大きな違いがあったからだ。

インドの場合、一九三九年十一月に結ばれた英印防衛費協定によって、インド政庁が負担するのは、平時における通常経費相当額と純粋なインド防衛に関わる費用だけで、それ以外の費用はすべてイギリス本国が負担することが定められていた。

この英印防衛費協定締結にあたってチャーチルは、イギリスの負担が大きくなることを懸念したが、インドから戦時協力を得るために、最終的に容認せざるを得なかった。イギリスがこの英印防衛費協定によって負担しなければならなくなったインド軍の海外派兵費用は、一九四六年までに一三億三四〇〇万ポンドに達し、チャーチルの懸念は現実のものとなった。

ところがイギリスは、これを直接インドに支払わないことで当面の危機を回避した。

どうしたのかというと、インド準備銀行のロンドン残高に、イギリス大蔵省証券として蓄積するという形を取ったのだ。これを「スターリング残高（ポンド残高）」という。

実際の軍事物資の調達やインド兵士への給与は、現地インドで大量のルピー紙幣を増刷することで賄い、インドへの支払いはイギリス国内に形式上だけプールしたという形を取ったのだ。つまり、わかりやすくいえば、軍事費を「ツケ払い」にしたのである。

この「ツケ」によって英印間の債務・債権関係は完全に逆転した。

戦前の英領インドは、本国に対し約三億五〇〇〇万ポンドの債務を負っていたのだが、戦後には約一四億ポンド弱の債権を持っていたのだ。

アメリカからの巨額のレンドリース、そして英領インドのスターリング残高、このふたつがなければ、イギリスは第二次世界大戦で勝利を収められなかっただろう。

この問題は、グローバルヒストリーにおいて改めて考えるべき問題だと思う。なぜなら、戦争に勝つためのこの巨額の借財が、その後の世界の変化、そしてインド・パキスタンの分離独立に大きく影響しているからである。

インド・パキスタンの独立の陰で何が起きたのか

第二次世界大戦の終結からわずか二年後の一九四七年八月、英領インドは、インドとパキスタンという形で分離独立する。

従来の世界史では、この独立は、アジア諸地域における脱植民地化の進展と、英領インドにおける独立運動の高まりにより、反英闘争が激化したことで、イギリス側が「権力の委譲」に踏み切った結果だとされている。独立運動を指導したガンディーは「ひとつのインド」として独立することを目指していた。だが、それまでイギリスがヒンドゥー教徒とイスラム教徒の対立を煽るような統治を進めてきたことも影響し、両者は足並みを揃えることができず、それぞれの宗教的信仰によってインドとパキスタンに分離独立する結果となった。

これはある意味、事実である。

だが実際には、イギリス本国側にも、権力の委譲を急ぐ理由があったことは、これまであまり語られてきていないように思う。

なぜイギリスは、権力の委譲を急ぐ必要があったのか。

ひとつには、大戦後イギリスが、インド軍に対するコントロール力を失ったことが挙げられる。

イギリスが第二次世界大戦を戦い抜くためには、インド軍の協力が不可欠であり、実際、多くのインド兵が動員されたことはすでに述べた。しかし、この戦時「協力」は必ずしも協力的に行われたわけではなかった。

当時、英領インドでは、ガンディーとジャワハルラール・ネルーが指導する国民会議派と、イスラム教徒たちによるムスリム連盟とが対立していた。

戦争が始まると、ムスリム連盟はすぐにイギリスへの協力を表明したが、国民会議派は、ファシズムとの戦いの必要性は認めたものの、インド軍の参戦を求めるのであれば、その前にインドの独立を認めるべきであり、認めないのであれば協力はできないと主張した。

イギリスは、大西洋憲章はインドには適用されないとして、国民会議派の要求を拒否。ガンディー、ジャワハルラール・ネルーらは、反英闘争「クウィット・インディア（Quit India）／インドを立ち去れ」を起こし対抗するも逮捕され、それに抗議した人々による暴動が各地で発生した。その中には、日本軍に協力してイギリスからの独立を目指そうと、「インド国民軍／Indian National Army」を組織したチャンドラ・ボースのような急進派もいた。

イギリスがインド独立を約束せざるを得なくなったのは、日本軍の侵攻により、中国支援ルートがインド・ルートに限られるようになったからだ。そして、米中がインドを全面的に協力させるために独立を認めるよう、イギリスに強く迫ったからであった。

こうしてイギリスは、終戦後にインドの独立を認めるという約束をしたのだが、その約束はすぐには果たされなかった。第二次世界大戦後も、イギリスは依然として、インドの軍事力に依存したのである。そうすることで、帝国の再建を図ろうとしたといってもいいだろう。

そのことが明らかに見て取れるのが、国際秩序の復興という名目のもとに、東南アジアにおけるヨーロッパの植民地支配体制復活のために、インドシナ（仏領）やインドネシア（蘭領東インド）でインド軍を利用しようとしたことである。だが、イギリスがインド支配を続けていくためには、軍事力をイギリスがコントロールすることが決定的に重要であった。

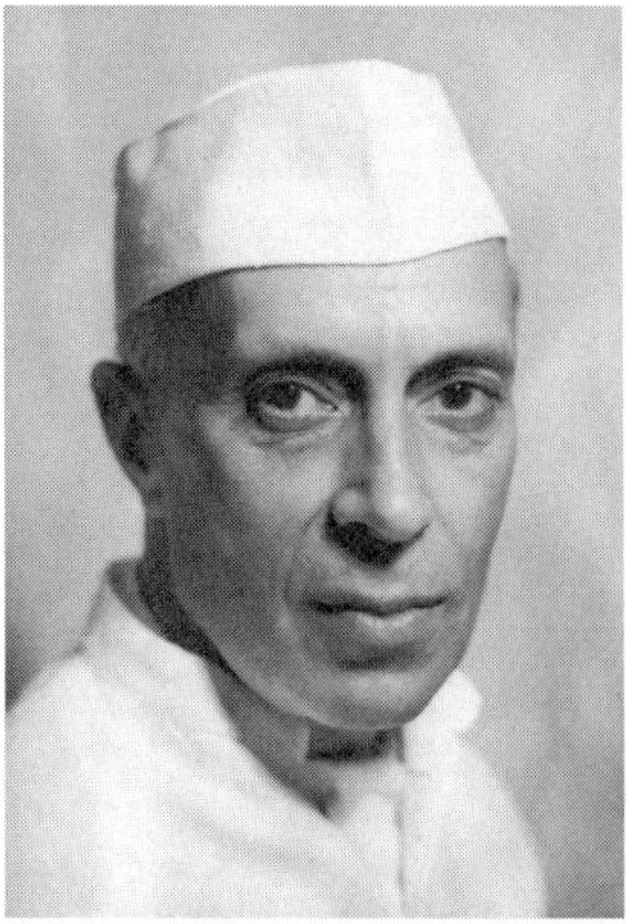

ジャワハルラール・ネルー。インドの政治家。インド共和国の初代首相。

しかし、もはやインド軍はイギリス帝国の協力者の道を選ばなかった。

一九四六年初め、インド立法議会はこうした動きを強く批判し、インド暫定政府の指導者ジャワハルラール・ネルーは、海外駐留インド軍の早期撤退を要求。その結果、一九四六年九月初めの時点で海外に駐留していたインド軍総計二七万四九〇〇人全軍が、同年十一月末までに東南アジア地域から撤退したのである。

この時点ですでにイギリスはインド軍へのコントロールを失ったといっていいが、さらに一九四六年にインドのボンベイで海軍の反乱が起こると、残っていた海軍のコントロールも失ってしまう。

イギリスは、戦後もインドの軍事力に依存することで帝国＝コモンウェルス体制の再建を図ろうとしたのだが、インド軍へのコントロールを失ったことで、それは事実上不可能となった。こうして早くも一九四六年には、南アジアにおける脱植民地化が不可避となったのである。

インドの独立が避けられないことは明らかだったが、条件をめぐってイギリスとの交渉が難航する中、イギリス側が権力の委譲を急がざるを得ない事態が勃発する。ヒンドゥー教徒を主体とする国民会議派と、イスラム教徒を主体とするムスリム連盟との対立が激化し、大量の死者が出る衝突事件まで起きてしまったのだ。

本来なら、イギリスが軍部を動かし、こうした事件を抑えなければならないのだが、軍のコントロールを失ったイギリスにはそれができなかった。そこで、これ以上混乱が拡大することを恐れたイギリス政府は、一九四七年二月に、翌一九四八年六月までにインドに権力を委譲すると期限を設定して発表した。

このとき最後のインド総督に任命されたマウントバッテン卿は、この期限日程を早め、一九四七年八月十五日にインド連邦（一九五〇年からは共和国）とパキスタンの分離独立は実現した。さらに翌一九四八年一月にはビルマが、同二月にはセイロン（一九七二年からはスリランカ）がそれぞれ独立を果たしている。

分割払いを余儀なくされたスターリング残高

もうひとつ、イギリスが権力の委譲を急がざるを得なくなった要因が、スターリング残高である。

第二次世界大戦の終戦後、一九四六年時点の英領インドが保有したスターリング残高は一三億三四〇〇万ポンド。これは当時のイギリスにとって、国家予算の数年分にも相当する巨額の負債であった。これを独立前の英領インドが債権として保有するという状況になったわけだが、これが何を意味するのかというと、非常にラフな言い方をすれば「金を借りているほうは、貸しているほうの言うことをある程度聞かざるを得ない」ということである。

その結果、インドの交渉力はそれまでより格段に強くなっていた。

戦前のインドは、イギリス本国から莫大なお金を「資本投資」という形で借り受けていた。インドがイギリスからお金を借りていた、ということだ。そうした貸し借りの立場が逆転したことで、イギリスとしてもインドの要求をある程度呑まざるを得ない状況に追い込まれたということである。

イギリスがこうした状況にあったことが、なぜ一九四七年という早い時期にインドが独立できたのか、ということを考える上では非常に重要だといえる。

もちろんこの約一四億ポンド弱の負債は、建前としては、インド政庁の口座にイギリスから振り込まれ、預金の残高として積み上がっている。わかりやすくいえば、通帳上に数字としては存在している、ということだ。

だが、現地で実際にかかった戦費（インド兵の給与など）は、現地のインド政庁とインド準備銀行が大量のルピー紙幣を増刷することで賄っていたため、インドでは猛烈なインフレが起こり物価が高騰していた。

そのため、戦後になると、独立交渉と並行して、新たに独立するインド、パキスタン両政府は、「これは自分たちのお金なのだから、引き出して戦後の経済復興や、国家建設に使いたい。だから、これをすぐに引き出したい」と要求した。

当然といえば当然の要求なのだが、イギリス本国政府は、これに応じなかった。いや、応じられなかったと言ったほうが正確だろう。

イギリスは、第二次世界大戦の戦勝国ではあったが、戦費の調達のために多くの海外資産を失った上、アメリカから巨額の戦時借款を受けていた。また、イギリス本土でも戦災によって、多くの国内資産が失われていた。

そのため自力での戦後復興は難しく、一九四五年十二月、イギリスはアメリカからさらに三七億五〇〇〇万ドルの借款を受けることになったのだが、その際アメリカ側は、見返りとして一九四七年七月からポンドの兌換性（米ドルとポンドの自由な交換）回復と、スターリング残高の縮小を求めていた。

しかし、イギリス国際収支は回復せず、危機的状況が続いたためポンドの兌換性は回復されず、スターリング残高は「凍結」され、封鎖勘定として自由な引き出しが事実上停止されてしまったのだ。

なぜ凍結されたのかといえば、もしもここで大量にポンドが引き出され、米ドルに交換されたら、外から見るとポンドの海外流出ということになり、ポンドに対する国際的な信用が大幅に低下してしまうからだった。ちなみに、なぜ米ドルに交換するのかというと、戦後は基本的に、国際取引は米ドルが用いられたからである。

インド新政府は、スターリング残高からポンドを引き出して、それを米ドルに交換して、経済建設のための機械（資本財）をアメリカから輸入するというプランを考えていたのだが、本来は自由に引き出せるはずのスターリング残高が、自由に使えなくなってしまったのである。

では、どのような形ならスターリング残高の引き出しを認めるのか。ここからイギリス本国と、関係各国の間で、複雑な交渉が行われることになっていった。

交渉の結果、最終的にこのスターリング残高は、約十年という長期にわたって分割払いされることになるのだが、約一四億ポンド全額がインドとパキスタンに継承されたわけではなかった。

イギリスは独立後にインドとパキスタンが継承することになる、イギリス支配の資産の代価として一億ポンドを、さらに旧官僚・軍人への年金支給のために一億七〇〇〇万ポンドを、スターリング残高から差し引いたのである。つまり、インドとパキスタンが継承したスターリング残高の総額は、一一億三〇〇〇万ポンドということになる。これをインドが九億六〇〇〇万ポンドを、パキスタンが一億七〇〇〇万ポンドを、それぞれ継承した。分割払いといったのは、インドは年間六〇〇〇万ポンドの引き出しと一五〇〇万ポンド相当の米ドル割り当てが、パキスタンは年間一〇〇〇万ポンドの引き出しと五〇〇万ポンド相当の米ドルの割り当てが認められるというように、年間に引き出せる上限が決まっていたからである。ちなみにこの「分割払い」の額は、ずっと一定ではなく、話し合いが繰り返される中で変動した。

イギリスにとって幸いだったのは、朝鮮戦争（一九五〇～一九五三）の影響で、一九五一年に世界的な物価の上昇が引き起こされたことであった。このインフレは、日本にとっては特需につながったが、イギリスにとっても幸いした。インフレによって借金の比重が相対的に下がることになったからだ。

コロンボ・プランで消えてなくなったイギリスの債務

ここで、その後のスターリング残高の使われ方について、特筆すべきことがある。

それは、これがインドや東南アジア諸国といった旧英領の、戦後の経済開発援助プログラム「コロンボ・プラン」に使われたということである。

コロンボ・プランとは、一九五〇年一月にセイロンのコロンボで開催されたコモンウェルス外相会議においての問題提起をきっかけに立案された、イギリスとコモンウェルス諸国を中心とする、南アジア・東南アジア諸地域に対する経済援助計画で、一九五一年七月から活動を開始している。

この計画は、当初はコモンウェルス諸国のみを加盟国としていたが、その後、非コモンウェルス諸国も加盟し、アジアにおけるほとんどの国に対する経済開発援助計画として機能した。これは同時に共産主義が拡大しつつある中で、アジア諸国を自由主義陣営に引き留めておくための、ひとつの防御策でもあった。

コロンボ・プランは、経済開発への資金援助（capital aid）と、技術協力（technical assistance）の二本柱で行われた。その資金は加盟諸国間の相互経済援助を目指したが、資金不足はいかんともしがたく、比較的早い段階から域外国であるアメリカ（一九五一年）や日本（一九五四年）に対して援助国としての参加が求められた。

だが当初、最大の資金源として期待されたのは、南アジア諸国が蓄積していたスターリング残高だった。

実は、このコロンボ・プランの創設と、スターリング残高の解除交渉は、ほとんど同時並行で行われていた。そして、これに関して釈然としないのは、イギリス政府の公式ドキュメントに「イギリスはコロンボ・プランに巨額の拠出をした」と書かれていることである。

これは実際にはイギリスの拠出ではない。だが、イギリス政府の文書だけを読むと、イギリスが多額の援助を寛大に行った、と読み取れる。これについてイギリスの歴史家はほとんど論じていないが、インドの歴史家は当然のことながら怒っている。

コロンボ・プランの実態は、凍結していたスターリング残高の解除であり、引き出したのは、インド政府及びパキスタン政府である。彼らの立場からすれば、これはもともと自分たちのお金なのだから、自分たちのお金を自分たちの経済開発のために使ったのであって、支援ではない、ということになる。

少なくとも、一九五〇年代前半のインドの経済開発政策は、コロンボ・プランの支援（外国からの援助）によって成されたのではなく、実際にはインドが蓄積していた巨額のスターリング残高の取り崩しによって支えられたものだったのである。にもかかわらず、イギリス政府は、スターリング残高から引き出されたこの数億ポンドもの資金を、「コロンボ・プランを通じた経済援助」と読み替えているのだから、どう考えてもおかしいといえる。

事実、コロンボ・プランによって、インドが保有していたスターリング残高は急激に減少し、一九五八年には、残高はほぼゼロになっているのだ。

この問題も、グローバルヒストリーの中で、改めて事実関係を明らかにしていくべき問題のひとつといえるだろう。

米ドル・プールが物語る消えぬ大国幻想

一九四七年八月にインドとパキスタンの分離独立が成立して以降、アジア主要地域の独立は加速していく。

翌一九四八年一月にはビルマが、同二月にはセイロンがそれぞれ独立を果たしている。アフリカの脱植民地化が本格化するのは一九六〇年代以降なので、それと比べると、アジアの脱植民地化は十数年も早かったことがわかる。

だが、そのいち早く脱植民地化を実現したアジアの中で、唯一遅れたのが英領マラヤ、現在のマレーシアとシンガポールであった。マレーシアの独立は一九五七年、シンガポールはそれ

図27　東南アジアの独立

（数字）　独立（成立）年次　　※東ティモール民主共和国以外、ASEAN加盟国

よりもさらに遅く一九六五年であった。

　なぜ英領マラヤだけ独立が遅れたのかというと、戦後のイギリス経済運営と深く関わっていたからだ。終戦直後のイギリスは、輸出の不振と経済復興のための輸入拡大によって、恒常的な「ドル不足」と、国際収支の赤字に陥っていた。つまり、ごく簡単にいえば、イギリスには、どうしてもドルを稼ぐ必要があり、そのためには英領マラヤがどうしても必要だった、ということだ。

　では、マレーシアとシンガポールがあると、なぜドルが稼げたのか。

　それは、「天然ゴム」と「スズ」

が採れたからである。

マレー半島の中でも、特に英領マラヤは天然ゴムの産地であった。当時アメリカは、自動車産業が盛んで、自動車のタイヤの原料として大量の天然ゴムを必要としていた。天然ゴムの輸出は、文字通り「ドル箱」のビジネスだったのである。またマレー半島には、各地にスズの鉱山があり、そこで採掘されたスズ鉱石も重要な対米輸出品であった。

そして、英領マラヤが稼いだ米ドルは、全部本国に吸い上げられた。英領インドの独立を認めざるを得なくなったイギリス本国にとって、大量の米ドルを稼いでくれる所として英領マラヤの存在は、それまで以上に重要なものとなっていたのだ。

実は、第二次世界大戦後のドル不足に苦しむ本国イギリスにおいて、マラヤのような従属植民地の第一次産品輸出とスターリング圏の経済的価値は、改めて重視されていたのである。その結果、スターリング圏では、戦後に為替管理の統制が解除されるどころか、むしろ経済的な搾取が強化されることになった。

英領マラヤが天然ゴムやスズで稼いだ米ドルも、西アフリカがパームオイルやココアなどで稼いだ米ドルも、オーストラリアの牧羊業者が稼いだ米ドルも、すべてイギリス本国、ロンドンの「米ドル・プール」に集められ管理された。戦後のイギリスが誇った「福祉国家」政策、「ゆりかごから墓場まで」の財源の一部も、こうした植民地からの「貢納《こうのう》」により賄われた。

集められた米ドルは、植民地現地の事情はほとんど考慮されず、本国の利益のために恣意的に使われたのである。

そういう意味では、イギリスは戦後間もなくインドとパキスタンの独立を認めてはいるが、植民地の独立や帝国の解体を必然のこととは考えていなかったといえる。

事実イギリスは、終戦直後から、アフリカと英領マラヤを中心とする東南アジアにおいては、「新たな帝国主義」と呼ばれる帝国再編策を取っている。

それまで植民地支配に批判的な姿勢を取ってきたアメリカが、こうしたイギリスの植民地支配の継続を容認したのは、ソ連との東西冷戦の開始によって、西側の資本主義陣営の結束を図る必要があったからだった。

こうして植民地での民族運動のうち、急進的な反英勢力は共産主義勢力として抑圧することが正当化されていった。

コモンウェルスの存続と変容

だが、興味深いのは、インドにしてもマレーシア、シンガポールにしても、支配・搾取といった経緯があったにもかかわらず、独立した後もコモンウェルスに残留しているということだ。

一九四七年に政治的独立を果たしたインドが、コモンウェルスに残留するには、超えなければならない問題があった。それは、独立した共和政を志向するインドが、国王への忠誠を加盟の必要条件とする現行の帝国＝コモンウェルス体制に残留することができるのか、ということであった。

これに対しイギリス政府は、インドをコモンウェルスの枠組みに引き留めるために、コモンウェルス関係内閣委員会を組織して、インドの残留を可能にするための諸条件を検討した。

論点は以下の三点。

① 名称の変更。当時は「イギリス連邦／The British Commonwealth of Nations」
② 国王への忠誠事項の撤廃
③「コモンウェルス市民権／Commonwealth citizenship」の有効性

中でも、③のコモンウェルス市民権は、旧来の「イギリス帝国臣民」の資格と機能を継承するもので、インド政府は、このヒトの移動に制限をかけない「特権」を維持することを重視し、コモンウェルス残留を検討していた。

イギリス政府としては、南アジア諸国が独立した以上、現実に即して「英領（the British）」を外すことは仕方ないにしても、その実態は、国王への忠誠を含め現状維持を望んでいた。

しかし、インドのネルーは、コモンウェルス問題は、できるだけ冷静かつ客観的に「過去の重い遺産と関係なく」考慮することを望んだ。

その結果、名称は「コモンウェルス／The Commonwealth of Nations」に変更され、国王への忠誠事項も撤廃された。

こうしたインドのコモンウェルス残留をめぐってコモンウェルス体制の変更が成されたことが、その後に政治的独立を果たしたアジア・アフリカ諸国のコモンウェルス残留を容易にしたといえる。なぜなら、独立に際し選択した政体にもかかわらず、コモンウェルスに残留することが可能になったからである。それは結果的にはイギリスにとっても、国際的な影響力を温存・行使するための機構としてのコモンウェルスの価値を高めるというメリットをもたらしたといえる。

もちろん残留・加盟する側にもメリットはあった。

ひとつは、戦後も一九六〇年代半ばぐらいまではスターリング圏が一定の力を保有していたので、コモンウェルスに加盟することで、共通通貨ポンドを通じて、貿易決済（債券発行など）や金融面で、ロンドン金融市場で優遇されたからである。

もうひとつメリットとして挙げられるのが、コモンウェルスにおける連帯だろう。

ごく簡単にいえば、新たに独立した諸国にとって、コモンウェルス諸国は相談相手ともいうべき存在になり得たということである。

第二次世界大戦後、国際連合が発足し、戦後、新たに独立した国の多くが相次いで加盟するのだが、国連というのは中小諸国にとっては非常にフォーマルな場で、発言や相談というのが難しい状況に置かれる。そうした中で、コモンウェルスに属していれば、相談も可能だし、間接的にイギリスを通じて一定程度の発言力を国際政治の場で確保できる見込みがあった。

それと同時に、コモンウェルスは先に触れたコロンボ・プランの枠組みとも大半が重なっているので、そうした経済的な資金援助も比較的容易に得られるというメリットがあった。

さらに、コモンウェルスには文化的側面も特に教育の面で恩恵があった。

実は、コモンウェルス諸国には、多額の「コモンウェルス奨学金」が出ており、それを利用してイギリスの大学に留学することが可能になるのだ。これは新興独立国のエリートにとって、非常に大きな恩恵となった。

コモンウェルスの奨学金をもらってイギリスの大学に留学し、そこで学んだ専門的知識を自国に持ち帰り、官僚や政治家といったエリートとして社会で活躍する。

こういうことが新興国にとって決定的に重要であることを、イギリスはよくわかっているので、コモンウェルス諸国には優先的に奨学金を支給し、留学生を受け入れたのである。

たとえば、前述したように、シンガポールの初代首相となったリー・クアンユー（任期一九五九〜一九九〇）は、口ではイギリス支配を強く批判しているが、彼は戦後間もない英領マラヤ時代に、イギリスのケンブリッジ大学に留学している。彼はケンブリッジを首席で卒業したような秀才なので、この経験が彼にもたらしたものの大きさはよくわかっていた。

だから言説の上では、イギリスは過酷な植民地支配をしたと非難しているが、ビジネスや行政の場では、植民地時代の遺産ともいえるイギリス英語を使用し続けるとともに、教育の場でも英語を公用語としている。こうした方針が、コモンウェルス奨学金を利用する際に大きなメリットになったことは言うまでもないだろう。

ちなみに、インド独立を導いたガンディーも、インド初代首相となったジャワハルラール・ネルーもイギリス留学によって知識を身につけたエリートであった。

そういう意味では、インドのネルーも、シンガポールのリー・クアンユーも、ベースは親英派だといっていいだろう。

帝国の終焉を決定づけたスエズ戦争

第二次世界大戦直後の一九四〇年代後半のイギリスは、アメリカを頼りつつも、まだ、アメリカ、ソ連に次ぐ第三の大国であったといっていいだろう。だが、それは帝国植民地を完全に手放してはいない段階の話だ。

その後、植民地の独立が相次いでも、イギリスはコモンウェルス諸国への影響力を含めることで、なんとか第三の勢力として生き残れるのではないかと、あるいは、生き残りたいと考えていた。

しかし、それも冷戦が本格化していく過程で、一九五〇年代初頭には限界が見えてくる。そして、もはや帝国の維持は難しいという現実を突きつけられるのが、一九五六年のスエズ戦争（第二次中東戦争）であった。

インドを失ったイギリスにとって、残された中東の権益は大きな意味を持っていた。しかし、ナショナリズムの波はアラブ諸国でも強まっており、イギリスはイランの石油権益を一九五〇年代初頭（一九五一年）に失い、またエジプト政府の要求によって、スエズ運河沿いの軍事拠点からの全面撤退も余儀なくされた。スエズ運河をめぐる紛争が起きたのは、イギリスが中東において、このような困難に直面している最中であった。

スエズ戦争のきっかけは、一九五六年十月、エジプトのナセル大統領によるスエズ運河国有化宣言であった。

一八六九年に開通したスエズ運河は、一八七五年にイギリスが運河株の四割強を買収して以降、その利益のほとんどが、株主であるイギリスやフランスに分配されており、現地エジプトにはごくわずかな利益しかもたらしていなかった。

一九五二年にエジプト革命を成功させたガマール・アブドゥル・ナセルは、大統領に就任すると工業の近代化に必要な電力を得るため、ナイル川の上流にアスワン＝ハイダムの建設を計画した。当初その費用は、西側諸国と世界銀行からの融資（借款）が約束されていたのだが、ナセル大統領が自国の軍事力強化のために、ソ連圏のチェコスロヴァキアから武器を購入することを決めたため、米英は制裁としてこの援助の約束を撤回。西側からの援助を受けられなくなったエジプトは、スエズ運河を国有化することでダム建設に必要な資金を得ることを考えたのである。

アメリカはこの問題を国際会議で解決することを目指したが、スエズ運河の国有化によって利益を喪失するイギリスとフランスは、一九五六年十月、当時エジプトと敵対していたイスラエルと共謀して、軍事作戦に踏み切ったのだった。

イギリスにとっての誤算は、時勢を読めなかったことだろう。

この軍事行動は、国連における非難決議に加え、国内外からの激しい批判にさらされたのである。

さらに、スエズ運河が閉鎖されたことで中東からの石油の供給が止まると、国際金融市場で大規模なポンド売りが始まり、イギリスは大量の外貨準備を失い、「ポンド危機」に直面することになる。

国際批判と金融危機に直面した結果、英仏軍は、わずか一週間ほどで戦闘中止・撤兵を余儀なくされた。

これによってイギリスは、中東における地位と権威、そして権益を失っただけでなく、米英関係の悪化、さらにはカナダ、インドといったコモンウェルス諸国が軍事行動に激しい非難を行ったことで、コモンウェルスにおける政治的結束までも失うことになったのだった。

これ以降イギリスは大国幻想を捨て去り、アメリカとの関係修復に全力を注いだ。それは、アメリカのヘゲモニーのもと、ジュニア・パートナーとして生き残る道を選択したことを意味している。

拒否され続けたイギリスのEU加盟

中東でスエズ問題が起きていた一方、ヨーロッパでは経済統合を目指す動きが始まっていた。一九五一年のパリ条約によって設立された「欧州石炭鉄鋼共同体／European Coal and Steel Community（略称：ＥＣＳＣ）」で相互協力に踏み切ったフランス、西ドイツ、イタリア、ベルギー、オランダ、ルクセンブルクの6カ国は、一九五七年に「欧州原子力共同体／European Atomic Energy Community」を設立、一九五八年には「欧州経済共同体／European Economic Community：ＥＥＣ」を設立し、その協力の範囲を拡大させていった。

こうしたヨーロッパの大陸諸国の協力の動きは、米・ソ二大超大国の対立の中で、ヨーロッパのポジション復活を目指したものといえる。

当初大陸諸国は、イギリスもこの共同市場形成に参加することを期待していたが、当時のイギリスは、イギリスの輸出入の約半分を占めていたコモンウェルスとの経済的・政治的つながりを優先し、ヨーロッパ諸国との協力には非協力的であった。

こうしてイギリスが態度をはっきりさせずにいた間に、スエズ問題が起き、欧州経済共同体は、イギリス抜きで発足することになったのだった。

「バスに乗り遅れた」イギリスは、一九六〇年に北欧諸国とともに「欧州自由貿易連合／European Free Trade Association：ＥＦＴＡ」を結成し、これに対抗しようとするが、成果は小さかった。

その後、イギリスのＥＥＣ加盟が自国の利益にもつながると考えていたアメリカの後押しもあり、イギリスはＥＥＣへの加盟を申請するようになる。しかし、フランスのド・ゴール大統領に拒否権を発動され、一九六一年、一九六五年と続けて加盟を拒否されてしまう。

ド・ゴールが反対した理由は、イギリスとアメリカの間にある、他のヨーロッパ諸国とは異なった「特別な関係（special relationship）」であった。彼はこれを「イギリスはトロイの木馬となる危険性がある」として、その加盟を決して許さなかったのである。

だが逆にいうと、イギリスはそうした欧州経済共同体の枠組みに入れなかったために、余計にアメリカとの「特別な関係」を強化していくしかなかったという側面もあったのである。

事実、戦後のヨーロッパの経済復興のためにアメリカが行った巨額の支援「マーシャル・プラン」で最大の恩恵を受けたのはイギリスであった。ヨーロッパの西側諸国の受け入れ機関「欧州経済協力機構／Organization for European Economic Cooperation：ＯＥＥＣ」が受け取った総額は一〇〇億ドル。その半分近くがイギリスに流れているのだ。こうした特別な関係のもと、一九五〇年代においてイギリスは、アメリカがヨーロッパに影響力を行使するときの事実上の代弁者的な役割を果たしていたことは間違いない。

そういう意味では、ド・ゴールがイギリスを「トロイの木馬」、つまり、イギリスを入れることは、アメリカに口出しされることを意味し、ヨーロッパの独自性を損なうことにつながるとして、嫌ったのも理解できる。

イギリスの加盟が受け入れられたのは、ド・ゴールの死から三年後の一九七三年になってからである。このときＥＥＣは、現在の「欧州連合／European Union：ＥＵ」の前身である「欧州共同体／European Communities：ＥＣ」として、統合の質をさらに高めていた。

イギリスはこうして、ついに念願だったＥＣ加盟を果たしたわけだが、国内は必ずしも一枚岩ではなかった。

当時は保守党にも労働党にも、それぞれ強固な加盟反対派と加盟賛成派がおり、一九七二年の欧州共同体法成立決議は、わずか一七票の差で加盟賛成派が上回り、成立したのだった。

そして、同じEC加盟賛成派であっても、労働党と保守党では考え方が違っていた。加盟申請を行ったときの首相は、労働党のハロルド・ウィルソン（任期一九六四〜一九七〇）で、彼はEC加盟によってヨーロッパでの主権を握り、それによってアメリカとの「特別な関係」を強化することを目指していた。だが、実際に加盟を果たしたときの首相は保守党のエドワード・ヒース（任期一九七〇〜一九七四）であり、彼はアメリカとは距離を置き、まさしくヨーロッパの一員となることを目指していた。

だが、ヒースの後、再び労働党が、ウィルソン（任期一九七四〜一九七六）、ジェームズ・キャラハン（任期一九七六〜一九七九）と続いて政権に就いたことで、政権内にヨーロッパに組み込まれることに懐疑的な親米派が増えていった。その結果、イギリスはECに加盟しながら、ヨーロッパよりも、常にアメリカとの特別な関係を優先していくことになったのであった。

グローバル視点で動くシティの金融

第二次世界大戦以後、政治の世界では、アメリカとヨーロッパの間で揺れ動くこととなったイギリスだが、ロンドンのシティは一貫してグローバルな立場で物事を見ていたといっていいだろう。

その典型といえるのが、一九五〇年代半ばに、ロンドンのシティに創設されたユーロドルのオフショア・マーケットである。

「オフショア」とは、もともと「自分の国から離れた地域」という意味で、ドルのオフショア・マーケットとは、アメリカの国外で流通しているドル資金を運用するマーケットのことである。

基軸通貨である米ドルは、世界各地を取引のために飛び回っている。ヨーロッパ内部でもさまざまな決済や投資の資金として米ドルが用いられている。そうした取引に使われる米ドルを運用するのが、ユーロドルのオフショア・マーケットである。

その舞台として、ロンドンのシティにユーロドル市場ができてくるのが、一九五〇年代半ばである。それによって、ロンドン・シティは、米ドルを大量に受け入れて、そこからさらにヨーロッパ諸国に米ドルを流し込むことが可能になっていった。

もともとシティの金融取引はポンドが主力だったが、第二次世界大戦以降、ポンドの価値が下落していく中で、ポンドによる取引の減少を補完、あるいは代替する重要なものとして、このユーロドル市場を創設したのである。

そこではアメリカの銀行や民間の多国籍企業の一時的な投機資金を積極的に受け入れ、そこからヨーロッパに流し込むという、新たな市場が生み出された。

これによって、ヨーロッパ金融界におけるシティの中枢性は維持されていく。いや、単なる維持・生き残りではなく、シティはこれによりさらに発展することになる。

そして、一九七三年の欧州共同体加盟によってヨーロッパ大陸諸国との間で、ヒト、モノ、カネの動きが活発化すると、シティもヨーロッパ大陸諸国との関係も強化していく。この時期は、ちょうど第四次中東戦争によって引き起こされた石油危機（オイル・ショック）によって、原油価格が高騰していた。シティは、そうした中東の産油国からのオイルマネーを取り込み、ユーロドル市場をさらに拡大させている。

とはいえ、こうしたことはあくまでもグローバルな視点で動くシティが独自に行っていたことであり、この時点でイギリス自体が金融立国に舵を切ったということではない。

イギリスが金融立国に舵を切るのは、一九八〇年代、マーガレット・サッチャー（任期一九七九〜一九九〇）が首相になってからである。

「不満の冬」、賃上げを求める大規模なストライキ

なぜサッチャー政権になるまで舵が切れなかったのかといえば、それまでイギリスは労働党政権のもと、労働組合が非常に強い力を持っていたからである。

特に一九六〇年代の半ばまでの政府の基本方針は、完全雇用を維持することであった。これは、わかりやすくいえば、失業を最大限減らし、労働者のための雇用の場を確保するということである。

一九五〇年代のイギリスの主要企業は、基本的に国営化されていたので、雇用を増やすためには、国営企業である鉱山や炭鉱、鉄道といったところの雇用が増やされたのだが、労働組合が非常に強いので、不況になっても解雇できないのはもちろんのこと、賃金の引き下げすら行うことができなかった。では、不況のときはどうするのかといえば、国営企業なので、国が支えていくことになるのである。

こうした完全雇用政策が、一九五〇年代〜一九六〇年代にかけて続いていった。

しかし、イギリスのそうした事情とは無関係に、競争相手の日本や西ドイツは経済優先の論理で突き進んでいた。世界各国の製造業は、国際競争の激化によって利益率が低下、本来なら利益率の低下に合わせ賃金を抑制するのだが、イギリスの場合は、労働組合が強い力を持っているため、それができなかった。その結果、イギリスの国際競争力はどんどん低下していった。

そこにベトナム戦争を起因とするアメリカ発のインフレの波が襲ってきた。ドルを基軸としたブレトン・ウッズ体制は崩壊し、為替が変動制へ移行したのもこの頃である。

一九七〇年六月、当時首相だったウィルソンは、前年の一九六九年に国際収支が黒字に転じたことを受けて総選挙に踏み切ったが、投票直前になって再び国際収支が悪化したため、保守党に政権を奪われることになった。

その後もインフレは続き、一九七一年にはインフレ率は九%を超え、失業率も戦後初めて三%を超えた。労働組合が物価の上昇に負けない賃上げを要求する中、保守党ヒース政権は、ストライキ実行権限の規制など、労働組合の力を削ぐ法改正を断行した。しかし、政府が一方的に成立させたこの労使関係法に労働組合は従わず、ストライキを断行。結局ヒース政権は労働組合の要求を呑まざるを得なかった。

一九七三年の石油危機は物価をさらに高騰させ、ヒース政権は再び労働組合との賃上げ交渉と闘わなければならなくなった。ヒースは労働組合に譲歩せず、総選挙の道を選んだが、これによって政権は再び労働党のウィルソンが担うこととなる。

ウィルソンは、就任すると労使関係法を撤廃し、労働組合との関係を修復し、「社会契約」のもと賃金抑制に成功する。

「社会契約」とは、企業と労働組合と政府がインフレを抑制するために、賃金抑制で協力し合うという、一種の紳士協定のようなものである。

ごく簡単にいうと、インフレに対抗するために賃上げをすれば、その賃上げ分がモノの値段に転嫁されるのでさらなる物価の上昇を招き、インフレ率のさらなる上昇につながってしまう。

そこで、インフレを抑制するために、企業と労働組合と政府が協力し合い、賃上げを抑制することによって、これ以上のインフレを防ごう、ということだ。

この政策は功を奏し、最高二四％に達したインフレ率は、一九七八年には約三分の一にまで低下した。

ところが、一九七六年にウィルソンの後を継いだキャラハン政権は、一九七八年夏、十分な話をせず、さらなる賃金抑制を労働組合に突きつけてしまう。経済が回復傾向にある中での一方的な賃金抑制に労働組合は不満を爆発させ、大幅な賃上げを求めるストライキが頻発した。これが、一九七八年から一九七九年にかけての「不満の冬」と称される大規模なストライキである。

「鉄の女」マーガレット・サッチャーの政治

保守党マーガレット・サッチャー政権誕生の背景となったのが、この「不満の冬」を招いた労働党政権に対する国民の強い失望感であった。

イギリス史上初の女性首相サッチャーは、オクスフォード大学を卒業しているので、一応エリートではあるのだが、ジェントルマン層出身のエリートではない。

彼女はリンカンシャーの食料雑貨店の娘なので、中産階級の出であった。オクスフォードで

マーガレット・サッチャー。保守党出身でイギリス史上初の女性首相。

の専攻も、政治家には珍しい化学であった。

サッチャーの政策は、ひと言でいうなら「新自由主義」である。

新自由主義は、それまで主流であったケインズ理論（市場を自由に任すのではなく、政府が積極的に介入することで経済の安定を目指す）に対する批判から生まれたものであった。

具体的にいえば、ケインズ政策が、需要を増大させるために完全雇用を目指し、公共事業などによって財政支出を増大させ、社会福祉政策を通じて富を再分配していくといった政策を取ったのに対し、新自由主義では、国営企業の民営化を進めるとともに、規制緩和によって、より自由な経済活動を活発化させる。景気変動に対しては公共事業などの財政出動ではなく、通貨供給量のコントロールによって安定を目指すということだ。

その結果、それまでイギリスが目指してきた完全雇用は政策から外されることになる。

それだけではない。それまで不況時に行われていた失業手当の増額や、財政支出、各種補助金も大幅にカットされた。

税収が減ったら、その分、財政支出も減らす。基本的には、個人は「セルフヘルプ（自助）」で対応する、としたのである。

厳しい改革を断行したサッチャーだが、その政策は最初からうまくいったわけではなかった。就任当時のイギリスは、一九七八年のイラン革命に起因した第二次石油危機によって、再び一〇％を超える高いインフレ率に苦しんでいた。

サッチャーは、このインフレ抑制を最優先事項とし、「通貨供給の厳格な規制」と「財政支出の厳格な管理」で対応しようとしたが、急激な失業者の増加に伴う失業手当の増加によって財政支出を抑えることができなかった。

また、歳入を増やすために、所得税の最高税率を下げるとともに、消費税の引き上げを行ったが、結果は国民の税負担と不満を増やしただけであった。

サッチャーの支持基盤は、戦後の労働党政権のもとで、社会福祉の恩恵を受けられなかったミドルクラスと呼ばれる中間層の人々であった。しかし、一向に改善しない経済状況の中で、その支持が揺らぎ始めていた一九八二年春、サッチャーを救うことになる事件が起きる。アルゼンチン軍によるフォークランド諸島侵攻である。

南大西洋のフォークランド諸島は、一八三三年から続くイギリス領である。だが、すぐ西に位置するアルゼンチンは、その領有を不当だと主張し、一九六四年には国連の非植民地化委員会に提訴していた。その後、国連の要請もあり、両国間で平和的な交渉が続けられていた最中の、突然の侵攻であった。

　不意を突かれた形であったが、サッチャーはすぐに軍事的反撃を行うことを決め、二ヶ月後にはアルゼンチン軍の駆逐に成功した。

　この素早い決断と行動、そして「人命に代えてでもイギリスの領土を守る」という強硬な姿勢は、国民の高い評価を勝ち取り、サッチャー政権の支持率は、フォークランド戦争後に七三％にまで回復したのである。

　この国民の高い支持のもと、サッチャーは数々の改革を推し進めていったのである。

　その中でも特筆すべきは、一九八六年十月に断行した「金融ビッグ・バン」と呼ばれる証券取引所の大改革だろう。

　その内容は、売買手数料の自由化、二重資格制の導入、証券取引所の会員権の開放など競争原理の導入であった。これによりシティの取引規模は拡大し、世界各国から多くの金融機関が集まり、シティの国際競争力は高められた。

　だが、多くの金融機関の参入により、それまでシティの繁栄を支えてきたシティの伝統的金融機関であった専門的な金融商会、「マーチャント・バンク」は大規模な投資銀行などに吸収合併されて消滅した。

金融をイギリス経済の回復の柱としたサッチャーだが、製造業の復活も諦めたわけではなかった。イギリスが国家として生き残るためには、強力な製造業基盤がどうしても必要である。製造業を復活させることは、経済発展につながると同時に、雇用の確保にも直結するからだ。ただし、いかにもドライな彼女らしいのが、地域振興と雇用の拡大につながるのであれば、外資系企業でも喜んで迎え入れたことだ。

その結果、大量に進出したのが、日本とアメリカの企業であった。

「労働移民」「難民」という火種

こうした外資系企業の受け入れは、雇用の拡大など、イギリス経済の回復に一定の効果をもたらした。しかし、外資系企業の進出は、国内の雇用を増やすと同時に、多くの外国人、つまりヒトの新たな流入口のひとつにもなった。

イギリスには、他にもふたつの大きなヒトの流入口が存在している。

ひとつは帝国の遺産ともいうべき、旧植民地、コモンウェルス諸国とのつながりであり、もうひとつはＥＣ加盟に始まるＥＵ諸国とのつながりである。

かつてのイギリスは、白人の国であった。しかし、第二次世界大戦後に、旧植民地諸国から大量の移民が流入したことで、さまざまな皮膚の色のヒトが混在する多人種・多民族の国家へと変容した。

特にこの時期に増加したのはカリブ海諸国からの移民で、一九五〇年代半ばから一九六〇年代初頭にかけて、年間数万人もの規模の推移が見られた。南アジア（インド、パキスタンなど）からの移民は、それよりも少し遅れて増加し始め、「コモンウェルス移民法」施行（一九六二年）の前年に多くの駆け込み移民が流入した。

すでに述べた通り、コモンウェルス諸国は、かつての帝国臣民と同じく、本国イギリスに自由に入国・居住が認められていた。この寛大な国籍規定によって、「非白人」の移民が大量に流入することは、実は当初から懸念されていたのだが、コモンウェルス諸国からの移民を非白人に限って制限することは、人種差別として国際的批判を免れないことは明らかだったからだ。しかし、一九五〇年代における移民の急増は、イギリス国内において言語、宗教、生活習慣の違いなどから来るさまざまな軋轢を生じさせ、時には暴力事件にまで発展するようになっていた。

そこで時の保守党マクラミン政権は、景気の後退、失業率の増加、住宅不足などを理由にコモンウェルス諸国からの移民を制限するコモンウェルス移民法を制定したのだった。この施行によって、自由な入国が許されるのは、連合王国発行のパスポートを持つ者だけに制限されることになった。

しかし、一九六二年の移民法では、その後の東アフリカ諸国からのアジア系移民の流入を止めることはできなかった。一九六〇年代初頭に独立を果たした東アフリカ諸国では、アフリカ系住民による政権掌握が進められ、南アジア系の住人は住居や経済活動にさまざまな制限がかけられるようになっていた。彼らの多くは連合王国発行のパスポートを持っていたため、入国が制限されないイギリスへの移住が増加したのである。

その結果一九六八年には、連合王国発行のパスポートを持っている者でも、イギリスと直接的なつながりを持たない者の入国を制限するという内容を盛り込んだ、新たなコモンウェルス移民法が施行された。その後も移民法は一九八〇年代初頭にかけて改正が加えられ、最終的にはコモンウェルス諸国の人々であっても、その他の「外国人」と同様に扱われることになっていった。

こうして、コモンウェルスからの移民問題は一応の落ち着きを見せたが、一九九〇年代になると、今度は「難民」という形でのヒトの流入問題が浮上してくる。二〇〇〇年代初頭の難民申請数は、一九八〇年代末の約八倍にも増えた。増え続ける難民申請に政府は認定の厳格化を試みるが、道義的な非難に加え、申請を認められなかった難民の一部が不法に流入するなど、新たな問題にも発展することになった。

さらに、二〇〇四年にEUが東方拡大を遂げたことによって、イギリスは東欧諸国、中でもポーランドからの出稼ぎ労働者（労働移民）が、大量に国内に流入してくるという新たな移民問題を抱えることになった。

EUが東方拡大を決めたとき、実は大陸のほとんどの加盟国が労働移民の流入を制限する措置を取っていたのだが、イギリスはそうした措置を取らなかったのだ。その結果、多くの労働移民がイギリスに流入し、その数は一時、約一〇〇万人にも達した。

こうした労働移民の問題は、イギリスのEU離脱「ブレグジット／Brexit」の原因をどこに求めるのかという問いに直結している。

ブレグジットの理由とその後の混乱

二〇一六年六月二十三日に行われたEU離脱の是非を問う国民投票によって、イギリスは離脱五一・八九％、残留四八・一一％という僅差で、EU離脱を決めた。

そしてEUとのさまざまな議論、手続きを経て、二〇二〇年一月三十一日午後十一時をもって正式な離脱が成立した。

なぜイギリスは、ブレグジットすることになったのか。

この問いに関しては、さまざまな意見があることと思うが、最大の要因は、やはりEUから入ってくる安価な労働移民の問題だろう。

もちろん、彼らの安い労働力によって、イギリスの国内経済、さまざまなサービス業が支えられていたのは事実である。イギリス社会は、移民や外国人労働者なしでは存続が難しい社会になっていたのである。だがそれは、もともとそうした職業に就いていた国内の労働者にとっては、賃金低下と雇用の喪失以外のなにものでもなかった。

移民の問題は、それだけに留まらない。

イギリスには、一九四八年に設立された医療の公費負担「国民保健サービス（National Health Service：ＮＨＳ）」があるのだが、難民であっても、労働移民であっても、一旦イギリス社会に入ってきたヒトは、このＮＨＳの対象になり得た。

つまり、大量の労働者が入ってくるということは、それだけ社会保障費が増大するということでもあったのだ。

その結果、国内の、特にミドルクラスの人々から「自分たちが払う税金で、本来認められていない不法移民や、一時的な労働者たちに対する社会保障まで賄うのか」という不満が噴出することになってしまった。

イギリスは、日本などと比べると、難民や移民に対する保護措置が非常に手厚い。住む所の確保や医療の提供はもちろん、さまざまな手当の支給、場合によってはイギリス国内で新たな職を得るための職業訓練の場の提供がなされることもある。また、教育の場でも、さまざまな宗教、言語を持つ人々の受け入れ（多文化主義）のため、多くの負担が強いられた。

こうした非常に手厚い保護と支援は誇るべきものであるのだが、その一方で、彼らへの手厚い保護のために、職を奪われたり、十分な福祉を享受できなくなったと不満を持つ国民が増加していったのも事実である。

ブレグジットに関しては、とりわけEU圏の東方拡大によって急増した、旧東欧系の安い労働力の流入、これは一時的な移民と考えてもよいと思うが、そうした人たちへの反発が大きな要因になっているのは、間違いないであろう。

実際、ブレグジット後、真っ先に制限されたのが移民であった。

ブレグジットに伴う新たな移民制度では、保有する技能などに基づく「ポイント制」が導入され、未熟練労働者はビザの取得が事実上制限されることになった。

政府は安価な労働力への依存から脱却し、これによって生じる労働力の不足は、国内雇用と技術やオートメーション化によって補うという方針を取ったといえる。

だが、離脱移行期間にコビッド19（新型コロナウイルス感染症）によるパンデミックが生じたことは不幸な誤算だった。パンデミックに伴う社会の停滞は、労働力の転化を遅らせ、国内に深刻な労働力不足を招く結果となった。

労働力が不足すると、当然ながら賃金は上昇する。

しかし、二〇二二年二月、ロシアの軍事侵攻によって始まったウクライナ戦争以降、物価の上昇は、賃金の上昇スピードを上回る激しさで進み、国民は結果的にインフレのためＥＵ離脱前より苦しい生活を余儀なくされている。

二〇二三年一月三十一日、正式な離脱からちょうど三年が過ぎたこの日、『日本経済新聞』に興味深い記事が出ていた。その記事によると、一月中旬に行われた世論調査では、過半数を超える五四％が離脱は「間違いだった」と回答し、「正しかった」としたのは三四％に留まったというのだ。

理由は深刻な労働力不足と、前年比一〇％を超える消費者物価指数（ＣＰＩ）の高騰に伴う不満である。

もちろんこれらの問題は、すでに述べたようにブレグジットだけを要因とするものではない。とはいえ、こうした不満が、今までイギリスではあまり行われることのなかった公共機関で働く人たちによるストライキの急拡大を引き起こしていることは事実である。中でも真っ先にストライキを起こしたのが、鉄道労働者たちであった。次いでストライキは地下鉄に広がり、その後、病院で働く看護師たちにも広がり、その様子をかつての「不満の冬」の再来と称す声も上がっている。

スナク首相就任に見たイギリスの希望

そもそもブレグジットの直後、時のジョンソン政権が掲げたのは「グローバル・ブリテン(Global Britain)」という国家戦略であった。

「グローバル・ブリテン」のエッセンスは何かというと、ごく簡単にいえば、EUが決めたさまざまな規制やルールから離れて、イギリスが独自に、そして自由に物事を決められるということである。

当然ながら、EUは域内での自由貿易は認めているが、域外との貿易にはある程度の障壁が設けられている。イギリスは、そうした保護主義的な政策から離れ、世界中と自由な貿易協定「FTA(Free Trade Agreement／フリートレード・アグリーメント)」を結ぶことを考えたのである。

FTAを結ぶことで、特にイギリスからの輸出を増やすというのが、ブレグジットを決めたときの大きな柱になっていた。

ところが、離脱から三年経った今も、イギリスはEUに代わるだけの輸出市場をまだ開拓できていないのが現実である。

ジョンソンが成功したのは、ブレグジット直後に、対ヨーロッパ貿易については、離脱後も従来の無関税を維持するという内容の貿易協定を結んだことぐらいだろう。

だがその後は、新たな自由貿易協定の最大のターゲットとしていたアメリカとの条約締結は、アメリカ側の反対に遭い、いまだに実現していない。

アメリカは農産物の輸出を増やしたいという思惑があったのだが、イギリスがそれを認めてしまうと、アメリカの安価な農作物が大量に入ってくることになり、国内の農業に大きなダメージを与えることは明らかなので、なかなか合意に至らないのだ。

市場という点では、中国をターゲットにするのではないかという意見もあるが、イギリスと中国の間には香港問題などがあり、関係強化を望む声は、少なくとも現在の保守党政権にはない。

では、アメリカ以外のどことＦＴＡを結ぶことを目指しているのか。

すでにＦＴＡの締結に至ったのは、日本とオーストラリアやニュージーランドで、現在はさらにインドとも交渉を進めている。

イギリスとしては、かつてのコモンウェルス諸国と、日本のような域外国だが良好な関係を持つ国との貿易を強化しようという戦略のもと交渉を進めているのだが、現時点ではＦＴＡによって貿易が増えているのかというと、そんなには増えていない。というか、パンデミックの影響で減少しているのが現状である。

つまり、当初考えていたＥＵ市場に代わる市場をＦＴＡを推し進めることで確保するという戦略そのものが根本的にうまくいっていないということだ。これは非常に大きな誤算といえるだろう。ちなみに、新たな打開策として、二〇二三年七月にイギリスのTPP11（環太平洋経済連携協定）への加盟が正式に決まったが、その効果はあまり期待できない。

グローバル・ブリテンを掲げたジョンソン政権は、新型コロナウイルス感染症対策で国民が自粛を強いられる中、首相官邸でのものを含む複数のパーティーを開催していたことが批判を浴び、退任することとなる。

二〇二二年九月にジョンソンの後任として首相に就任した保守党のリズ・トラス氏は、エリザベス二世が任命した最後の首相となったが、無理な減税を掲げたことで市場に混乱をもたらし、わずか四十九日という史上最短の任期で退任することとなった。

このようにいうと、ブレグジット後のイギリスに光が見えないように思われるかもしれないが、希望の光はある。

私が考える「希望の光」とは、現首相リシ・スナクの存在である。

前任者であるトラスが辞めざるを得なくなった最大の要因は、非常に大規模な減税と政府の積極的な支出、それも借り入れを通じた支出を同時に行うといったことだった。たとえば、エネルギー価格が高騰して困っている庶民に補助金を出すというような大盤振る舞いをしようとしたのである。

問題は、その財源を全く考えていなかったことだ。

全部で四五〇〇億ポンド、日本円で約七兆六〇〇〇億円もの減税を約束しながら、その一方でさまざまな救済策でお金をばら撒くというのだから、その資金を調達するためには赤字国債を発行するしかない。

しかし、大量の赤字国債の発行は、ポンドの価値の下落を招く危険性が高い。

事実、トラスの政策発表を受けた市場は、即座にポンドの暴落、イギリス政府国債の暴落という形で反応した。

リシ・スナク。保守党出身で南アジア系イギリス人初の首相。

こうした反省からスナクは、トラス政権とは逆に増税と歳出の削減を通じた緊縮財政策によって現在の苦況を乗り切ることを目指している。ただ、どこをどのぐらい増税するのかという具体的なことは、彼もまだ先送りにしている段階ではある。

とはいえスナクは、前のトラスとは違い、元財務大臣という財政金融のプロである。そうしたことも評価され、金融マーケットの側からの信頼は厚い。

現在市場に過敏な反応は生じていないが、スナクが取れる政策は決して多くはない。そういう意味では、厳しい状況にあることは否めない。

実際、スナク首相の現在（二〇二三年一月一日時点）の支持率は一三％と低い。

それでも私が、スナク政権に希望の光を感じるのは、彼がかつての植民地であるインド系の人物だからである。

スナク自身はイギリスの生まれだが、彼の祖父は独立前のインドで生まれ、インドから東アフリカのケニアに移住し、ケニアで専門職に就き、ミドルクラスとして一定程度の成功を収めた人物である。スナク家は、その後、ケニア生まれの父の代（一九六〇年代）に、イギリスに移住したのである。

正直なところ、こうした経緯の人が首相になるというのは、日本ではまず考えられないだろう。いくらかつての帝国臣民だといっても、そういう概念が移民法の改正とともに薄れていった中で、かつての植民地出身の家系の人物が、有能だという理由だけでは首相にはなれない、というのが通常である。

だが、その普通なら許容されない人物であっても、才能を認め、許容するような政治構造があるということは、イギリスの国力として評価してもよいと思う。そして、現在のそうした許容力をイギリスの政界にもたらしたのは、間違いなく、サッチャーが導入しようとした実力主義のシステムだといえる。

　本書の中で説明してきたように、イギリスは近世以来ずっとジェントルマン社会が続いてきた。その構造がサッチャーによって崩された中から、今回のスナクのような、植民地関連でも有能な人は抜擢するという政治社会構造、あるいはエリート社会構造とでもいうべきものが生まれ、機能しているということは、現代のイギリスの特徴といえるのではないだろうか。

　こうした特徴は、他のヨーロッパ諸国には見られないものである。

　彼は植民地系の中でも肌の色が明らかに違う。宗教もヒンドゥー教徒である。かつて十九世紀には、ディズレーリのようなユダヤ系の首相もいたが、基本的にはやはりキリスト教徒ではないとハードルは高い。おそらく二十世紀においては、ヒンドゥー教徒がイギリスの首相になるとは、考えられなかっただろう。

　逆にいえば、イギリス社会のトップは、すでにそれだけオープンな社会に変わっている、ということである。これは構造改革の末、そこにたどり着いたという点で、高く評価してよいと思う。

　また、これはどこまで現実に動くかわからないが、スナクが首相に就任したことで、イギリスはインドと新たな友好関係を結ぶ可能性も秘めている。

事実、インドのモディ首相は、スナクの首相就任を非常に歓迎し、これを機に経済関係の強化を考えていると見られている。現在、英印間でFTAの交渉が進んでいるのもそうした思惑の表れと見ていいだろう。

現在インドの人口は約一四億人、しかも若い労働力が圧倒的に多いので、少なくともあと二〇年ぐらいは「人口ボーナス」のメリットが最大限活用できる。そしてインドは、そのあり余る若い人口を、中でもある程度有能な人材を、イギリスにもっと受け入れてほしいという意向も持っている。これは労働力の不足に悩むイギリスにとっても悪い話ではない。

もちろんどこまでうまくいくかはわからないが、もし英印双方の戦略がうまくいけば、ブレグジットのときに最初に掲げたグローバル・ブリテン構想の、力強いパートナーにインドがなり得るかもしれないのだ。

そんなに簡単なことではないのはわかっているが、可能性がない話ではない。

イギリスとインドの間には、長きにわたる歴史的なつながりがあり、それは特にヒトのつながりとして今も残っている。それをうまく活用することができれば、イギリスの未来は、現在思われている以上に希望に満ちたものになるのではないかという気がしているのだ。

終章　これからのヘゲモニー国家とは？

——問われるリーダーシップ

「ブリッジ」としてのイギリス帝国史

今から十年ほど前、私は中公新書から『イギリス帝国の歴史——アジアから考える』という本を出した。

これは、アジアとの関係に焦点を当てたイギリス帝国史であるとともに、イギリス帝国史というユニットを用いることで、当時はまだ一般的には馴染みの薄かった「グローバルヒストリー」という新しい世界史がどのようなものなのか、広く一般に紹介する試みでもあった。

その本の最後を、私は「イギリス帝国の歴史は、新たな世界史、グローバルヒストリーへの『ブリッジ』として位置づけることができるであろう」という言葉で締めくくったが、今もこの思いに変わりはない。

グローバルヒストリーを考える上でキーとなる概念は、「比較」と「関係性」である。これまでの世界史は、一国史の寄せ集めであったために、限られた範囲の、しかもタテの関係でしか見ることができなかった物事の因果関係を、グローバルヒストリーでは、同時代の諸地域、諸国家という「ヨコの関係」を重視していくことで、それまで見えなかった関係性や相互の影響力というものを浮かび上がらせることができるようになる。

世界に大きな影響力を持った国は、もちろんイギリスだけではない。グローバルヒストリーへのブリッジということなら、アメリカ史でもいいのではないか、と思われたかもしれない。確かに、時間的範囲を現代に限定するのであれば、アメリカ史もブリッジになり得る可能性がある。だが、より長い時間軸でグローバルヒストリーを見るのであれば、やはり最も適したブリッジはイギリス帝国史だといえるだろう。

なぜならイギリス帝国史には、本書の中で取り上げたように、十六世紀から二十一世紀の現在に至るまでのタテの関係性と同時に、日の沈まぬ帝国と称された世界をほぼ網羅するヨコの関係性を有しているからである。そしてその範囲の中には、非常にさまざまな事例が存在している。それらを手掛かりに、諸地域、諸国家間を比較し、その関係性を見ていくことで、それまでの世界史では見落とされてきた相互の影響力が、浮かび上がってくる。

たとえば、かつてのイギリス帝国史は、イギリスという国家が力を蓄え、帝国化し、植民地を支配し、やがて衰退していったという、イギリスを主人公としたストーリーで語られるものであった。

その後は、世界史という枠組みの中で、支配と被支配という対立構造の中での関係性が語られるようになったが、その範囲は本国イギリスと、公式・非公式の帝国に限られていた。

しかし、グローバルヒストリーの視点からイギリス帝国史を再検討すると、そこには単なる支配・被支配という上下の関係だけでなく、相互に影響力を行使し合っていたことが明らかになっていく。特に経済の面で見ると、これまで搾取・被搾取という見方がされてきたものも、実際にはそれぞれの地域にそれぞれの事情があり、相互に依存しながらひとつの世界システム（世界経済）を形成してきたことがわかる。

　イギリス帝国を大きく発展させた舞台は、ヨーロッパではなく、非ヨーロッパ世界であったことは間違いない。とりわけ十八世紀から十九世紀にかけては、イギリス帝国はアジアを舞台に大きく飛躍することで世界をつないでいったといえる。だが、従来の歴史学では、非ヨーロッパ世界は単なる「スプリングボード（跳躍台）」としての位置づけしかされていなかった。

　しかし本書の読者はもうおわかりだと思うが、現実はそうではなく、「インターラクション(interaction)／相互作用」が働いていたのである。場合によっては、アジアの影響を受けてイギリス自身が変わることすら珍しいことではなかった。もちろん、イギリスがアジアに与えた影響も大きい。特に二十世紀の戦間期のアジアは、ナショナリズムの高揚によって大きく変化していくが、良くも悪くも、そのきっかけを与えたのはイギリス帝国であったことは間違いない。

　こうしたインターラクションは、良い・悪いということではなく、「ポジとネガの関係」にある。したがってグローバルヒストリーでは、どちらか一方の立場から見るのではなく、双方の役割を客観的に見ていく中立性が求められる。

私はもともと専門がイギリス史なので、割合からいうとイギリス、ヨーロッパの話が多くなってしまってはいるが、少なくとも三割程度は、アジアのリアクションやレスポンス、あるいはそれに対するイギリスの対応というものも含め、できるだけインターラクションに焦点を当てたつもりでいる。

グローバルヒストリーは、認知度が上がってきたものの、まだまだ新しい歴史学であり、新たな課題を生み出している段階に留まっている問題も多い。本書の中でも、そうしたこれから論じられるべき課題については、拙速な回答を避け、「課題」と明記した。

次世代のヘゲモニー国家に求められるもの

イギリス帝国は、植民地に代表される「領土」を世界中に持ち、それらを「ヒト」「モノ」「カネ」「情報」を媒介とするネットワークでつなげることで世界的覇権を作り出し、ヘゲモニー国家になった。

その後を継いだのはアメリカだが、アメリカはイギリスのように植民地を持つことで覇権を拡大するのではなく、情報ネットワークと「世界の警察官」といわれた軍事力でにらみを利かせることでヘゲモニー国家になった。

では、今後はどういった形のヘゲモニー国家ができてくるのだろうか。

この問いは、「帝国」をどう定義するかにもよるが、おそらく今後はもう領土拡大・支配を伴う形での帝国は出てこないだろう。

確かに、ロシアや中国といった国は、今も領土欲を持っているが、それはもう古い価値観といわざるを得ない。現在のロシアや中国に対する国際社会の反応を見ても、容認されるとは思えない。

かつては、物理的なスペースが富と直結していた。大国や帝国の基準が領土の広さにあったのはそのためだといえる。だが、今や富は領土や領域・勢力範囲に求めるものではなくなってきている。それは、富がネットワークで瞬時に移動する時代になってきているからだ。

富の移動は、モノが地球上のＡ地点からＢ地点へ移動するのとは違い、サイバー空間で一瞬のうちに移動する。私たちはすでにそういう時期に生きているのである。

事実、すでに国土の広さと国民一人当たりのＧＤＰは比例していない。総面積七一九・二平方キロメートルしかないシンガポールのほうが、約九八三万四〇〇〇平方キロメートルのアメリカより国民一人当たりのＧＤＰは上なのだ。

だから、富を求めるのであれば、地球上のどこにいようが、もう場所も広さも関係ない。

世界が今後のヘゲモニー国家に求めるのは富ではない。

おそらく軍事力でもないだろう。

では何か。

私は、「共通のルールを作る力」をどこまで発揮できるのか、ということだと考えている。

コンピューターのネットワーク技術では、ハード面の技術開発と、それに伴うソフト開発力が注目されがちだが、実はそれ以上に重要なのが、そうした技術を世界中で用いる際の「共通ルール」である。

グローバル化によって、すでに世界中がネットワークで結ばれているが、それを利用する人々に共通するルールはまだ整備されていない。

共通ルールの必要性は明らかで、かつてのヘゲモニー国家であるイギリスも、現在のヘゲモニー国家であるアメリカも、ネットワークのインフラ整備及び共通のルール作りにはすでに動き出している。

そして、ひとついえるのは、イギリス人はその点に関し、かなり自信を持っているということだ。それはやはり、現行のサイバー空間を支えるさまざまなインフラは、アメリカの制度であると同時に、イギリスの制度もかなり入っているからだろう。特に金融ネットワークに関しては、イギリスの貢献は大きい。

そのためイギリス人は、富を稼ぐ、あるいは富が生み出されるための諸制度を作り出した重要なプレーヤーとして、自負と自信を持っていることは間違いない。

そういう意味では、今後も「共通のルール作り」に向けた動きの中心性は、アメリカとイギリスがタイアップした形で続いていく可能性は高い。

それに対抗しようとしているのが、今の中国であるということなのだろう。

「共通のルール作り」ということでいうと、もうひとつ重要なのがエネルギー問題である。

今世界は、化石燃料に代わる新たなエネルギーの確保が急がれている。すでに風力や太陽光、地熱など運用が始まっているものも数多くあるが、まだ完全移行にはほど遠い。

新しいエネルギーの確保には、当然ながらそのためのインフラ整備が必要であり、そこには新たな技術開発が求められる。さらに、ここでも重要になってくるのが、共通ルールの設定である。一部の国、一部の人だけが得をすることを目指している限り、世界が納得する共通のルールを設定することは難しいだろう。

こうした難しい課題において、主導権をどこまで発揮できるのかというところが、次世代のヘゲモニー国家が決まる重要なポイントになるのだと私は思う。

このように考えていくと、今後、グローバルな影響力を行使していくために決定的に重要になってくるのは、経済的な力よりも「知的財産（知財）」だということがわかる。私の考える「知財」とは、学問的な成果だけではない。その成果をどのように実用化し、普及させていくのか。そうした知恵・知識を活用していくための教育やノウハウをも含んだものだ。

だが残念なことに、現在は、開発競争という名のもとに知財の奪い合いが行われてしまっている。アメリカなどは、それに対抗するために、知財の保護に力を入れているが、これからのグローバル社会で本当に力を入れるべきは、いかにして自国の利益や知財を守るかということではなく、国家という枠組みを超えた連携と協力なのではないだろうか。

かつて世界が、保護貿易か自由貿易かでせめぎ合ったように、現在は知財の保護化か自由化かが問われる時代になってきている。もはや問題解決は、単独ではできない時代に来ている。単独では動けないし、動いても意味がないからだ。

この問題の答えは、ごく簡単にいえば「国際協調」ということなのだが、これからは言葉で協力を訴えるだけでなく、具体的なものを提示していく必要がある。どういう形の連携をしていけば、人類共通の公共財といえるものを作ることができるのか、共通のルールを構築する力とともに、ヘゲモニー国家には、世界を納得させるリーダーシップが問われてくることになる。

もちろん簡単なことではないが、われわれはそれを考え、やっていかなければ、人類の未来は厳しいといわざるを得ないところまで来ているのだ。

かつてのヘゲモニー国家であるイギリス帝国の歴史を、グローバルヒストリーの視点から見た本書が、その考えの一助となることを切に願っている。

おわりに

ずいぶん時間がかかりましたが、グローバルヒストリーとしての「イギリス帝国史」をようやく出版できて、うれしく思います。

実は本書は、編集者、プロの執筆者、語り手としての私、その共同作業により完成した著作です。コロナ禍前に、編集者の鈴木隆さんから執筆の打診を受けたとき、十年前の二〇一二年に出版した拙著、『イギリス帝国の歴史――アジアから考える』（中公新書）があるのと、複数のグローバルヒストリー研究の共同研究プロジェクトを抱えて超多忙であったため、一度はお断りしました。

その後、出版社を変わられた鈴木さんから、再度説得されたものの、多忙な状況は相変わらずでした。代替案として、長時間のインタビュー、プロの執筆者による書き起こし、語り手である私による詳細な校閲という、三段階を経て完成したのが、本書です。コロナ禍の最中の二〇二〇年に始まったＺｏｏｍを使ったインタビューは、終わってみれば合計八回、四十時間を超える長さとなり、二〇二二年の後半まで、足かけ三年に及ぶことになりました。この間、イギリスの保守党政権もブレグジットをめぐり、ボリス・ジョンソン、トラス、リシ・スナクと目まぐるしく変わり、フォーローするのが大変でした。しかし、結果的には、インド系出身のスナク首相の業績に言及することができ、もともと英印関係史からイギリス帝国史研究を始めた私にとっては、幸運な展開となりました。

普通の読者の皆さん、特に、若い人たちにも読んでいただけるように、わかりやすい叙述に努めましたが、一気に読める文体に仕上がったのは、プロの執筆者である板垣晴己さんのおかげです。深く感謝したいと思います。もちろん、編集者としての鈴木さんの粘りと熱意、的確な助言がなければ、本書は実現しなかったと思います。叙述の過程で、前著との差別化を意識しながら、十六～十八世紀の近世史の部分の叙述と、同じヨーロッパのスペイン帝国、十七世紀の強国オランダとの関係を強調しています。十九世紀以降の近・現代史は、アジア諸地域との関係史が中心になっています。この十年間に探求したグローバルヒストリー研究の諸成果を最大限に取り込んでいますが、本書の出来具合いについては、読者の皆さんのご判断にお任せしたいと思います。

二〇二四年の前半に予定されているイギリスの次期総選挙で、保守党のスナク政権から労働党への政権交代があるかもしれません。しかし、たとえ政権が替わったとしても、ブレグジット後に、新たな国家像「グローバル・ブリテン」をしたたかに模索するイギリスの姿勢は変わらないと思います。本書が、そうした「世界の中のイギリス」を理解する一助になれば幸いです。

二〇二三年九月　ロンドンにて

秋田　茂

主要参考文献

序章

・秋田茂『イギリス帝国の歴史――アジアから考える』（中公新書、２０１２年）
・E・H・カー（近藤和彦訳）『歴史とは何か―新版』（岩波書店、２０２２年）
・K・ポメランツ（川北稔監訳）『大分岐――中国、ヨーロッパ、そして近代世界経済の形成』（名古屋大学出版会、２０１５年）
・水島司『グローバル・ヒストリー入門』（山川出版社・世界史リブレット１２７、２０１０年）
・山本有造編『帝国の研究――原理・類型・関係――』（名古屋大学出版会、２００３年）

第1章

・D・アーミテイジ（平田雅博・岩井淳・大西晴樹・井藤早織訳）『帝国の誕生――ブリテン帝国のイデオロギー的起源』（日本経済評論社、２００５年）
・岸本美緒『東アジアの「近世」』（山川出版社・世界史リブレット13、１９９８年）
・近藤和彦『イギリス史10講』（岩波新書、２０１３年）
・薩摩真介『〈海賊〉の大英帝国――掠奪と交易の四百年史』（講談社選書メチエ、２０１８年）
・デニス・フリン（秋田茂・西村雄志編）『グローバル化と銀』（山川出版社、２０１０年）

第2章

・玉木俊明『近代ヨーロッパの誕生――オランダからイギリスへ』(講談社選書メチエ、２００９年)

・J・ド・フリース、A・ファン・デァ・ワウデ(大西吉之・杉浦未樹訳)『最初の近代経済――オランダ経済の成功・失敗と持続力　1500-1815』(名古屋大学出版会、２００９年)

・松田武・秋田茂編『ヘゲモニー国家と世界システム――20世紀をふりかえって』(山川出版社、２００２年)

第3・4章

・エリック・ウィリアムズ(中山毅訳)『資本主義と奴隷制』(ちくま学芸文庫、２０２０年)

・P・K・オブライエン(秋田茂・玉木俊明訳)『帝国主義と工業化１４１５～１９７４――イギリスとヨーロッパからの視点――』(ミネルヴァ書房、２０００年)

・川北稔『工業化の歴史的前提――帝国とジェントルマン――』(岩波書店、１９８３年)

・川北稔『民衆の大英帝国――近世イギリス社会とアメリカ移民』(岩波書店、１９９０年)

・川北稔『砂糖の世界史』(岩波ジュニア新書、１９９６年)

・リンダ・コリー(川北稔監訳)『イギリス国民の誕生』(名古屋大学出版会、２０００年)

・角山栄『茶の世界史――緑茶の文化と紅茶の社会』(中公新書、１９８０年)

・布留川正博『奴隷船の世界史』(岩波新書、２０１９年)

・K・ポメランツ(川北稔監訳)『大分岐――中国、ヨーロッパ、そして近代世界経済の形成』(名古屋大学出版会、２０１５年)

第５・６章

・秋田茂・木村和男・佐々木雄太・北川勝彦・木畑洋一編著『イギリス帝国と20世紀』1-5巻（ミネルヴァ書房、２００４-２００９年）

・D・キャナダイン（平田雅博・細川道久訳）『虚飾の帝国——オリエンタリズムからオーナメンタリズムへ』（日本経済評論社、２００４年）

・P・J・ケイン、A・G・ホプキンズ（竹内幸雄・秋田茂訳）『ジェントルマン資本主義の帝国I——創生と膨張１６８８—１９１４』（名古屋大学出版会、１９９７年）

・杉原薫『アジア間貿易の形成と構造』（ミネルヴァ書房、１９９６年）

・B・センメル（野口建彦・野口照子訳）『社会帝国主義史——イギリスの経験１８９５—１９１４』（みすず書房、１９８２年）

・角山榮・川北稔編『路地裏の大英帝国——イギリス都市生活史』（平凡社、１９８２年）

・C・A・ベイリ（平田雅博・吉田正広・細川道久訳）『近代世界の誕生——グローバルな連関と比較1780-1914』上・下巻（名古屋大学出版会、２０１８年）

・W・D・ルービンステイン（藤井泰・平田雅博・村田邦夫・千石好郎訳）『衰退しない大英帝国——その経済・文化・教育1750-1990』（晃洋書房、１９９７年）

・吉岡昭彦『インドとイギリス』（岩波新書、１９７５年）

第７・８章

・小川浩之『英連邦——王冠への忠誠と自由な連合』（中公叢書、２０１２年）

・木畑洋一『支配の代償——英帝国の崩壊と「帝国意識」』（東京大学出版会、１９８７年）

・木畑洋一『二〇世紀の歴史』（岩波新書、２０１４年）
・P・J・ケイン、A・G・ホプキンズ（木畑洋一・旦祐介訳）『ジェントルマン資本主義の帝国Ⅱ——危機と解体１９１４—１９９０』（名古屋大学出版会、１９９７年）
・菅野幹雄『英EU離脱の衝撃』（日経プレミアシリーズ、２０１６年）

著者略歴

秋田 茂《あきたしげる》

一九五八年、広島県で生まれる。

一九八五年、広島大学大学院文学研究科西洋史学専攻博士後期課程中退。

大阪外国語大学で助手・講師・助教授を経て、
二〇〇三年十月より大阪大学文学研究科世界史講座教授。

二〇二二年四月より、大阪大学人文学研究科グローバルヒストリー・地理学大講座教授。

イギリス帝国とアジアの関係史を中心に、
アジアから見たグローバルヒストリーの構築を模索している。

二〇二二年紫綬褒章受章。

主な著書に、『イギリス帝国とアジア国際秩序』

（名古屋大学出版会、二〇〇四年第二〇回大平正芳記念賞）、

『イギリス帝国の歴史――アジアから考える』

（中公新書、二〇一三年第一四回読売・吉野作造賞）、

『帝国から開発援助へ――戦後アジア国際秩序と工業化』（名古屋大学出版会）などがある。

幻冬舎新書 708

イギリス帝国盛衰史

グローバルヒストリーから読み解く

二〇二三年十一月三十日 第一刷発行

著者 秋田茂
発行人 見城徹
編集人 小木田順子
編集者 鈴木隆
発行所 株式会社 幻冬舎
〒一五一-〇〇五一 東京都渋谷区千駄ヶ谷四-九-七
電話 〇三-五四一一-六二一一(編集)
〇三-五四一一-六二二二(営業)
公式HP https://www.gentosha.co.jp/
ブックデザイン 鈴木成一デザイン室
印刷・製本所 株式会社 光邦

検印廃止

Printed in Japan ISBN978-4-344-98710-4 C0295
あ-21-1

＊この本に関するご意見・ご感想は、左記アンケートフォームからお寄せください。
https://www.gentosha.co.jp/e/